Heribert Illig · Franz Löhner:

Der Bau der Cheopspyramide

Nach der Rampenzeit

Heribert Illig · Franz Löhner

Der Bau der Cheopspyramide

Nach der Rampenzeit

Mantis Verlag

Abb. 1, Umschlagbild: Gestaltung Hanjo Schmidt
Titelseite, Abb. 2: Der hieroglyphische Pyramidenname "Horizont des Cheops"

Die Deutsche Bibliothek - CIP-Einheitsaufnahme

Illig, Heribert:
Der Bau der Cheopspyramide : Nach der Rampenzeit /
Heribert Illig ; Franz Löhner. - 3. Aufl. - Gräfelfing :
Mantis-Verl., 1998
ISBN 3-928852-17-5

Der Buchtext und die Zeichnungen von H. Illig sind urheberrechtlich geschützt. Jede Verwertung ohne Zustimmung des Verlages ist unzulässig. Das gilt insbesondere für Vervielfältigungen, Übersetzungen, Mikroverfilmungen und die Einspeicherung in und Verarbeitung durch elektronische Systeme.

1. Auflage August 1993
2., verbesserte Auflage August 1994
3., erweiterte Auflage September 1998

© 1993, 1998 by Mantis Verlag Dr. Heribert Illig, Gräfelfing
Lay-out: Hanjo Schmidt, 70188 Stuttgart, Am Hohengeren 17
Druckerei: Difo-Druck GmbH, 96052 Bamberg, Laubanger 15
Mantis Verlag, D-82166 Gräfelfing, Lenbachstr. 2a, Fax 089/ 87139139

Inhalt

7	Vorwort zur dritten Auflage
15	Prolog: Nacht über Giza
20	Das Bauprojekt des Cheops
23	Maße der Cheopspyramide
24	Bauausschreibung
25	Die Bauüberlieferung
28	Prämissen für eine realistische Baustelle
34	Baumaterial und Schiffstransport
34	Steinbrüche rings um die Pyramide
37	Eine Faustregel für den Zeitplan
38	Der Tura-Stein für die Verkleidung
44	Die Niltraverse zwischen Tura und Giza
47	Granit aus Assuan
50	Herodots Schiffssteuerung
54	Transport zu Lande
56	Löhners Schlitten auf Schienen
62	Das Gangspill
68	Die einfache Umlenkung: Löhners Seilrolle
72	Kalkulierte Reibung
81	Die notwendigen Schleppmannschaften
86	Schiene und Seilrolle im alten Ägypten?
88	Warum kein Rad?
91	Kalkulation der Schlepper
92	Eine Abschweifung zu π
100	Rampen und Maschinen
100	Die gerade Ziegelrampe
106	Wendel- oder Schneckenrampen
112	Innenrampen und Kombimodelle
115	Schlichte Hebegeräte
118	Bockkräne und Transportbühnen
122	Der Schrägaufzug

127	Löhners Seilrollen auf der Pyramide
128	Die Seilrolle als akzeptable Technik
132	Steckt der Teufel im Detail ?
139	Zum Unfallrisiko
144	Spezialprobleme
144	Die 'Belastungskammern'
150	Schwerlastaufzug mit Gegengewicht
153	Granitbearbeitung mit Kupfer ?
154	'Superhartes' Kupfer und Dolerit
164	Gebohrter Granit
166	Die eisenzeitliche Pyramide
169	Die Pyramide des Pythagoras ?
172	Vermessungsprobleme
178	Vom Pyramidenstumpf zur -spitze
180	Glättung und Steinverbund
187	Es spitzt sich zu
189	Das Aufsetzen des Pyramidions. Eine Illustration
196	Verkleidung oder wahre Pyramide
199	Die Gesamtrechnung
205	Bauzeit und Bauzweck
206	Manetho in der Überlieferung
208	Zur Chronologie der 4. Dynastie
217	Behobene Schwachstellen
223	Zwiebelschalen - leere Gräber
230	Zum Raumgefüge der Cheopspyramide
238	Träger des Himmels
248	Zitierte Literatur
258	Verzeichnis der Abbildungen und Schemata
262	Register

Vorwort zur dritten Auflage

Die Pyramiden haben hierzulande Konjunktur - nicht zuletzt deshalb, weil Fundamentalisten den Besucherstrom zum Land am Nil abwürgen wollen. Noch stärker geht aber die aktuelle Faszination von neuen Erkundungen tief im Innern der Cheopspyramide aus. Der Roboter von Rudolf Gantenbrink, der am 22. 3. 93 erst von einem Blockierstein und dann von den Ägyptologen gestoppt wurde, hatte bis dahin rund 60 m "Lüftungsschacht" erkundet, aber alle Fragen offen gelassen, was nun zu erwarten wäre: das Geheimwissen oder die Schätze oder der Leib des Pharaos - oder einfach das Ende dieser Baustruktur?

Im Gefolge dieser Kamerafahrt erschienen etliche Bücher rund um die Cheopspyramide, von Außenseitern wie von Ägyptologen, wobei sich die Grenzen seltsam verwischen. So trat mit Mark *Lehner* ein Ägyptologe der *University of Chicago* an, der so unbedarft den Bau der Cheopspyramide im Fernsehen schilderte, daß man an keinerlei Vorwissen glauben konnte [Barnes 1994; vgl. Illig 1995b]. Seine Drehtage in Giza wurden von der *Edgar Cayce Foundation* unterstützt [Lehner 1997, 256]. Nun ist Edgar Cayce (1877-1946) als "amerikanischer Geistheiler und Hellseher", als "hochsensibles Trance-Medium", als "schlafender Prophet" für Okkultisten kein Unbekannter, demzufolge 1998 jenes Jahr sein könnte, "in welchem ein neues Zeitalter anbrechen würde" [Nolan 1998, 126]. Lehners Buch kann zur Baugeschichte genauso wenig beitragen wie der Film von Barnes über Lehners Pyramidenbau [1994], aber immerhin ist es ein gutes Kompendium zu vielen Aspekten der ägyptischen Pyramiden.

Als deutschen Originaltext brachte Michael *Haase* 1998 *Das Rätsel des Cheops*. Hier geht es speziell um die größte Pyramide, hier geht es auch ganz konkret um viele Details der Baustelle, die von uns aktualisierend berücksichtigen werden. Nun ist Haase kein Ägyptologe, sondern kommt aus der Däniken-Szene, der er mutig seinen Dank abstattet [Haase 1998, 271]. Der Buchtext verrät von dieser Herkunft kein einziges Wort, ist er doch als große Verteidigungsrede herrschenden ägyptologischen Sachverstands geschrieben. So können

wir beispielsweise Haases Meinung [225] zu einem Problem lesen, das uns noch im Textteil beschäftigen wird:
"Oftmals ist das Fehlen der Königsmumien aus dem Alten Reich in populären Kreisen zur grundlegenden Infragestellung der Funktion der Pyramiden als Grabmäler interpretiert worden, eine Spekulation, die völlig gegenstandslos und fern des gesicherten ägyptologischen Wissens ist."
Insofern hat Haases Freund Erich von Däniken im Textteil selbst nichts zu melden. Umsomehr hat Freund Dr. Rolf *Krauss* zu sagen, Ägyptologe am Museum Berlin-Charlottenburg. Krauss als profunder Kenner auch der Astronomie duldet nicht leicht jemanden an seiner Seite. Wenn er hier mehrmals [Haase 65, 86, 260f, 271] genannt wird und wenn man Haases letztes Buch mit seinem vorletzten [Sasse/Haase 1997] vergleicht, dann kann vermutet werden, daß hier dank ägyptologischer Hilfestellung gewissermaßen ein inoffizielles Statement deutscher Ägyptologen vorgelegt worden ist [vgl. Illig 1998b].

So vereinigen sich Ägyptologie, Prophetie und Präastronautik zu einem seltsamen Konglomerat. Möglicherweise ist das nicht einmal zu ihrem Schaden. Allzulange ist diese Wissenschaft erstarrt, geradezu mumifiziert; Kritiker wie John Morlay [1998] sprechen schlicht von der "eingetrockneten Disziplin der Ägyptologen", in der manche Fragen "seit langem niemand mehr zu stellen" wagt. Wenn es um die Bauforschung geht, räumt selbst Haase das teilweise ein:
"Dieser 'status quo' beherrscht nach wie vor die Pyramidenforschung, lähmt sie regelrecht und vermittelt den Laien teilweise ein verzerrtes Bild von der aktuellen Forschungslage. Aufgrund einer einseitigen und unzureichenden Veröffentlichungspolitik - viele Diskussionen zu diesem Thema werden nur auf der Ebene der Fachmagazine geführt, ihre Aussagen und Erkenntnisse erreichen kaum die Öffentlichkeit - gewinnen immer mehr Nichtägyptologen den Eindruck, daß die Ägyptologen in Sachen Pyramidenbau größtenteils noch im dunkeln tappen. Dies ist jedoch nicht der Fall, wenn man sich die Mühe macht, tiefer in die Materie einzudringen, das Problem vor allem differenzierter zu untersuchen" [Haase 98].

Haase geht es dabei ums Transportproblem. Während im Sockelbereich Baumodelle mit unterschiedlichen Rampen dominieren, gibt es Richtung Spitze kein einziges sinnvolles Modell der Ägyptologen: "das bleibt einstweilen das große Rätsel der Pyramidenforschung" [Schulz 1996, II 160]. Nicht zuletzt aus diesem Grund ist 1993 vorliegendes Buch geschrieben worden (die Fachdetails ab S. 100) und genau aus diesem Grund hat die Auseinandersetzung mit ihm noch gar nicht begonnen. Es war leicht aufzuzeigen, daß Ägyptologen wie Außenseiter allzu häufig weder Ahnung von einer Großbaustelle noch von einfachen Gesetzen der Physik haben - sonst würden sämtliche Rampenmodelle längst im Bauschutt ruhen. Schwieriger ist es, sich dem "mainstream" entgegenzustemmen, dem im Zweifelsfall immer Recht gegeben wird [z.B. Schulz 1995/96]. Wir haben an Stelle der unbrauchbaren Rampenmodelle mit Löhners Seilrolle eine extrem wirksame Technik vorgeschlagen, die zugleich dem nachweisbaren Stand der Technik in der 4. Dynastie entspricht und Zugarbeit wie Bauzeit drastisch reduziert.

Die Ägyptologen haben darauf mit keinem Wimpernschlag reagiert, sondern präsentieren unbeirrt ihr jeweiliges Rampenmodell. Die Auseinandersetzung um die beste Rampe ist "der größte Zankapfel unter den Pyramidologen" [Schulz II, 160], wobei Schulz mit diesem Begriff sinnvollerweise Ägyptologen und Außenseiter zusammenfaßt. Eine herausgehobene Rolle spielt dabei Prof. Rainer *Stadelmann*, Direktor des *Deutschen Archäologischen Instituts in Kairo*, laut Wisnewski [1998, 19] "die graue Eminenz der Pyramidenforschung" und gewissermaßen rezenter Chefrestaurator der Pharaonen. Als solcher wird er immer wieder befragt [z.B. Schulz 1996 oder Sasse 1996]. In *Bild der Wissenschaft* [Knapp 1998, 63f] brüstet er sich mit praktischen Experimenten:

"Wir haben das nachgemacht. Wir haben Steine wie die alten Ägypter bewegt - auf Kufen, auf Rollen und mit Hebeln - und die Zeiten gemessen. Dabei hat sich bestätigt: Pyramiden lassen sich mit den früheren Möglichkeiten bauen - und zwar in angemessener Zeit, während der Regierungszeit eines Pharao."

Selbstverständlich läßt Stadelmann seine Schlepper auf Rampen ziehen, allerdings weder auf gewendelten noch auf direkt auf die Pyramide zulaufenden:

"Geht man von einem realistischen Aufwand für eine angelehnte Rampe aus, reichte diese - auch bei einer maximalen Steigung von 12 Grad im oberen Teil - bis zu einer Höhe von etwa 120 Metern. Die letzten 40 Metern mußten irgendwie anders bewältigt werden. Wie, das wissen wir noch nicht."
Er bestätigt damit so aktuell wie möglich - Juni 1998 -, daß er zu früh mit seinem Rampenlatein am Ende ist. Das wäre immerhin eine ehrliche Aussage - aber der Artikel von Wolfram Knapp (und Michael Zick) schließt folgendermaßen:
"Die Spitzen der Pyramiden bilden also weiterhin ein großes Fragezeichen. Aber auch der Unterbau ist für Prof. Stadelmann keineswegs eindeutig geklärt: 'Es gibt unfertige Pyramiden, bei denen die Rampe noch vorhanden sein müßte. Doch keine einzige ist erhalten'" [Knapp 64].
Da schwört also ein professoraler Spezialist auf Rampenbau, ignoriert völlig, daß auf 12° steilen Rampen ganze Heerscharen vergeblich in die Sielen treten würden, um zum überraschenden Schluß dann selbst ein bestechendes Argument *gegen* die Rampentheorie vorzubringen; Stadelmann widerlegt Stadelmann und Haase, denn die von diesem geforderte differenzierte Problemuntersuchung führt keineswegs zu besserem Verständnis ägyptologischer Hilflosigkeit.

Das im September 1998 erschienene Pyramidenbuch von Miroslaw Verner will zwar "den aktuellen Erkenntnisstand seiner Disziplin zusammen[fassen]" [Waschzettel], ignoriert aber die Forschungen zu den Baumethoden weitgehend. Er präferiert die viel zu umständliche Kombirampe (s.S. 112f), läßt auch die Wendelrampe gelten [ebd 112, 115] und findet die längst widerlegten Kippschlitten (s.S. 110) zumindest für die Normalquader akzeptabel [ebd 105], ohne das Thema "Rampe oder Hebemaschine" zu vertiefen. Diese "Gesamtdarstellung" positioniert sich neben jenen von Edwards, Stadelmann und Lehner, übergeht aber das Problem "Granitbearbeitung in der Kupferzeit" und zeigt für die Cheopspyramide weder einen Umgebungsplan noch einen Querschnitt, der die Forschungen der letzten sechs Jahre berücksichtigen würde. "Rasch schreitet die archäologische Forschung voran" [Verner 11] - nur die ägyptologischen Standardwerke können nicht folgen.

Solange diese Wissenschaft liebgewonnene Vorstellungen mit technologischem Unsinn und selbst esoterischen Ansätzen bestätigt, solange wird unser Buch neu aufgelegt werden. 1993 sind wir realistischerweise davon ausgegangen, daß die Ägyptologen weder Löhners Idee mit der Seilrolle noch unsere Rampenkritik zur Kenntnis nehmen, geschweige denn kritisch prüfen würden. Denn ägyptologischer Sachverstand krankt nicht nur bei Rampe und Pyramide, er krankt vielerorts.

1990 haben Prof. Dres. Gunnar Heinsohn und Dr. H. Illig eine entscheidende Studie veröffentlicht, die der Ägyptologie aus Dutzenden ähnlicher Zwickmühlen und peinlicher Widersprüche heraushelfen würde. Allerdings: Mit *Wann lebten die Pharaonen? Archäologische und technologische Grundlagen für eine Neuschreibung der Geschichte Ägyptens und der übrigen Welt* legten wir die Axt an die ehrwürdige Chronologie der Ägyptologen, die wir als Grundübel für die Erstarrung dieser Wissenschaft erkannten. Damals schickten wir das voluminöse Buch (die gegenwärtige Fassung hat 504 Seiten) an alle deutschsprachigen Institute. Seitdem hat es nur eine einzige Reaktion gegeben: Das Ägyptologische Institut in München bestätigte auf Anfrage, daß dieses Buchgeschenk gerne zurückgegeben werde [vgl. Illig 1991] - nicht würdig einer Karteikarte und eines Stellplatzes in einer Bibliothek, die damals immerhin einem nonkonformen Chronologiekritiker wie Immanuel Velikovsky, *dem* Präastronautiker Erich von Däniken und Pyramidologen wie den Brüdern Edgar Platz einräumte - mit von uns unbestrittenem Recht, muß man doch auch von einem Ägyptologie-Studenten erwarten können, daß er seine Quellen gewichten kann.

Wie erwartet, hat - soweit wir die Fachliteratur überblicken - auch bei unserem Pyramidenbuch kein einziges Fachorgan, kein einziger Ägyptologe reagiert. Die einzige Ausnahme bildet Haases Buch als indirekte Antwort der Spezialisten. Er sichert sich bei offenen Problemen nach allen Seiten ab und will deshalb auch die Seilrolle nicht völlig ausschließen [Haase 107, 170].

Selbstverständlich bezieht sich ägyptologische Ignoranz nicht auf uns allein. Wir erinnern nur kurz an drei ähnliche Fälle.

Gilles ***Dormion*** und Jean-Patrice ***Goidin*** entdeckten 1986 bei mikrogravimetrischen Messungen und anschließenden Bohrungen neben dem Gang zur "Königinnenkammer des Cheops" sandgefüllte Hohlräume. Während Ägypter wie Mohammed Saleh, Verfasser des offiziellen Katalogs des Ägyptischen Museums in Kairo, Interesse zeigten, gingen die 'europäischen Kenner' auf Distanz. Prof. Jean-Philippe Lauer sprach von "jungen Faselhänsen" und "amateurhafter Pyramidenromantik", worauf die Arbeiten eingestellt wurden [Sasse/Haase 224]. Ein Jahr später sind, bei demselben Haase, aus den beachtlichen Hohlräumen "etwa 0,25 Meter breite, mit Sand gefüllte Fugen" geworden, "die vermutlich als 'strukturberuhigende Zonen' installiert wurden" [Haase 1998, 134]. So war die Öffentlichkeit beruhigt.

Ein Jahr später unternahm ein Team der japanischen ***Waseda-Universität*** elektromagnetische Messungen [wieder gemäß Sasse/Haase, 224f]. Bald glaubten sie, nicht nur die bisherigen Hohlräume bestätigen zu können, sondern auch weitere entdeckt zu haben. Wieder reagierte die ägyptische Seite positiv, während 'die Europäer' "die grotesken Untersuchungen dummer kleiner Schatzgräber" auslaufen ließen. Und Ahmed Kadri mußte als Hüter von Pyramide und Sphinx zurücktreten, weil die drei französischen Bohrlöcher angeblich die Existenz der Cheopspyramide gefährdeten. Beim Haase-Buch von 1998 finde ich darauf keinen Hinweis mehr.

1993 gab es dann die Farce um ***Gantenbrink*** und seinen Robotereinsatz. Weil der Archäo-Techniker offenbar seinen Fund des blokkierten "Lüftungsschachtes" ohne Einwilligung von Stadelmann kundgetan hatte, dürfte er vor die Tür der Pyramide gesetzt worden sein - Hausmacht war wichtiger als Forschung [vgl. Illig 1997; Ercivan 1997, 292]. Dummerweise war Gantenbrink damals der Einzige, der diesen Blockierstein mit seiner Technik hätte überwinden können. Deshalb scheinen Deutsches Archäologisches Institut und Egypt Department of Antiquities vor August 1995 mit der kanadischen Software-Firma Amtex Software Corp. (als weiterer Sponsor die Corel Corp.) einen Vertrag abgeschlossen zu haben, der die weitere Erkundung beider Schächte der "Königinnenkammer" genauso vorsieht wie interaktive Unterhaltung und ägyptisches Sight-seeing via CD-Rom-Scheibe [vgl. Bürgin 1997, 29, 223].

Seitdem schweigen die Ägyptologen genauso konsequent wie die Cheopspyramide. Sie dürfen sich daher nicht wundern, wenn die wildesten Spekulationen Platz greifen. So berichtete E. Ercivan [Ostern 1998], daß die Westseite der Cheopspyramide mit einer Plane abgedeckt sei und im Innern bemerkenswerte Arbeiten laufen müßten, weil Lastwagen Tonnen von Schutt abtransportieren würden, als ob der "Lüftungsschacht" längst geöffnet wäre. Wir können derartige Gerüchte nicht aufklären, sondern nehmen sie als Indiz dafür, daß die Ägyptologen einen sehr unglücklichen Part spielen wollen.

Wenn ein Patient keinen Außenreizen mehr zugänglich ist, wird die Lage bedrohlich. Doch für wen? Als die einzigen Gralshüter des Wissens verlassen die Ägyptologen ihren Elfenbeinturm kaum mehr. Sie haben dabei für ihre Priorisierungen von 'den Anderen' wenig zu fürchten, ist doch auch in dieser Fakultät der Brauch nicht unbekannt, Außenseitererkenntnisse zu 'nostrifizieren'. Ein Fachgelehrter kann da Erkenntnisse eines Nichtfachmanns bringen und für sich beanspruchen, weil sie ja erst mit dieser Fachveröffentlichung ins Licht der Fakultät gerückt werden. Deshalb ist nicht auszuschließen, daß sich die Spezialisten bei ihrer Blockadehaltung genauso wohl fühlen wie all jene, die die ägyptische Kultur 'vom Raumschiff hoch' kommen lassen oder in Urzeiten zurückverlegen. Auch hier kämpfen mittlerweile Geologieprofessoren mit Präastronautikern um Prioritäten und Auflagen. Insofern bleibt 'lediglich' die seriöse Forschung auf der Strecke.

Unser Dank gilt nicht nur für diese Auflage all jenen Lesern der Zeitschrift *Zeitensprünge*, die uns Hinweise auf neue, einschlägige Literatur gegeben oder mit uns um Argumente gerungen haben.

Heribert Illig, Gräfelfing Franz Löhner, Penzberg

September 1998

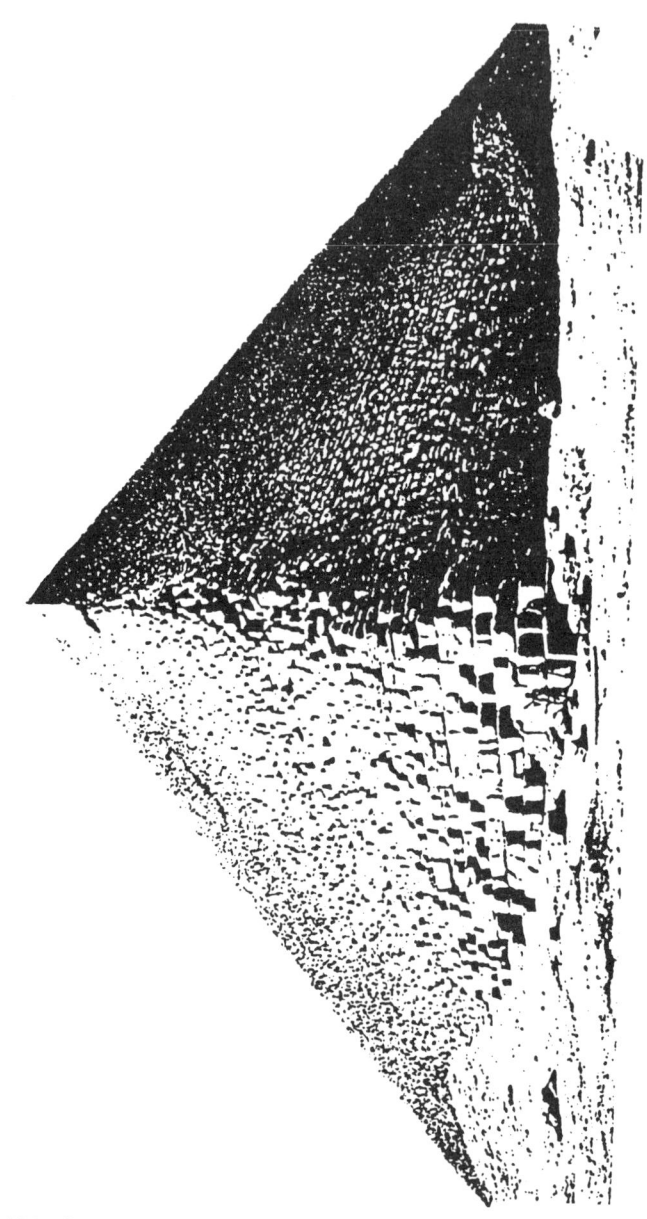

Abb. 3: Cheopspyramide. Zeichnung mit der 'Camera lucida', 1827 von Edward William Lane [Ceram 1957, 121]

Prolog: Nacht über Giza

Der Wecker schrillt zur gräßlichsten Nachtstunde, kurz vor vier Uhr. Anziehen im Stockdunkel für eine nachtkalte Wüste. Frühstück entfällt, aber vier Taxis, von der Rezeption angefordert, stehen bereit. Schlaftrunken krauchen fünfzehn Touristen hinein, um allzubald wach zu werden. Die Fahrer tragen quer durchs nächtliche Kairo ein atemberaubendes Wettrennen aus. Alle fünfzehn Fahrgäste gewinnen, denn alle überleben.

Die Cheopspyramide ist im Dunkel als noch dunkleres Gebirge zu ahnen. Wir marschieren zur Nordostecke, über die der Aufstieg möglich ist. Weit und breit kein Dragoman, der an unserem verbotenen Aufstieg verdienen will. Schließlich tritt doch einer aus dem Dunkel, um alsbald mit einem zweiten eine intensive Debatte zu eröffnen. Wir warten. Während der Disput auf Touren kommt, interessiert mich die Aufstiegsroute. Die Nordostecke bricht senkrecht ab und verweigert sich dem Bustouristen. Während die Ägypter unentwegt weiter palavern, findet sich ein gutes Stück weiter ein gangbarer Einstieg. Auf schrägem Band mit schmalen Tritten durchsteige ich die ersten, fast senkrechten Schichten und erreiche den eigentlichen Grat, der ja weit sanfter ansteigt als die Flanken und auf dem keine weiteren Schwierigkeiten zu erwarten sind.

Als ich wieder herabsteige, ist das Palaver in seine Hauptphase unbekannter Länge getreten. Uns bleibt der eigentliche Streitpunkt im Dunkeln. Dagegen hellt sich der Horizont auf, und wir wollen doch den Sonnenaufgang auf der Pyramidenspitze erleben. Kurzentschlossen ziehe ich die Gruppe zum Fuß der Pyramide und erläutere ihnen, daß der Aufstieg auch ohne Führer gefahrlos möglich ist, solange alles dicht am Grat bleibt.

Wir steigen in die Wand ein. Dieser Ausdruck drückt präzise aus, was ich empfinde: Steigen in einer riesigen Felswand, irgendwo oben der Gipfel. Nach zwanzig Metern am Grat ist alles Pyramide: riesig, unfaßbar. Der Blick in die Nordwand: fast 200 Meter weit nichts als Felsgestein, von Geröll übersät. Der Blick in die Ostwand: genausoweit Fels, Fels, Fels. Der Blick zur unsichtbaren Spitze:

Abb. 4: Spitze der Cheopspyramide und Blick zur Chephrenpyramide. Zeichnung mit der 'Camera lucida', 1827 von Edward William Lane [Ceram 1957, 119]

noch einmal fast 200 Meter Fels. Wie gewachsener Fels von bedrängender Steile. Über 50° geneigt - auf Skipisten mit solchem Gefälle sucht die Service-Mannschaft mit Steigeisen Halt. Diesen Berg sollen Menschen errichtet haben? Unglaublich, völlig unglaublich. Wer die Gizapyramiden von der Weite aus sieht, selbst noch von ihrem Plateau aus, nimmt sie kaum in ihrer Körperlichkeit wahr, sieht nur abstrakte Dreiecke. Aber hier in der Wand wird das gigantische, wahnwitzige Volumen körperlich erfahrbar.

Wir klettern höher. Die anfangs überhohen Steinschichten reduzieren sich langsam auf menschliches Maß, immer weniger Trittsteine müssen von Schicht zu Schicht vermitteln. Der Kalkstein ist hier draußen am Grat frei von Kies und Geröll, gut begehbar, das gemeinsame Werk von Wind und Touristenfüßen. Direkt in der Wand wäre es dagegen absolut lebensgefährlich. Wer dort im überall herumliegenden Schutt ausgleitet, stürzt unaufhaltsam in die Tiefe.

Noch ein paar Meter bis zum Gipfel. Anstelle einer unbesteigbaren Spitze erwartet uns eine rund 100 qm große Plattform, gemäß üblicher Zählung die 200. Steinlage samt überraschend hohen Resten der 201. Die Dämmerung ist auf dem Rückzug; die Sonne kündigt sich an, ist aber noch nicht sichtbar.

Ihr Aufgang selbst mißrät zu einem unbedeutenden Schauspiel. Es gibt kein jähes Feuerzeichen wie am Sinai. Dort, auf dem Mosesberg, blitzt die Sonne am Horizont auf, um dann mit endlosen Lichtfingern ein ganzes Gebirge, eine steinerne Welt vor Schaffung des Lebens rotgold aufstrahlen zu lassen. Hier in Giza quält sich die Sonne, den Staub und Dunst über einem Moloch von Stadt zu durchdringen. Als richtige Scheibe präsentiert sie sich erst weit überm Horizont. Schöner ist es, wie sie das in die Wüste übergehende Plateau von Giza belebt. Im stetig heller werdenden Licht bilden sich drei riesige Dreiecksschatten aus, die sich in Hunderten von Metern Entfernung verlieren, doch rasch kleiner werden und immer schärfere Kontur gewinnen. Der Blick hinunter ist seltsam unwirklich, denn das Riesenbauwerk ist von hier oben in keiner Weise erfaßbar. Seine Höhe läßt sich ausschließlich aus der Winzigkeit der unten herumwimmelnden Menschen erschließen.

Das Plateau zu unseren Füßen belebt sich, außerdem klimmt ein Ägypter raschen Schritts zu uns herauf. Schnaufend angelangt beginnt er erregt zu deklamieren. Seinen Handbewegungen entnehmen wir, daß er sein Bakschisch als zuständiger Führer haben will. Nachdem er uns weder geführt hat noch die Pyramide gepachtet haben dürfte, schimpfen wir zurück und verweigern den Obolus. Ärgerlich hüpft er schließlich hinunter; dort rottet sich eine Gruppe um ihn zusammen, ein bewaffneter Kamelreiter stößt hinzu. Nun wird uns doch mulmig, schließlich ist das Besteigen der Pyramide im Prinzip verboten, und wir auf unserem ebenso extravaganten wie exponierten Hochsitz können in der prallen Sonne nicht unbemerkt absteigen.

Aber irgendwann muß es sein; binnen zehn Minuten sind wir unten und stellen uns auf ein Wortgeprassel und ein vervielfachtes Bakschisch ein. Doch als wir über die letzten Felsquader turnen, bemerken wir, daß vor großem Publikum noch immer jene zwei disputieren, die schon vor unserem Aufstieg gestritten hatten. Offenbar gibt es da erhebliche Revierstreitigkeiten. Wir denken nicht daran, sie zu stören; statt dessen suchen wir Taxis, um wieder brave Touristen zu werden und Anschluß an unsere Reisegruppe zu finden.

Was bleibt, ist das Staunen. Wie konnte ein solches Gebirge unverrückbar aufgeschichtet werden? 2,6 Millionen Kubikmeter Steine, das Mauerwerk von 260.000 Einfamilienhäusern. Wären auch noch Tal- und Totentempel samt Aufweg erhalten, hätten wir Gestein für die Ansiedlung von rund einer Million Einwohnern samt öffentlicher Gebäude vor uns.

Wir zwei Autoren halten nichts von fliegenden Teppichen oder esoterischen Kräften, mit denen die Steine dort hinaufgedacht, nicht -gebracht worden wären, Wir stellen die schlichte und nüchterne Frage nach dem einfachsten "Wie".

Franz Löhner, Penzberg · Essen, fand als Praktiker des Bauwesens von der Frage der Granitbearbeitung, die hier erneut anzusprechen sein wird, zum Pyramidenbau und entdeckte die bislang einfachste Lösung für die so rätselhaft wirkenden Transportleistungen, wenn wir - wie im weiteren Text geschehen - alle Lösungen daran messen, ob sie praktikabel sind und der ägyptischen Pyramidenzeit entsprechen. Daraufhin formte Dr. Heribert Illig, Gräfelfing, der sich bei seinen ägyptologischen Studien lange über die vielen unzureichenden Bauvorschläge gewundert hatte, Löhners Grundidee zu einem kompletten Baustellenszenario, brachte es in die seit 100 Jahren andauernde Diskussion unter Ägyptologen und Außenseitern ein und gab ihm Buchform. Es zeigte sich, daß gerade in den allerletzten Jahren neue Ideen hinzugetreten sind - stellvertretend seien nur die Namen Abitz und Pitlik genannt -, die eine kritische Würdigung verdienten.

Der bisherige Wissensstand zeichnet sich durch Dürftigkeit aus, denn selbst Wichtigstes wird bislang kaum verstanden. So weiß das *Lexikon der Ägyptologie* unter der Rubrik 'Pyramidenbau' [Arnold 1984] wenig und vor allem wenig Erhellendes zu berichten; dasselbe gilt für andere Publikationen, etwa für den Kulturatlas von Baines und Málek [1980, 138]. R. Stadelmann hat den Stand ägyptologischer Kenntnisse korrekt umrissen, indem er einräumt:

"So wenig wir über die Methoden des Bauens Bescheid wissen" [Stadelmann 1985, 224],

um dann primär und mit vollem Recht Können und Organisationstalent der ägyptischen Baumeister hervorzuheben. Insofern schien es uns geboten, diesen unbefriedigenden Zustand nicht nur mit wachen Augen zu würdigen, sondern auch zu verbessern.

Unser Dank gilt vor allem Dr. Hans-Ulrich Niemitz, Berlin, mittlerweile Professor in Leipzig, Hanjo Schmidt, Stuttgart, und Dr. Renate Schukies, Hamburg, die uns mit Rat und Informationen zur Seite standen. Die meisten Korrekturen für die zweite Auflage haben Winni Marold, Weinsberg, und Heiner Aichinger, Vohenstrauß, beigesteuert.

Das Bauprojekt des Cheops

Pyramiden sind am Nil mehr als genug errichtet worden. In Ägypten werden 96 [Kastner 1993] in über 40 Bezirken [Baines/Málek 140f] gezählt, in Nubien stehen weit über 100; ihre Gesamtzahl dürfte samt Privatpyramiden vierstellig sein. Die weitaus meisten sind bautechnisch unproblematisch. Schließlich besitzen weder die nubischen Pyramiden bedeutendes Steinvolumen noch all jene Satellitenpyramiden, die sich wie Küken um ihre Zentralbauten scharen. Bei diesen weitestgehend massiven Bauten ist das Volumen ein Hauptkriterium für die Bestimmung der erbrachten Leistung und des handwerklichen wie planerischen Könnens.

Für die größten und bestgebauten Pyramiden stehen maßgeblich drei Herrscher: Allen voran *Snofru* als jener Pharao, unter dessen Namen drei riesige Pyramidenkomplexe registriert sind. Die Kenner haben über 3,6 Millionen verbaute Kubikmeter respektive über 9 Millionen Tonnen Kalkstein für seine Regierungszeit errechnet [Stadelmann 1985, 105]. Er hätte damit - ein Vergleich mit unserer superlativistischen Gegenwart - die weltberühmte Montagehalle der amerikanischen Raumfahrt, das *Vertical Assembly Building* in Cape Canaveral restlos mit Steinen aus- und zugemauert.

Die Pyramide des *Cheops* ist - mit 'nur' 2,6 Mio m^3 [ebd] - das allergrößte Einzelprojekt, von dem wir aus dem Altertum wissen. *Chephrens* Bau präsentiert sich nach wie vor als absolut höchster von Giza, auch wenn er von Cheops' Pyramide ruhmmäßig eindeutig in den Schatten gestellt wird. Dank einer um 10,11 m höheren Plateau-Position [Schüssler 217] überragte die Chephrenpyramide im Altertum den Schwesterbau um 7 m; der heutige Vergleich zwischen beiden Ruinen fällt mit rund 15 Metern Höhendifferenz noch deutlicher zugunsten von Chephren aus.

Gizas dritte Pyramide, jene des *Mykerinos,* kann vom Bauvolumen her keinen Vergleich mit ihren Vorgängerinnen aushalten, umfaßt sie doch volumensmäßig lediglich 10 % der Cheopspyramide. Dafür liegt bei ihr der Anteil an Hartgestein viel höher. Die sogenannte vierte Pyramide von Giza galt lange als Rest einer Stufenpyramide. Inzwischen ist sie als Mastaba der *Chentkaus* aus

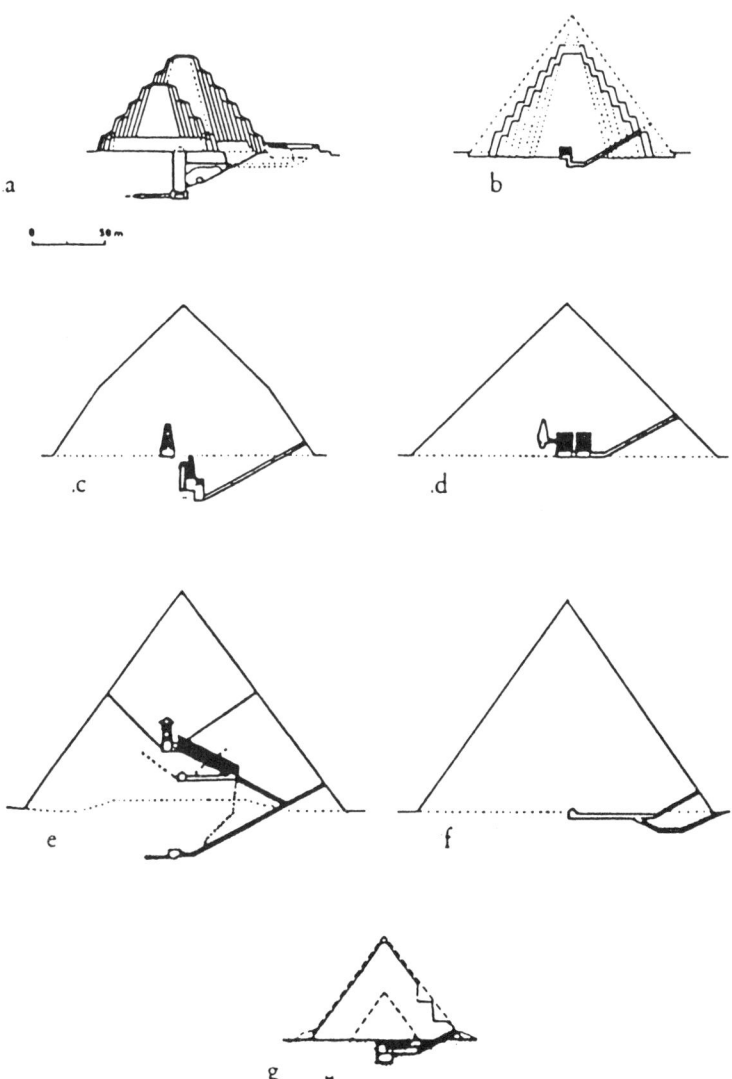

Abb. 5: Markante Pyramiden: a) Djosers Stufenpyr., Saqqara b) Snofrus Pyr. in Meidum, früher dem Huni zugeschr. c) Snofrus zweite, die sogen. Knickpyr., Dahschur d) Snofrus dritte, 'rote' Pyr., Dahschur e) Cheopspyr., Giza f) Chephrenpyr., Giza g) Mykerinospyr., Giza [nach Mendelssohn 38, von HI auf denselben Maßstab gebracht]

derselben 4. Dynastie erkannt und läuft wegen ihrer ganz anderen, flachen Gestalt gewissermaßen außer Konkurrenz. Nachdem gerade das größte Einzelprojekt die schwierigsten Probleme aufwirft, konzentrieren wir uns im weiteren ganz auf die Cheopspyramide.

Erwähnt sei, daß unser Wort 'Pyramide' kein ägyptisches ist. Die respektlosen Griechen haben offenbar die urgewaltigen Pyramiden mit Backwerk, mit einem Honigkuchen verglichen, der bei ihnen 'pyramús' hieß [Helck 2169], wie sie auch die ägyptischen 'techen' als 'Obelisken' bezeichneten, das heißt als 'Bratspießchen' [Michalowski 144]. Die Ägypter selbst verfügten offenbar über kein spezielles Wort. Um 'Pyramide' zu schreiben, setzten sie das Bild einer steilen Pyramide als Determinativ an den Anfang (Abb. 6). Seine Aussprache 'm[e]r' geht aus den gelegentlich angefügten, gleichklingenden Piktogrammen Eule und Mund, also 'm' und 'r' hervor. Doch dieses Determinativ bedeutet im Grunde nur Bauwerk im allgemeinen. Es mußte noch der Name der Pyramide und ihres Erbauers folgen, damit alle Bezüge für den Leser hergestellt waren. Im Falle von Cheops ergab das 'Achet Chufu', übersetzt 'Horizont des Cheops' oder 'Horizontisch ist Cheops'.

Selbstverständlich wird weiterhin versucht, Bezüge zwischen dem griechischen Wort und einem ägyptischen Urwort aufzustöbern. So stieß André Pochan auf den Begriff 'pr m m[w]t' und übersetzte dieses 'per em mut' mit "Wohnung des Sarkophags", während Jacques Gossart sich für 'Haus im Tod' entschied [Gossart 5]. Wir bieten eine weitere, aber keineswegs letzte ägyptologische Interpretation: "Es ist nicht ganz ausgeschlossen, daß dem griechischen Wort 'pyramis' das ägyptische *per-emuas* zugrunde liegt, das die Höhen der Pyramiden bezeichnete" [Michalowski 139].

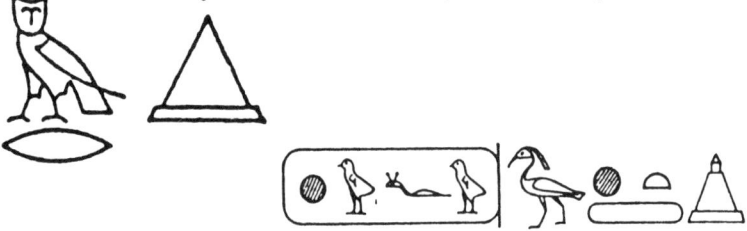

Abb. 6: Die Hieroglyphen für 'mr' = Pyramide und für den Namen von Cheops' Pyramide: Achet Chufu = Horizont des Chufu

Maße der Cheopspyramide

in Metern (m), Königsellen (KE = 0,525 oder 0,524 m) oder ägyptischen Fuß (ÄF = 0,30 m)

Höhe: einst: 146,59 m ≈ 280 KE [Helck 2198]
heute: 138,75 m [Stadelmann 1985, 108]
Apothem: 184,80 m ≈ 352 KE ≈ 616 ÄF (Höhe einer Seitenfläche; Tompkins 221]
Gratlänge: 217,88 m ≈ 415 KE (rechnerische Werte)
Seitenlänge: 230,83 m ≈ 440 KE ≈ 770 ÄF (rechn. Wert, Tompkins 221). Die vierfache Realität liegt etwas unter 439 KE: Nordseite 230,253 m, Osts. 230,394 m, Süds. 230,454 m, Wests. 230,361 m [Helck 2198];
Fläche: 5,5 ha (55.000 m²) [Riedl o.J., 142]
Winkel der Seitenflächen: 51° 50' 40'', ergibt sich aus einem Rücksprung von 5½ Handbreit auf 1 Elle [Stadelmann 1985, 108]
Steinlagen: 201 erhalten; insgesamt wohl 210 [Stadelmann 1985, 109] wechselnde Höhen von 49,5 bis 150 cm [Goyon 236ff]
Steine: durchschnittl. Größe: 127 · 127 · 71 cm [Tompkins 245] durchschnittl. Gewicht: 2,5 t
Kernsteine: Anzahl: 2.300.000 [Riedl o.J., 142]
Volumen: 2.203.075 m³ [Abitz 61]
Verkleidungssteine: Anzahl: 200.000 [Riedl o.J., 142] oder 115.000 [Tompkins 249]; Volumen: 123.426 m³ [Abitz 61]
Gesamtgewicht: 6.500.000 t
Steinvolumen: 2.326.501 m³ [Abitz 61] zuzüglich 100.000 m³ für Nebenanlagen, drei Königinnenpyramiden, eine weitgehend zerstörte Nebenpyramide, eine Satellitenpyramide, Mastabas, Aufweg und Tempel [Stadelmann 1990, 259 (dort höhere m³-Zahlen); Kastner 1993]
Bauzeit: 30 Jahre nach Herodot, der von 10 Jahren Vorbereitung und 20 Jahren reiner Bauzeit spricht;
Bauleistung: In diesen 20 Jahren reiner Bauzeit wäre 'im Prinzip' minütlich ½ bis 1 ganzer Steinblock verbaut worden.

Bauausschreibung

Der Architekt dieses Baus stand nicht nur vor dem Idealbild 'seiner' Pyramide, sondern vor einem ganzen Berg von Problemen, die alle in möglichst kurzer Zeit und mit verfügbaren Mitteln gelöst werden sollten. Was gehörte alles dazu? Die Gesamtanlage des Cheops umfaßt neben der Hauptpyramide fünf kleinere Pyramiden (die letzte 1993 gefunden [Kastner 1993], dazu den an die Pyramide angebauten Totentempel und den am Nilkanal postierten Taltempel, beide verbunden durch einen reliefverkleideten, überdachten und ca. 825 m langen Aufweg. Das gesamte Felsareal der großen Pyramide ist zu glätten und mit einer Mauer zu umgeben; ringsum sind Gräber und Schiffsbestattungen vorzubereiten.

Das verlangt als Arbeitsprogramm:
- die Anlage eines Bauhofs bzw. einer Bauhütte mit Magazinen, Reparaturwerkstätten, Lagerplätzen für Steine, Holz und Seile, Werkküchen, Wasserreservoirs;
- den Bau eines Hafens, um Material anlanden zu können;
- den Bau des Transportwegs, auf dem dieses Material vom Hafen zum Pyramidenbauplatz gebracht werden konnte;
- den Bau der Arbeiterstadt mit Unterkünften für alle Arbeiter;
- den Bau der Pyramidenstadt mit dem königlichen Wohnpalast und den Häusern für Architekten, Vorarbeiter und Verwaltungsbeamte;
- den Abbau von Steinquadern in nahegelegenen Steinbrüchen, Transport dieser Steine zum Pyramidenbauplatz;
- den Abbau der Verkleidungssteine aus Tura-Kalk vom Mokattam-Gebirge jenseits des Nils und ihren Antransport per Schiff;
- den Abbau der großen Granitblöcke bei Assuan und ihren Transport 800 km flußab (mit welchem Material dieser Granit überhaupt bearbeitet werden konnte, wird ebenfalls Thema sein);
- das Herbeischaffen von Holz aus dem ganzen Land; hochwertige Zedernstämme wie die in einer Snofrupyramide aufgefundenen kamen aus dem Libanon;
- den Bau der Pyramide: überaus genaues Nivellieren des gesamten Areals; insbesondere Heben der Steinquadern von im Schnitt 2,5 t

bis auf fast 150 m Höhe; Heben 40 t schwerer Bauteile (Granitriegel über der "Königskammer") bis auf 70 m; Bau der Innen- wie der unterirdischen Räume;
- den Bau des repräsentativen Aufwegs und der durch ihn verbundenen Tempel am Nilkanal und an der Pyramide; Bau der Nebengebäude, Nebengräber und Schiffsbestattungen [vgl. Stadelmann 1990, 251].

Für diese Steinmetz- und Transportarbeiten brauchte man Steinbruchsarbeiter, Maurer, Schiffer und - nach bisherigem Stand der Forschung wie nach unserer Meinung - leistungsfähige Zugmannschaften. Hinzu traten praktisch alle anderen Handwerksberufe damaliger Zeit: Schmiede fürs Werkzeug, Seiler für Taue aller Art, Zimmerleute, Werftarbeiter und Matrosen, Kantinenmannschaften samt Küchenchefs, Wasserträger, Fouriere für Bekleidung und Schuhwerk, Vermessungsspezialisten, Bauleiter, Polizisten, Astronomen, Traumdeuter etc etc.

Die Bauüberlieferung

Mit zwei Worten ist umrissen, was uns die alten Ägypter davon mitgeteilt haben: praktisch nichts! Obwohl das Volk am Nil fast alles dargestellt hat - auf Fresken, Reliefs oder mittels Tonmodellen -, gibt es kaum eine Abbildung einer Pyramide aus dem Alten, Mittleren oder Neuen Reich in Ägypten, keine Darstellung der dortigen Großbaustelle, kein zeitgenössisches Bild der notwendigen Transporte. Selbst ihre erste Erwähnung fällt in sehr viel spätere Zeit: Die fragliche Stele gehört wohl in die 18. Dynastie [Fix 53f] und damit zu einer rund 1.000 Jahre späteren Epoche (zur Chronologie siehe letztes Kapitel).

Was wir überhaupt an Bildern kennen, entstammt anderen Zeiten und schildert fast immer andere Zwecke: Transport von Statuen aus der 5. und aus der 18. Dynastie, von Obelisken und Säulen aus der 18. Dynastie. Dagegen fehlt gerade das 'Normale': Die endlose Kette jener 2,5 Mio. Bausteine, die sukzessive zur und auf die Pyramide zu bringen waren. Die einzige Ausnahme findet sich in den Steinbrüchen von Tura, stammt aber wiederum aus der viel späteren 18. Dynastie (was Verner [1998, 84] nicht beachtet). Der erste Bericht über die Kolosse am Wüstenrand wird erst 21 Jahrhunderte später geschrieben, im -5. Jh. Der Ägyptenreisende *Herodot* berichtet in seinem zweiten Buch auch über die drei Pyramiden von Giza, die spätere Griechen zu den sieben Weltwundern zählten. Sein Bericht, auf den die heute noch gängigen, gräzisierten Namen Cheops, Chephren und Mykerinos zurückgehen, ist seit langer Zeit Zankapfel für alle retrospektiven Architekten der Cheopspyramide. Denn Herodot verbindet offensichtlich Falsches mit allzu Speziellem, das ihm Äonen nach dem Bau nicht mehr zugänglich gewesen sein sollte.

So erzählt der "Vater der Geschichtsschreibung", daß Cheops alle für sich arbeiten ließ, indem er jedes Vierteljahr 100.000 Zwangsarbeiter einsetzte (Zahl und Zwangsarbeit falsch). Steinblöcke wurden jenseits des Nils gebrochen (richtig). Der Aufweg mit seinen 10 Jahren Bauzeit scheint ihm ein "fast ebenso gewaltiges" Bauwerk zu sein wie die Pyramide selbst (allenfalls optisch richtig). Lange, doch vergeblich gesucht wurde die als Insel gestaltete Grabkammer im Fels unter der Pyramide. Die Bauzeit für die Pyramide betrug 20 Jahre (realistisch?), während für Herodot Cheops 50 Jahre regierte (nach herrschender Meinung viel kürzer; s.u.). Jede Dreiecksseite ist 8 Plethren breit und ebenso hoch (ins Richtige umrechenbar; Heinsohn/Illig 122). Ihre Verkleidung besteht aus präzis ausgeführten Steinen (richtig), die mindestens 30 Fuß lang sind (falsch), und auf der ausgerechnet die Verpflegung der Arbeiter verzeichnet war (sehr fraglich). Daß er von eisernen Werkzeugen spricht, ist Herodot gründlich verübelt worden, während die Verfasser dies für richtig erachten. Der körperliche Einsatz seiner Tochter in einem Bordell zugunsten der königlichen Baukasse gilt als Verleumdung Cheops'.

Am umstrittensten waren und sind Herodots Maschinen. Ihmzufolge, der nun einmal erst 2.000 Jahre später vorbeigekommen sein soll, wurden die Verkleidungssteine mit "kurzen Holzgerüsten" von Stufe zu Stufe "hinaufgewunden", um dann von oben nach unten verbaut zu werden [Herodot II:124-127 in der Übersetzung von A. Horneffer].

Herkömmliche ägyptische Chronologie

	5100-3100		Vordynastische Zeit
0. Dynastie	3100-2950		(Prädynastisch)
1. Dynastie	2950-2770		Frühdynastisch
		Menes	
2. Dynastie	2770-2640		
3. Dynastie	2640-2575		Altes Reich
		Djoser	
4. Dynastie	**2575-2465**		Altes Reich
	2575-2551	Snofru	
	2551-2528	Cheops	
	2520-2494	Chephren	
	2490-2471	Mykerinos	
5. Dynastie	2465-2325		Altes Reich
6. Dynastie	2325-2155		Altes Reich
7.-11. Dyn.	2155-2037		Erste Zwischenzeit
11.-12. Dyn.	2037-1785		Mittleres Reich
13.-18. Dyn.	1785-1540		Zweite Zwischenzeit
18.-20. Dyn.	1540-1075		Neues Reich
21.-25. Dyn.	1075- 664		Dritte Zwischenzeit
26.-31. Dyn.	664- 332		Spätzeit
	332- 305		Makedonen
	305- 30		Ptolemäer

[vgl. Heinsohn/Illig 43-47]

Bei Heinrich Steins Übersetzung werden sämtliche Blöcke mit "gewissen Hebewerken" befördert, die entweder auf jeder Stufe bereitstanden oder mit dem Stein nach oben befördert wurden. Nicht vergessen werden sollte, daß Herodot nur noch zwei weitere Pyramiden - im Moeri-See des Faijums - schildert [Herodot II:101, 148], den oder die Sphinx nicht erwähnt und das ägyptische Labyrinth für noch gewaltiger als die Gizapyramiden einschätzt [Herodot II:148f]. Ergänzende Details bringt sein Bericht über die Nilschiffe der damaligen Zeit. Aus Dornstrauchholz (Akazie) geplankt und mit Papyrus abgedichtet, konnten die größten Schiffe "viele Tausend Talente" tragen, eine Menge, die bei 26,2 kg für das attische Talent 26 und mehr Tonnen ausmacht [Herodot II:96]. Auf Herodots Spuren waren es im wesentlichen Strabo, Diodor und Plinius d.Ä., die sich zu den Pyramiden geäußert haben, also Autoren des -1. und +1. Jhs.

Prämissen für eine realistische Baustelle

Im Rahmen unserer Untersuchung können nicht sämtliche beim Pyramidenbau auftretenden Probleme erschöpfend behandelt werden. Aber es will hervorgehoben werden, wie sich das Problembewußtsein gewandelt hat. 1881 gab es erst ein bescheidenes:
"Technisch gesprochen ist eine Pyramide *allein* keine besonders schwierige Arbeit. Es werden sehr viele Steine in Lagen übereinander plaziert, die jedesmal etwas kleiner sind als ihre Vorgängerin und die in Stufen aufsteigen bis zum letzten, krönenden Stein an der Spitze. Dann werden von oben nach unten die Seiten geglättet; ob dafür die Ecken abgeschlagen oder die Stufenwinkel aufgefüllt werden, beides verlangt wenig konstruktives und kein besonders bemerkenswertes Ingenieurskönnen. Wenn die Steine massiv sind, wird selbstverständlich ein gewisses Maß an ingenieursmäßigen Fertigkeiten gebraucht, um sie zu brechen, zu transportieren und auf ihren Platz zu heben" [Rawlinson 1981, 206].

Heute wird der großen Pyramide mit viel größerer Kennerschaft begegnet. Man hat begriffen, daß auch ein scheinbar simpler Stein-

Abb. 7: Giza zur Zeit Cheops': 1) Pyramide 2) Drei Königinnenpyr., Adelsfriedhof 3) Aufweg zw. Tal- u. Totentempel 4) Marken im Fels für eine Pyr. 5) Priesterstadt 6) Königspalast 7) Werkstätten 8) Hafen 9) Königsgut 10) Steinbruch 11) Künstlerstadt 12) Arbeiterstadt u. -gräber 13) Beamtenfriedhof [Illig nach Hawass; Kastner]

haufen vor dem 'Zerfließen' geschützt werden muß, indem beispielsweise zu den Ecken und Außenseiten hin die Steinlagen schräg gestellt und weitere Vorkehrungen getroffen werden; man glaubt, durch Messungen französischer Forscher seltsame Sandeinlagerungen aufgespürt zu haben, die bis zu 15 % des Gesamtvolumens ausmachen [Kérisel 67] und nach japanischer Meinung der Erdbebensicherung gedient haben könnten, man überlegt, dank welcher Meßmethoden die Maße so unerhört präzise eingehalten werden konnten, man erkennt die Zweckmäßigkeit raffinierter Steinverzahnungen [etwa Fix 117, 239 oder 247] und so fort.

Auf jeden Fall sind die japanischen Technokraten, die 1978 zu Studienzwecken 'schnell mal' eine 20 m niedrige Pyramide neben die großen aufs Plateau von Giza setzen wollten, kläglich an dieser vergleichsweise minimalen Aufgabe gescheitert. Wie so häufig bei Aktivitäten rings um die Pyramide läßt bei Fehlschlägen oder Verboten die Dokumentation zu wünschen übrig. Wir stützen uns hier auf Erwin Wedemann [78]:

"Das Experiment scheiterte kläglich. Obgleich man die Steinblöcke nur etwa halb so groß wählte, wie sie zum Bau der Cheops-Pyramide benutzt worden waren, waren die Japaner nicht in der Lage, die nur eine Tonne schweren Blöcke die 15 km vom Steinbruch bis zur Baustelle zu transportieren. Die Beförderung über den Nil erwies sich als unmöglich, denn beim Verladen mußte auf Anhieb der Schwerpunkt der Barke getroffen werden, da sonst das Boot kenterte und der Gesteinsbrocken unrettbar auf den Grund des Nils versank. Auch der Transport über Land scheiterte. Ein 1 Tonnen schwerer Gesteinsbrocken hat nur eine kleine Auflagefläche. Ihn über Sand zu ziehen ist daher ungeheuer schwierig, großflächige Gegenstände eignen sich sehr viel besser dazu. Selbst 100 Personen waren nicht in der Lage, den Gesteinsbrocken über den Sand zu bewegen. Erst durch den Einsatz von Motorschlitten und modernen Baufahrzeugen war es möglich, die Steine zur Baustelle zu schaffen. Dort war man jedoch nicht in der Lage, die Blöcke mit Muskelkraft höher als 0,5 Meter anzuheben und mußte Kräne anfordern. Das Ergebnis war frustrierend, denn die Mini-Pyramide konnte trotz Einsatzes modernster Baufahrzeuge einem Vergleich

Abb. 8: Gepunktet die wichtigsten Steinbrüche auf dem Giza-Plateau. Abbaugebiet war auch die Fläche rings um die Pyramiden [Klemm/Klemm 54]

mit ihrer größeren Schwester nicht standhalten. Sie präsentierte sich als großer, unförmiger Schutthügel."

Zum Glück für die Freunde des Experiments wie des Giza-Plateaus hatte die ägyptische Regierung vorab verlangt, daß der ursprüngliche Zustand wieder hergestellt werden müsse [s.a. Verner 1998, 123].

1994 wollte der Ägyptologe Mark Lehner eine Mini-Pyramide von 6 m Höhe errichten, ein Fehlschlag, der unter dem vollmundigen Titel NOVA-Experiment lief und auch im Fernsehen ausgestrahlt wurde [Barnes 1994; vgl. Illig 1995b; auch Lehner 1997, 208f].

Hier werden - schließlich ist sein Urlaub in Giza befristet - von Lehner ein paar Methoden flüchtig ausprobiert, aber nicht konsequent eingesetzt. Er empfindet eine Schleifstrecke mit im Lehm querliegenden Rundhölzern als sehr geeignet für den Schlittentransport - und karrt daraufhin die 186 Steine mit dem Lastwagen heran. Er weist darauf hin, daß Kalkstein mit Kupfermeißel bearbeitbar seien - und benutzt ab da Stahlwerkzeug (die Frage der Granitbearbeitung wird vorsichtshalber gar nicht erst gestellt). Nun wird eine Wendelrampe begonnen und ein Stein hinaufbewegt. Weil er ständig aus der Spur kommt, fast von der Rampe stürzt und den Einsatz von Umlenkstangen braucht, ist die erste Kurve nur mit größter Mühe zu bewältigen - woraufhin Lehner restlos von der Rampe überzeugt ist und einen Frontlader startet. Das Pyramidion wird schließlich von 15 Mann einfach hinaufgehoben. Das geht, weil es höchstens 300 kp wiegt, und weil viel Platz vorhanden ist, denn es sind nur zwei Seiten der Mikro-Pyramide hochgezogen worden. Bei romantischer Beleuchtung - Cheops-Pyramide vor untergehender Sonne - erklärt dann Mark Lehner souverän:

"Ich glaube kaum, daß jetzt noch wesentliche Fragen zur Bauweise der Pyramiden offen sind" [Barnes 1994].

Diese 90 Fernsehminuten haben überdeutlich bewiesen, daß Ägyptologen zwar Hieroglyphen kennen, aber gleichwohl ganz normale Bau-Laien sein können. Deshalb stützen wir uns im weiteren auf alle erreichbaren Untersuchungen und Erkenntnisse, gleich ob von angeblichen Fachleuten oder sogenannten Außenseitern, und lassen immer Skepsis walten.

Uns geht es nicht um möglichst simple oder phantasievolle Modelle (etwa Abb. 70), sondern um ebenso effiziente wie zeitgerechte Problemlösungen. Wir stellen deshalb fünf Forderungen an alle Vorschläge für den Pyramidenbau:

1) Eine möglichst einfache Lösung mittels möglichst einfacher Technik:
   Hierzu gehören wenig und leicht zu bearbeitende Materialien wie etwa Holz und relativ wenige, aber gut ausgebildete Arbeiter, sprich Handwerker als Spezialisten ihres Fachs. Mutmaßungen über "geheimnisvolle Verfahren" oder "wirksame und schnelle Kunstmittel", die man nicht nur bei v. Däniken findet, sondern auch in der orthodoxen Wissenschaft [Goyon 232f], führen nur in die Irre.
2) Technisch-handwerkliche Kontinuität:
   Nachdem unverständlich wäre, daß Ägypten ausgerechnet seine besten technologischen Lösungen vergessen und niemand anderer sie wiederentdeckt hätte, gehen wir davon aus, daß es damals wie heute für gleiche Probleme auch gleiche Lösungen gab und gibt.
3) Belegbarkeit in Bild und/oder Wort:
   Da uns aus dem alten Ägypten genügend sonstige Abbildungen und Bauten erhalten sind, muß die Problemlösung sich entweder direkt in den Quellen widerspiegeln oder aus ihnen erschlossen werden können.
4) Zeit- und kulturgemäße Technik:
   Gemäß dieser Forderung darf zum Beispiel kein bei den Griechen gefundenes Zahnrad auf einer Pyramidenbaustelle auftauchen. Gleichwohl sind den Erbauern der Weltwunder Hilfsmittel zuzugestehen.
5) Die unterstellte Technik/Methode muß tatsächlich eine Lösung sein: Es ist sehr leicht, ein Postulat aufzustellen, wenn seine Praxistauglichkeit nicht geprüft, sondern einfach unterstellt wird (z.B. der Mythos vom stahlharten Kupfer; s.S. 154).

Baumaterial und Schiffstransport

Steinbrüche rings um die Pyramide

Mit diesen Prämissen vor unserem geistigen Auge wenden wir uns zunächst der Frage zu, von wo die Bausteine zur Cheopspyramide geschafft worden sind. Die wichtigsten Steinbrüche lagen südlich der Cheopspyramide, 300 bis 400 Meter entfernt; doch darf nicht übersehen werden, daß "jeweils das Plateau um die Pyramiden selbst als Steinliefergebiet angesehen werden" muß [Klemm/Klemm 54]. Mittlerweise besteht Einigkeit darüber, daß die Wahl auf den Pyramidenstandort Giza nicht zuletzt deshalb fiel, weil das notwendige Gestein in nächster Nähe bereitlag (Abb. 8).

Von den Steinbrüchen waren die Steinblöcke auf verschiedenen Pisten bis zum Bauhof zu bringen, der auf der Südseite der Cheopspyramide angenommen wird. Mit der Erwähnung von Steinblöcken möchten wir zugleich klarstellen, daß wir überhaupt nichts von der These halten, die Blöcke seien wie eine Art Beton in Formen gegossen worden. Diese aberwitzige These von J. *Davidovits* [1986] ist durch C. Vandersleyen [1989] bereits hinreichend zurückgewiesen worden. Was soll eine These, die alles nur verkompliziert, alle nummulitischen Einschlüsse negiert und sich doch wenigstens durch einen einzigen Handabdruck, beim Guß von einem Arbeiter im noch feuchten 'Beton' hinterlassen, bestätigen lassen sollte?

Der anstehende Nummulitenkalk, entweder graugelb und feinfossil oder grau und grobfossil [Klemm/Klemm 53], ist leicht zu brechen und zu bearbeiten, ehe er an der Luft in wenigen Jahren nachhärtet. Sein Abbau bedarf weder besonderer Kenntnisssse noch spezieller Materialien. Das einzige Problem zeigt sich bei der seltsamen Art und Weise, in der er angeblich durchgeführt worden ist. Laut Georges Goyon hätten die Ägypter von oben ein Netz sich rechtwinklig kreuzender Gräben in die anstehende Schicht des Steinbruchs gehämmert (Abb. 9). Weil die waagrecht liegenden Steinschichten durch schmale Erosionsschichten sauber voneinander getrennt

Abb. 9: Angeblicher Steinbruchabbau unter Chephren [Goyon 81] **Abb. 10:** Verkleidungssteine, Nordseite der Cheopspyramide [Edgar/Edgar 52]

werden, bräuchte man diese rund 50 cm breiten Gräben nur durch die gesamte Schicht hindurchzutreiben, um die einzelnen Steine separieren zu können [Goyon 81].

Dieses von Goyon geschilderte Verfahren, das sich von Spuren in einem Chephren-Steinbruch herleitet, wäre so unpraktisch wie nur möglich. Warum in aller Welt sollte man diese wertvollen Schichten derartig mühsam und vor allem unter Produktion von so viel Abraum in Bausteine verwandeln? Denn der Abfall hätte rund 40 % des gesamten Steinmaterials ausgemacht, oder - bei rund 2,2 Mio m³ - ebenso runde 0,9 Mio m³ oder 3,2 Mio. t an Gestein. Diese Unmengen an Kalkgestein sollten laut Goyon mit kleinen, primitiven Pikkeln, die selbst aus Stein bestanden, kleingehackt worden sein [Goyon 81]. Man bräuchte allein eine Arbeitskolonne von ca. 600 Mann, nur um ständig diesen Schutt wegzuschaffen.

Doch es gibt keinen Grund, dieses angebliche, Material, Zeit und Arbeitskraft vergeudende Spiel autokratischer Bauherren immer weiter zu tradieren, wie es noch das Ehepaar Klemm tat [Schulz 1996, III 137], sah es doch die Ägypter als "plumpe Kraftmeier, die sich mit Muskelkraft und urtümlichen Faustkeilen in den Fels wühlten". Diesen seltsamen Steinbruch der Chephren-Zeit einmal unbenommen, der vielleicht ganz anderen Zwecken diente und heutigen Kennern kein Standardbeispiel für den Steinabbau im Alten Reich mehr ist [Klemm/ Klemm 1992], sollten wir doch davon ausgehen, daß die Ägypter Kalkstein so gebrochen haben, wie dies überall auf der Welt gemacht wurde und wird.

Dabei prüft der Steinbruchmeister, wie der Fels 'gewachsen' ist, und bezeichnet dann die Brechlinie an der Stirnseite des Steins. Entlang dieser waagrechten Linie wird durch Einschlagen von Keilen und mit Hilfe von Brechstangen ein Spalt geschaffen und maximal gespreizt. Im nächsten Arbeitsgang schlagen Arbeiter oben auf diesem Fels mit schweren Hämmern entlang einer weiteren Linie, bis eine Platte gewünschter Größe ausbricht. Wenn sie aus der Wand heruntergestürzt ist, wird sie hohlgelegt und mit gezielten Schlägen auf die gewünschte Größe gebracht.

In den Giza-Brüchen belegen Ankerlöcher, daß große Blöcke durch Abhebeln mit Balken abgelöst worden sind [Klemm/Klemm 56].

Ein eingespieltes Team von 6 Mann (dazu Aufseher und Hilfskraft) schafft so leicht 2 bis 3 Steine pro Stunde, ohne nennenswerten Abfall zu produzieren. Das sind 20 Steinblöcke pro Tag und Achter-Mannschaft, während Goyons bedauernswerter Grabenpickler 16 Tagwerke gebraucht hätte, um einen einzigen Stein von vier Seiten à 1 m freizugraben [Goyon 234]. Seine Produktion wird von unseren Steinbrucharbeitern ohne Mühe um das 40fache überboten.

Eine Faustregel für den Zeitplan

Es ist an der Zeit, hinreichende Einsicht in damalige Arbeitsmodalitäten zu gewinnen. Goyon setzte pro Jahr 365,25 Arbeitstage an, pro Arbeitstag 10 Arbeitsstunden oder 600 Minuten. Ein Arbeitsleben lang keinen einzigen Tag frei, niemals tagsüber Muße? Wir halten dies für völlig irreal, da Fellachen keine nimmermüden Ägyptologen waren, sondern oft und wohl auch gerne ihren Göttern huldigten. Wir setzen statt dessen 290 Arbeitstage pro Jahr an, gönnen also jeden fünften Tag den Göttern, nachdem 'Urlaub' ein unbekanntes Wort war. Den Arbeitstag definieren wir, da in Ägypten ein Tag ohnehin nur 12 helle Stunden hat, mit gut gemessenen 8 Stunden respektive 500 Minuten. So kommen bereits die alten Ägypter in den Genuß einer mittäglichen Siesta, die den herrschenden Temperaturen höchst angemessen ist; nur Touristen können am Nil auf sie verzichten. Insofern arbeiten unsere Fellachen fast exakt ein Drittel weniger als Goyons permanent aktive Arbeitsbienen (145.000 Minuten pro Jahr gegenüber 219.150).

Des weiteren gehen wir bei verschiedenen Berechnungen von einer Gesamtbauzeit von 20 Jahren aus, damit Cheops trotz längerer Planungsphase die realistische Chance hatte, die Vollendung seines ehrgeizigen Lebenswerks zu erleben. Somit stehen den 2.500.000 Steinblöcken der Pyramide 145.000 min · 20 = 2.900.000 Arbeitsminuten gegenüber, was uns zu der durch Aufrundung verschärften Faustregel bringt: *jede Minute ein Steinblock*.

Es wird zu prüfen sein, ob eine derart hohe Vorgabe eingehalten werden konnte. Ging dies tatsächlich, dann wäre die Pyramide rein rechnerisch, ohne Berücksichtigung der steten Abnahme des Bauvolumens, bereits binnen 17 Jahren und 3 Monaten fertig gewesen.

Wir unterstellen den alten Ägyptern weder 'workoholism' noch eine ganz spezifische Umständlichkeit im Steinbruch. Wenn wir bei der allgemein üblichen Methodik bleiben, die nicht allzu geheimnisvoll wirkt, dann können 25 Teams, also 25 · 8 = 200 Steinbrecher die täglich benötigten 500 Steine in rechtwinkligen Formaten aus der Wand gebrochen haben.

Um einen solchen Steinblock auf einen Transportschlitten zu verladen und zu vertäuen, waren ca. 6 Mann notwendig, also mit Aufseher und Wasserholer wiederum 8 Mann. Solch ein Team konnte in einer Stunde vier Steine hochhebeln, jeweils den Schlitten darunter bringen und die Fuhre vertäuen; an einem Arbeitstag ergab das 32 Steinblöcke. Für die täglich 500 Steine gemäß unserer Faustregel waren notwendig: 500 : 32 = 15,6 Teams, also aufgerundet 16 · 8 = 128 Mann, mit Oberaufseher und Schreiber 130 Mann. Weitere 80 Mann waren für Schanzarbeiten im Steinbruch notwendig, denn die Blöcke sollen aus der Wand nicht auf blanken Felsen, sondern in eine weiche Erd-Sand-Bettung stürzen. So errechnen sich

200 Steinbrechern
130 Aufladern
 80 Schanzarbeitern
-----

410 Mann in den Steinbrüchen von Giza. Diese und weitere von uns ermittelte Zahlen gehen in die Gesamtrechnung ein, die unsere bauspezifischen Ausführungen abschließen wird (s.S. 200).

Der Tura-Stein für die Verkleidung

Cheops- wie Chephrenpyramide waren mit einem sehr hellen Kalkstein verkleidet, der in nilnahen Steinbrüchen bei der Ortschaft Tura gegenüber von Giza gewonnen wurde. Da man dort im Mokattam-Gebirge riesige unterirdische Hallen findet, nahm man lange an, daß

Abb. 11: Giza, Tura, Nil und Seitenkanäle; bei (4) das Gebiet Zawyet-el-Aryan, bei (8) Abusir, bei (17) Saqqara, das Pyramidengebiet von Memphis [Goyon 103] **Abb. 12:** Lageplan von Giza [Goyon 22]. Cheops' Aufweg war schon damals ein Drittel zu kurz, nach heutigem Wissensstand läuft er im Tal, um 32° nach Norden geknickt, weiter.

zur Pyramidenzeit die Verkleidungssteine unterirdisch abgebaut wurden. Unterirdischer Abbau hätte durchaus Vorteile: Der Stein wird nicht durch Witterungseinflüsse verfärbt, er bleibt "bergfrisch", also weicher und ist deshalb leichter abbaubar. Auch entfällt die Abtragung des Deckmaterials, was wiederum Zeit und Menschenkraft in erheblichem Umfange spart.

Dafür handelt man sich Nachteile anderer Art ein. Unterirdischer Abbau wird primär zu einer Frage der Beleuchtung. Kleine Öllämpchen reichten zum Erkennen der Steinstruktur und zum Steinebrechen keinesfalls aus. Auch heizte sich die ohnehin stickige Luft in diesen Räumen enorm auf, während das Gestein verrußt und verfärbt wurde. Solche Arbeitsbedingungen sind viel eher für römische Zeiten mit ihren Sklavenkolonnen typisch als für die ägyptischen Fellachen, die zumindest auf den Baustellen keineswegs als Sklaven behandelt worden sind. Und die Römer haben sich bei diesem Stein genauso bedient wie später die Araber. Insofern muß unterirdischem Abbau zur Pharaonenzeit mit erheblicher Skepsis begegnet werden. Daß die Araber gerade die Pharaonenbrüche stark zerstört haben sollen, macht Zuweisungen ins Alte Reich nicht leichter.

Die Ägypter kannten gewissermaßen auch den goldenen Mittelweg: Galeriesteinbrüche. Bei ihnen wurden Fenster in die Außenwände gebrochen, um den Arbeitern Luft und Licht zu gönnen [Klemm/Klemm 61]. Allerdings konnten hier die Abbauplätze bis zu 100 m ins Innere des Gesteins reichen [Schulz II 160]. Goyon zeigt aber auch eine Tura-Steingewinnung im Tagebau [Goyon Foto 14]. Ob nun der Stein im Inneren des Gebirges, das in Wahrheit nur einen Hügelzug darstellt, bevorzugt worden ist oder das im Tagebau erreichbare: Auf alle Fälle stand ausreichend Material zur Verfügung, bildet doch die Verkleidung nur 5 % des Gesamtvolumens der Pyramide. Falls es der Vorstellungskraft weiterhilft: Das pyramidale Gesamtvolumen entspricht einem Würfel von 137,40 m Kantenlänge; dieser imaginierte Kubus wäre nur Dezimeter niedriger als der Bau in seinem heutigen Zustand. Die Verkleidung ergäbe lediglich oder immerhin einen Würfel mit rund 50 m Kantenlänge.

Für den Abbau in Tura gilt ganz ähnliches wie für den Abbau der Kernblöcke. Der Kalkstein liegt in waagrechten Schichten vor. Die dünnen Zwischenschichten werden durch Keile aufgespreizt und mit schweren Hämmern in großen Platten abgeschlagen. Diese können nach Hohllegen in Blöcke geeigneter Größe zerteilt werden. Dies alles mußte beim Verkleidungsstein natürlich viel behutsamer geschehen als beim innen verwendeten nummulitischen Stein. Jeder kleine Fehler, jeder Verdacht auf einen kleinen Riß führte gnadenlos zur Ausmusterung des Stücks. Auch war das behutsame und doch absolut exakte und maßgenaue Zurichten durch den Steinmetz bereits im Steinbruch zu berücksichtigen. So mußte der Steinbrechmeister unbedingt wissen, wo der Stein verwendet werden sollte. Ein Eckstein hatte viel strengeren Kriterien zu genügen als ein 'normaler Reihenstein'. Große Balken und Sonderformate, etwa für die große Galerie, wurden ohnehin durch die Bauleitung vorbestellt und dann nach Maß gebrochen.

Die präzisere Arbeit verlangsamte die Arbeit im Vergleich zu den Steinbrüchen auf der anderen Nilseite. Wir rechnen damit, daß ein Team von 6+2 Mann erst in 75 Minuten einen Stein aus dem Fels lösen konnte. Das ergibt eine Tagesleistung von ca. 6,5 Steinen. Nachdem die rund 200.000 Verkleidungssteine vorrangig in den ersten Jahren gebraucht wurden und dieser Steinbruchsbetrieb jenseits des Nils größenmäßig keinen Engpaß bildet, gehen wir rechnerisch von nur 10 statt von 20 Jahren Abbauzeit aus.

Bei rund 290 Arbeitstagen jährlich errechnen sich dann je Arbeitstag 69 fertige Steinblöcke. Dafür bringen wir 11 Teams à 8 Mann in Ansatz. Zusammen mit weiteren Aufsehern, Meistern und Helfern errechnen sich *120 Mann für den Tura-Steinbruch*. Zu dieser 'Hundertschaft', für die sicherlich die besten Steinbrucharbeiter rekrutiert wurden, kamen noch rund *40 Schanzarbeiter*. Auch die Erd-Sand-Bettungen für die herabstürzenden Blöcke mußten sehr gewissenhaft angelegt werden, damit kein versteckter Steinbrocken zum Ausbrechen einer Kante oder gar Ecke führte.

Ebenso behutsam erfolgte die Verladung auf die sorgfältig gezimmerten Schlitten. Sicher waren die Hebelstangen mit Stroh umwickelt und die Schlittenladungen besonders gut vertäut. Wir gehen deshalb von nur drei Steinblöcken aus, die ein 8-Mann-Team pro Stunde zum Abtransport fertig machen konnte. Demnach hatte es eine Tagesleistung von 25 Steinen. Bei 69 Steinen/Tag werden 3 Teams à 8 Mann, also 24 Auflader benötigt, die wir zu *30 Mann* aufrunden.

Schließlich mußten die Steine zum Nil gebracht werden. Wir setzen hier zunächst kommentarlos Zahlen an, die bei der Behandlung des Transportproblems begründet werden. Schleppmannschaften von jeweils 15 Mann (s.S. 82) ziehen die Steinlasten zum Nil hangab. Benötigt jede Mannschaft 90 Minuten für einen Transport samt Rückweg, bewältigt sie also täglich 6 Steine, dann sind 12 Mannschaften à 15 Mann samt weiteren 10 Mann Überwachung und Hilfspersonal zu kalkulieren, d.h. in summa *190 Mann*.

Wir fassen zusammen: Unter der harten Voraussetzung, daß die Steine für die gesamte Verkleidung binnen 10 Jahren gebrochen worden seien, werden benötigt:

88 Steinbrecher
32 Meister, Vorarbeiter, Hilfskräfte
40 Schanzarbeiter
30 Auflader
190 Schlepper
-----
380 Mann.

In Wahrheit waren diese Steinbrüche während der gesamten Bauzeit in Betrieb, wodurch sich diese Maximalzahlen entsprechend reduzieren. Allerdings gilt es hier nochmals zu bedenken, daß sich mit wachsendem Baufortschritt nicht nur das Volumen, sondern auch - nicht ganz so dramatisch - die Oberfläche des restlichen Baus überproportional reduziert. Verkleidungssteine sind demnach gerade im ersten Drittel der Bauhöhe gefragt. Doch für die Gesamtkalkulation ist geklärt, daß diese Steinbrüche jenseits des Nils kein Problem für den Baufortschritt darstellten.

Abb. 13: Obeliskentransport unter Hatschepsut, 18. Dyn. [Pitlik 83]
Abb. 14: Säulentransport, Relief vom Aufweg des Unas, 5. Dyn. [Goyon 99]
Abb. 15: Rekonstruiertes Unas-Schiff [Stadelmann 1990, 249]

Die Niltraverse zwischen Tura und Giza

Wir kennen altägyptische Schiffsdarstellungen in Hülle und Fülle, aber keine zeigt, wie große, unbehauene Bausteine transportiert worden sind. Immerhin sind Darstellungen bekannt, auf denen Schwergewichte befördert werden: Ein Hatschepsut-Relief in Karnak (18. Dyn.) zeigt eine breite Barke mit zwei Obelisken (Abb. 13), ein Unas-Relief (5. Dyn.) den Transport von Säulen (Abb. 14f). Die wirkliche Praxis ist daraus jedoch schwer zu erschließen, denn das Schiff der Hatschepsut liegt viel zu hoch im Wasser und würde genauso wie das Schiff des Unas sofort kentern. Insofern ist auch hier die nachvollziehende Phantasie, gepaart mit technischem Wissen, auf den Plan gerufen.

Zunächst handelt es sich um Transporte in zwei deutlich unterschiedenen Größenklassen. Die meisten Steine kamen aus den Turasteinbrüchen vom Ostufer und wogen selten mehr als 4 t, während ein prozentual kleiner Teil, der aber wegen seiner Riesengewichte von 40 und vielleicht noch mehr Tonnen Probleme aufwirft, von den weitentfernten Granitsteinbrüchen herbeigebracht werden mußte.

Die Kalkblöcke aus Tura wurden vom Osten her zum Nil gebracht, worauf die Schiffe über den Tamieh-Kanal zum Nil-Seiten-Kanal fuhren, um von dort den Hafen der Cheops-Baustelle zu erreichen (Abb. 11). Gemäß Lauer war dies eine Fahrtstrecke von gut 7 km [Gossart 19]. Diese Schiffe hatten Steine zu transportieren, die nicht wesentlich mehr als 4 t wogen. Nachdem uns die Cheops-Barke das hohe Können der damaligen Werften demonstriert, verlangen ägyptische Schiffe dieser Größenklasse keine Phantasie.

Der Wassertransport auf Nil und Seitenkanälen verlangte Sorgfalt, aber weder Schiffsschrauben noch geheimnisvolle Zusatzkräfte. Benötigt werden Anstrengungen von Seiten der Treidler und eine genaue Kenntnis der Strömungen. Insbesondere mußte der feine Kalkstein vor Näße geschützt werden, um Aussehen und Qualität zu bewahren. Bei der Schiffsbeladung könnten festinstallierte Umlenkböcke mit Seilrollen - diese für uns zentrale 'Maschine' wird unten

Abb. 16: Riedls Doppelrumpfboot mit der auftriebsbegünstigten Steinlast [Riedl 209] **Abb. 17:** Pitliks 'Katamaran-Floß', Steinlast liegt unter Wasser zwischen beiden Floßkörpern [Pitlik 82]

im Detail erläutert - die Arbeit wesentlich erleichtert haben. Die Nilüberquerung konnte mit Herodots Floß- und Steinsteuerung - wir erläutern sie anschließend unter dem Stichwort 'Assuan' - am besten bewältigt werden, da die Flußströmung die Fähre bei kluger Steuerung wie von selbst hinüberschob. Entlang der Kanäle waren dann wiederum Treidelmannschaften auf den Böschungen in Einsatz.

Wenn wir von 10 Steinen je Schiff ausgehen, brauchen wir täglich 7 Schiffstransporte. Wir rechnen einen vollen Tag für jede Fuhre: Erst ein Stück nilaufwärts Treideln, dann die Flußtraverse, anschließend 6 bis 7 km Treideln in Kanälen, und nach dem Ausladen denselben Weg zurück. Das ergibt 7 Schiffsbesatzungen, kalkuliert mit jeweils 15 Mann, oder 105 Schiffsleute, die bei den Häfen durch insgesamt 15 Hilfskräfte ergänzt werden. Treidler bringen wir 20 je Schiff, also zusammen 7 · 20 = 140 Mann in Ansatz:

105 Fährschiffer
15 Hilfskräfte
140 Treidler
20 Aufpasser
-----
280 Mann für die Tura-Flottille.

Wir wissen, daß zu Giza mindestens zwei Häfen gehört haben: vor den später gebauten Sphinx- und Chephren-Taltempeln und beim Cheops-Taltempel (Abb. 12f, 20). Dieser ist um 1993 entdeckt und als 70 m langes Gebäude identifiziert worden [Kastner 1993]. Doch das andere Hafenbecken liegt deutlich näher und scheint zwei Molen aufzuweisen.

Gegenüber den wichtigen und gewichtigen Steintransporten mußte die restliche Schiffahrt Rücksicht üben. Sie hatte - Boot für Boot, Schiff für Schiff - Holz, Seile, sonstige Baumaterialien, auch Teile der Verpflegung anzulanden. Da sie überall an den Kanal- und Hafenmauern vertäut werden konnten, brauchten sie keine speziellen Kais.

Ihre Mannschaftsstärke setzen wir doppelt so stark an als die der Tura-Flottille: **560 Mann** für die Sekundärtransporte.

Doch geraten wir hier bereits an die Peripherie der Großbaustelle, die gewissermaßen langsam ausfranst und zerfasert, sprich sich im Alltagstreiben des einstigen Ägypten verliert.

Granit aus Assuan

Problematischer für den heutigen Beobachter sind die Ferntransporte, mit denen die mächtigen Granitriegel aus Assuan herangebracht worden sind. Hier muß die Frage gestellt werden, ob die Tragkraft ägyptischer Schiffe dadurch überfordert wurde. Die Darstellung aus der Zeit Hatschepsuts zeigt uns Schiffe, die dieser Aufgabe jederzeit gewachsen wären; aber auch Reliefs aus dem Alten Reich zeigen so große Schiffe mit besten Takelagen, daß die Frage als geklärt angesehen werden kann. Gleichwohl wurde viel Einfallsreichtum aufgeboten, um noch einfachere Möglichkeiten herauszufinden. 'Erlaubt' ist dies allemal, weil die für uns seltsame perspektivische Darstellung der alten Ägypter auch andere Interpretationen möglich macht.

Oskar *Riedl* hat um 1982 einen überraschenden Vorschlag in Form eines 'Lasten-Katamarans' gemacht (Abb. 16): Zwei Schiffe, jedes rund 14 Meter lang und 1,5 bis 2,5 m breit, werden mit zwei Querbalken verbunden. An diesen Balken hängen die Granitmegalithe ins Wasser. Ihr Gewicht reduziert sich durch den Auftrieb von 40 auf 24 t. Riedl glaubte, damit auch die beiden im Chephren-Hafen gefundenen, schräg ins Wasser laufenden Molen erklärt zu haben. Denn seine Doppelschiffe nehmen beim Landen die Mole zwischen beide Schwimmkörper, der Baustein stößt an die schräge Mole und wird auf ihr hochgezogen [Riedl o.J., 201-213].

Fast gleichzeitig schlug in Frankreich Eric *Guerrier* vor, die Steine unter den 'Kiel' zu hängen [Guerrier laut Gossart 17f]. Herbert *Pitlik* bot zehn Jahre später, leider ohne Vorläufer zu nennen, eine ganz ähnliche Lösung an [1992a]. Doch verwendet er keine Doppelbarke, sondern ein Doppelfloß (Abb. 17). Er orientierte sich daran, daß auf der Donau noch bis vor 150 Jahren riesige Flösse das gegebene Transportmittel waren. Diese Flößerei kombiniert elegant die notwendigen Transporte von Holz und Stein. Nach Pitliks Berechnungen ist für 1 m³ Stein eine Floßholzkubatur von rund 6 m³ notwendig. Flöße seiner Konstruktion können bei rund 2 m Tiefgang je laufenden Meter etwa 1,5 m³ Steinmaterial befördern.

Gut an dieser Erklärung ist zweifelsohne, daß die Transportvehikel nicht mühselig nach Assuan zurückgetreidelt werden mußten, sondern als Baumaterial bei der Pyramide verblieben. Nicht befriedigen kann Pitliks Vorstellung, daß die Flösse bei niedrigem Wasserstand auf dem Trockenen beladen wurden, um erst bei höherem Wasserstand aufzuschwimmen. Dies würde bedeuten, daß jeweils nur einmal im Jahr eine Floßfahrt möglich war, die dann von einer ganzen Flottille angetreten hätte werden müssen. Pitlik kam zu diesem Schluß, weil er den Wasserstand des Nils übers Jahr hinweg beobachtete und feststellte, daß seine Flösse mit ihrem beachtlichen Tiefgang nicht immer genug Wasser vorfanden.

F. *Löhner* präsentiert hier zwei Varianten. Bei der einen werden zwei Boote und ein Floß miteinander kombiniert (Abb. 18). Das flache Floß wird zwischen den Längsseiten zweier Boote so befestigt, daß sich die Boote bei Belastung des Floßes nicht nach innen neigen, aber die Floßbelastung durch ihren Auftrieb ausgleichen. Solche Kombinationen sind heute noch in Einsatz. So besteht eine jugoslawische Flußfähre am Grenzfluß zwischen Montenegro und Albanien aus einem Holzfloß zwischen zwei ausgedienten Rettungsbooten. Diese scheinbar wacklige Konstruktion beförderte nachweislich zwei vollbeladene Kies-Lastwagen, zusammen fast 50 t Gewicht.

Der Vorteil dieser Variante liegt zum einen im stark reduzierten Tiefgang, der den Nil-Transport auch in wasserärmeren Jahreszeiten Ägyptens gestattet. Zum zweiten liegen die Steine nicht im Wasser, was zwar bei Granit, nicht aber bei Kalkstein angängig wäre.

Für die zweite Variante werden drei, vielleicht auch vier Boote nebeneinandergekoppelt und der Druck der Steinlast mit einigen Querbalken gleichmäßig auf alle verteilt. Allerdings spricht für die erste Variante, daß die Boot-Floß-Kombination viel besser an den in Giza gefundenen schrägen Molen anlegen hätte können.

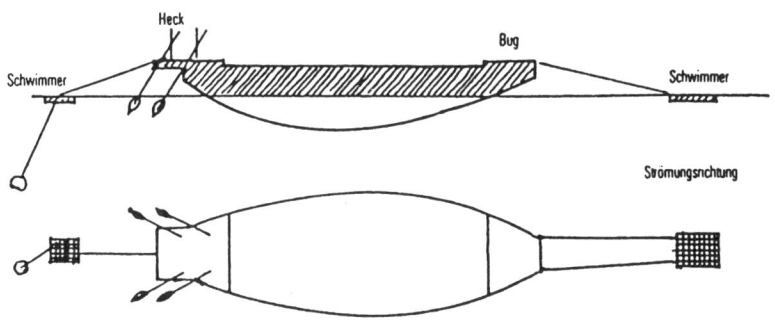

Abb. 18: Löhners erste Variante: Doppelboote mit dazwischenhängendem Floß [Zeichnung Illig]   **Abb. 19:** Herodots Steuersystem mit Bugfloß und Heckstein für Flußschiffe [Goyon 100]

Mittlerweile hat der Lastenkatamaran auch die Ägyptologen bewegt. Armin *Wirsching* [1998b] bewies ihnen, daß sich die vertrackte Perspektive bei den ägyptischen Darstellungen von Unas- und Hatschepsut-Schiff zum Doppelrumpfschiff auflösen läßt. Damit ist für alle angesprochenen Fällen geklärt, daß auch 40 t schwere Steine die verwendeten Schiffe nicht überfordert haben.

Herodots Schiffssteuerung

Wir erinnern uns jetzt daran, daß Goyon eine Methode bestätigte, mit der laut Herodot Schiffe auf dem Nil gesteuert worden sind (Abb. 19). Demnach trieb an einem Seil vor dem Schiff ein Floß aus untergetauchtem Tamariskenholz, das den Bug permanent in der Strömung hielt. Das Heck wurde durch einen Stein stabilisiert, der im Flußbett hinterherschleifte [Goyon 99f, Herodot II:96]. Auf Goyons Anfrage hin erhielt diese Steuertechnik von einem wissenschaftlichen Labor ausgezeichnete Prüfwerte. Im Grunde funktioniert diese lang vergessene Methode sogar zu gut, wie Löhner feststellte. Denn ein Schiff kommt praktisch nur dann aus der Strömung heraus, wenn es Floß und Stein einzieht.

Allerdings gibt es hier ein chronologisches Problem. Herodots Bremsstein des -5. Jhs. wird bereits auf Reliefs des Unas, also im -24. Jh. abgebildet, stand also in der 5. Dynastie zur Verfügung. Chronologietreue Deuter wie R.L. Bowen, die keinen Bremsstein des -1. Jtsd. im -3. Jtsd. dulden wollen, versuchten deshalb die Bremssteine als 'Opferbrote' verständlich zu machen, scheiterten dabei jedoch an der Lochung der dreieckigen Objekte [Heinsohn/Illig 425].

Löhners Versuche ergaben noch ein weiteres. Wenn Herodots Stabilisierungsverfahren bei einem Doppelrumpfboot benutzt wird, also mit doppeltem Schleppstein und doppeltem Steuerfloß, dann läßt sich dieser 'Schiffsverbund' genausogut in der Strömung wie gegen die Strömung manövrieren. Durch Verkürzen oder Verlängern der 'Ankerseile' ist das Gefährt bei hoher Fließgeschwindigkeit weitaus exakter zu steuern als mit Steuerrudern. Selbst leichte Stromschnellen sind damit gut zu meistern.

Abb. 20: Häfen an der Cheopspyramide; Stand 1977, vgl. S.22 [Goyon 106]
Abb. 21: Die hydraulische Leiter des M. Minguez vom Nil bis zur Pyramide. Die restlichen Schleusenkammern bis hinauf zum Pyramidion hat der Erfinder nicht dargestellt [Gossart 18]

Das Ende aller edlen Schiffahrtskunst ist erst erreicht, wenn das Schiff in engen Kanälen getreidelt werden muß. Hier ist kein Steuerfloß und kein Stein mehr dienlich, hier muß ein anderer Könner die einseitigen Zugbewegungen der Treidler am Steuer ausgleichen.

Nachdem wir bislang keine Abbildungen und keine anderen Nachweismöglichkeiten besitzen, kann abschließend nur festgehalten werden, daß verschiedene Möglichkeiten denkbar sind, auch schwere und schwerste Steintransporte zu Wasser mit den Möglichkeiten damaliger Zeiten durchzuführen.

Eine aber hat es sicher nicht gegeben. Von Manuel *Minguez* stammt der Vorschlag, eine "hydraulische Leiter" mit 64 Schleusen vom Nil bis zur Spitze der Cheopspyramide zu bauen, in der die Megalithe submarin, also im Wasser hängend, herbeigetreidelt werden konnten (Abb. 21). Das Wasser zur Füllung aller oberen Schleusenkammern hätten Fellachen per Hand von unten nach oben schöpfen müssen - fast 200 Höhenmeter [Minguez 1985]. Vielleicht glaubt wenigstens der Erfinder, mit seiner phantastischen Methode, die wasserdichte Schleusenkammern bis dicht unterm Pyramidion voraussetzt, alle Probleme gelöst zu haben...

Wie viele Mann bewältigten den Transport von Assuan nach Giza? Granitsteine wurden nur während der ersten Bauhälfte gebraucht, bis zu einer maximalen Bauhöhe von 70 m. Es standen also deutlich weniger als 20 Jahre zur Verfügung, weshalb wir von nur 8 Jahren ausgehen.

Ein großes Flußschiff mit ca. 20 Mann Besatzung konnte mit bis zu 4 kleineren Granitblöcken beladen werden. Es war mindestens 20 Tage unterwegs, anfangs auf dem Nil, dann auf dem Josefskanal, dem Bahr Yusef oder Birket El-Qarun [David 1], der bis zum Cheops-Hafen führte. Nachdem der Rückweg stromauf ebenfalls mindestens 20 Tage dauerte, benötigte eine Schiffsbesatzung sicher zwei Monate für eine Fuhre.

Nun ging es bei Cheops um insgesamt 500 Granitblöcke, von denen manch großer Träger bereits allein das Schiff füllte. Es brauchte also ungefähr 350 Fahrten von Assuan nach Giza. Ein ganzjährig pendelndes Schiff beförderte per anno etwa 10 Steine, binnen 8 Jahren also rund 80 Steine. Selbst wenn wir auf 50 Blöcke je Schiff und Zeitspanne abrunden, kommen wir mit 10 Schiffen respektive *200 Schiffern* aus. Unser Ansatz ganzjährigen Transports - gegen Pitlik - ist berechtigt, weil der Nil-Seitenkanal schon damals sinnreich über das Faijum-Becken mit Wasser versorgt wurde. So konnten sicherlich Schiffe üblichen Tiefgangs, also ohne ins Wasser hängende Steine, das ganze Jahr über fahren. Die ungleich größeren Granitmengen bei Chephren und Mykerinos führen indirekt zu demselben Schluß.

Wir wissen nicht hinreichend, ob damals auf den Kanälen so wie heute gesegelt oder ausschließlich getreidelt wurde. Nehmen wir sicherheitshalber noch 6 Treidelmannschaften à 30 Mann auf, dann liegt *unsere gesamte Assuan-Flottenbesatzung* trotzdem erst bei 380 Mann. Wir ergänzen sie noch um 50 Zimmerleute und 20 Mann für Koordination auf *450 Mann*. Angesichts des langen Transportwegs könnten wir diese Zahl auch verzehnfachen, ohne die Nilanrainer arbeitsmäßig in Verlegenheit zu bringen. So gerechnet hätten sich die Fahrten sogar auf die jährliche Flutzeit beschränken können.

Wir stießen bislang auf keine 'Armeen blauer Ameisen', sondern auf überschaubare Mannschaftsstärken. Ebenso überschaubar, ja beschaulich war der Schiffstransport auf dem Nil und seinen Seitenkanälen: Maximal 7 Schiffe kamen täglich von Tura - bei einer auf 20 Jahre gestreckten Kalkulation sogar nur 3 bis 4. Und gelegentlich, nicht täglich kam ein Schiff mit seiner Granitlast aus Assuan.

Transport zu Lande

Wir rekapitulieren den Stand unserer Baubeschreibung: In den Steinbrüchen rings um die Pyramide liegen die Nummulitenkalk-Blöcke bereit, aus den Steinbrüchen am Mokattam-Gebirge ist der Tura-Kalk gebrochen, zum Nil und per Schiff zu den Häfen des Cheops gebracht worden. Nunmehr geht es um den Antransport der Steinblöcke von Häfen und Giza-Steinbrüchen aus zum Bauhof am Fuße der Pyramide.

Der repräsentative Aufweg von Cheops' Taltempel am Nilkanal zu seinem Totentempel am Fuß der Pyramide war eine Rampe von 825 m Länge, das mindestens 44 m Höhendifferenz überbrückte (Goyons 658,60 oder 668,60 m [Goyon 107f] sind überholt, weil sich gemäß Hawass der Aufweg im Tal abgeknickt fortsetzt [Kastner 1993]). An der Steilstufe im Gelände wechselte die Steigung. In der ersten Hälfte betrug sie 4 Finger (= 7,5 cm), anschließend dann 3 Finger = 5,6 cm pro Meter. Goyon hat Berechnungen für Rampen dieser Steigung veröffentlicht (5,6 cm = 3°30' für α; Goyon 95f). Für einen 'Standardstein' von 2,5 t Gewicht + 500 kg für Schlitten samt Tauen und Geschirrzeug kalkulierte er zwei Varianten:

a) Bei einem Reibungskoeffizienten μ_s = 0,25 sind 931,5 kp Zugkraft nötig. Bei einem Zugeinsatz von 12 kp je Mann - der Wert war einst verbindlich für das Treideln französischer Schleppkähne - ergeben sich 78 Mann für einen Block.

b) Vernachlässigt man den Reibungskoeffizienten, weil den Ägyptern perfekte Schmiermittel zuzutrauen sind, muß eine Zugmannschaft nur noch 183 kp leisten und somit 16 Mann (+ 9 Mann Begleitung) zählen.

Diese Überlegungen sind grundsätzlich legitim, weil uns die alten Ägypter aus dem Alten, Mittleren wie aus dem Neuen Reich Reliefs hinterlassen haben, auf denen Transporte per Schlitten dargestellt sind (Abb. 23-25). Auf dem berühmten Flachrelief des Djehutihotep in El-Bersheh ziehen 172 Männer eine etwa 60 t schwere Statue auf ihrem Schlitten (12. Dyn.), wobei eine reibungsmindernde Flüssigkeit zum Einsatz kommt (Abb. 22).

Abb. 22: Statuentransport. Relief aus dem Grab des Gaufürsten Djehutihetep in El Bersheh; hier nur ein Teil der 172 Schlepper wiedergegeben, das Relief oberhalb der eingezeichneten Linie ist verloren [Michalowski 566]

Im Gegensatz zu Goyon, aber in Übereinstimmung mit jüngeren Überlegungen gehen wir nicht mehr davon aus, daß der Aufweg vom Tal- zum Totentempel als Zugstrecke für den Steintransport gedient hat. So zeigt etwa Abitz [1992], wie vom Hafenbecken für Chephren und Mykerinos aus das Material zur Südseite der Pyramide gebracht worden sein dürfte. Bei einer separaten Transportstrecke konnte an dem Kultaufweg, diesem vermutlich reliefverzierten Repräsentationsbauwerk, unbehindert von ständigem Transportverkehr gebaut werden - ein eminenter Vorteil.

Gefordert bleiben natürlich möglichst kurze Transportwege. Abitz hat dafür ein frappantes Exempel vorgelegt. Wird der Transportweg nur um einen einzigen Meter verlängert, muß ein Block von 2,5 t Gewicht 'zum Ausgleich' zusätzlich über eine Strecke von 2.300 km geschleppt werden! [Abitz 65] Diese Warnung haben wir berücksichtigt; der 'neue' Transportweg verkürzt den Antransport um rund die Hälfte.

Löhners Schlitten auf Schienen

Die Verwendung von Schlitten am Aufweg ist unstrittig (Abb. 26), wenn wir Minguez' extravagante, hydraulische Möglichkeit außer Acht lassen. Dieses archaische Mittel der Beförderung wird noch heute ganz selbstverständlich eingesetzt. Zu seinem Prinzip des Schleifens kehrt man dann zurück, wenn Gewichte zu extrem werden. Große Radlader mit ihren riesigen Niederdruckreifen erreichen bei Gewichten über 30 t ihre Grenzen. Müssen sie noch schwerere 'Pakete' bewältigen, dann geben sie nicht auf, sondern spielen 'Schlitten ziehen'. Ihre Last ruht auf großen Stahlgabeln. Wenn die nicht mehr angehoben werden können, werden sie einfach über den Boden gezerrt. Dabei recken die Maschinen ihre Hinterteile in die Luft, während die Vorderräder für den Antrieb sorgen.

Wir konnten in einem Oberpfälzer Granitsteinbruch beobachten, wie solche motorisierte 'Schlitten' über 70 t schwere Teile zentimetergenau bewegen können. Den dort Tätigen war es sicher nicht bewußt, daß sie 'im Prinzip' eine uralte Technik benutzten, die schon bei Ägyptern und anderen Megalithbaumeistern zum Einsatz

Abb. 23: Statuentransport; Relief aus dem Grab des Ti, Aufseher der Pyramide und des Tempels des Sahure; 5. Dyn., Saqqara [Kérisel 82]
Abb. 24: Statuentransport; Relief aus dem Grab des Ti, Saqqara [Singer I 710] **Abb. 25:** Steintransport mit drei Ochsen; aus den Tura-Steinbrüchen, Neues Reich [Kottmann 35]; trotz der 1000jährigen Zeitdiskrepanz von Verner [84] als Beleg für Pyramidenarbeiten herangezogen.

kam. Bis in unsere Zeit hinein wurde der simple Schlitten gerade für schwerste Lasten benutzt, wobei dann Motorwinden und Drahtseile die Schlitten zogen, teilweise über raffinierte Systeme von Umlenkrollen. Doch damit zurück zur Pyramidenbaustelle von einst.

Goyon sieht den Aufweg mit Querhölzern aus Palmstämmen gepflastert [Goyon 147], während für das Gizaplateau auch an Schleifspuren gedacht wurde, die mit Lehm oder ähnlichem geschmiert wurden. Doch gibt es neuerdings auch andere Überlegungen.
1990 hat sich ein Team von *Thyssen Engineering* mit dem Megalithtransport für Hünengräber befaßt. Nach praktischen Versuchen mit Großsteinen schlugen sie ein Zusammenspiel von Schlitten, Rollen und halbierten Baumstämmen, sprich Holzschienen vor (Abb. 27). Der Großstein wird auf einem Holzschlitten über frei bewegliche Rollen gezogen, die wiederum auf den Schienen wenig Reibung hemmt. So kann die Zugarbeit um rund zwei Drittel gegenüber dem Zerren auf blankem Boden reduziert werden [Thews].

Im Jahre 1992 hat sich Ingenieur *Pitlik* zum Pyramidenbau geäußert und kam zu einem ganz ähnlichen Ergebnis, das er allerdings aus Versuchen mit nur 330 g schweren Modellen gewonnen hat. Ihmzufolge ist die Kombination von Schlitten, Rollen und zwei Schienen aus Baumstämmen die günstigste.

Notwendige Zugkraft für ein Gewicht von 330 g:

Rollhölzer auf Rollbahn	5 p
Bei harter glatter Fläche ohne Rollen	90 p
Bei stark angefeuchtetem Ton	400 p
Bei handfeuchtem Ton	540 p [Pitlik 1992b, 83].

Er weist darauf hin, daß bei realen Gewichten ein flexibler Untergrund aus Ton oder Nilschlamm viel mühsamer zu überwinden ist, weil zur Sogwirkung auch noch der Widerstand durch stärkeres Einsinken komme.

Abb. 26: Schlitten oder Schleife aus der 12. Dyn., Dahschur. Beachtenswert die vielfältigen Aussparungen und Verzahnungen [Kottmann 36]
Abb. 27: Megalithtransport durch Thyssen Engineering [Zeichn. Illig nach Foto] **Abb. 28:** Löhners Schlitten auf Schienen [Zeichnung Illig]

"Schlamm als *dünne* Schicht zwischen zwei harten und glatten Flächen wirkt reibungs-*mindernd* - jedoch in dickerer Schicht auf unebenem und flexiblem Untergrund *hemmend*" [Pitlik 1992b, 83].

Riedl hat schon früher hervorgehoben, daß bei wirklich schweren Lasten, worunter er 60 t versteht, der Lehm von den Schlittenkufen zur Seite gequetscht und jeder Gleiteffekt vernichtet würde [Riedl o.J., 78].

Andererseits wurde vor wenigen Jahren erwähnt, daß mit dem als Vielzweckmörtel verwendeten Lehm Tafla sehr wohl kleine Transportrampen erstellt werden könnten. Versuche hätten ergeben, daß in Tafla verlegte und gewässerte Planken 4-Tonner wie auf Seife gleiten ließen [Sülberg 1993, 108].

Löhner hat nun neue Versuche durchgeführt, die zwar die Schienen bestätigen, nicht aber Thyssens freie Rollen. Sie würden sich schon bei der geringsten Unebenheit, bei leichter Seitwärtsneigung oder beim kleinsten ungleichmäßigen Zug aus der Richtung drehen, so daß die Mannschaft unentwegt damit beschäftigt wäre, die Rollen neu auszurichten. Bei dem Thyssen-Versuch brauchten denn auch 50 Männer einen ganzen Arbeitstag (8 Stunden), um einen 14-t-Megalith bescheidene 200 m weit zu bewegen. Wir lassen diese spezielle Problematik - europäischer Megalith auf Schienen - auf sich beruhen, zumal inzwischen von Dieter Würch [1993] ein ganz anderer Vorschlag gemacht wurde: der 'Luftkissentransport', bei dem der Stein über aufgeblasene Ziegenbälge geschoben wird.

Die Versuche von Löhner ergaben, daß auf Schienen aus Baumstämmen, die durch Öl oder Seife glitschig gemacht werden, ein Schlitten direkt, also ohne Rollen, genauso leicht bewegt werden kann wie mit der Kombination Rollen auf Schienen; die Gleitreibungskoeffizienten sind gleich hoch oder niedrig. Wenn man als Schienen die Libanonzeder verwendet (das Meruholz der Snofru-Zeit; Goyon 97), braucht man nur geringe Mengen an Schmiermittel, weil diese Bäume besonders öl- und harzreich sind. Sie sind außerdem besonders verrottungsfest, weshalb sie lange auf dem Boden liegen bleiben können.

Abb. 29: Pitlik: steile Förderrampe, Gangspills und Umsetzplateau [Pitlik 85]
Abb. 30: Der Göpel, ein Räderschöpfwerk, wohl erst in der Ptolemäerzeit in Ägypten [Riedl 63]

Bei Geleisen mit zwei parallelen Schienen benutzt man einfache Schlitten, die aus zwei Längs- und drei Querhölzern bestehen. Nicht die Schlittenkufen, sondern die Querhölzer rutschen bei Löhners Vorschlag auf den Holzschienen (Abb. 28). Die Kufen liegen außerhalb der Schienen und können, so sie etwas größer dimensioniert sind, das seitliche Wegrutschen des Schlittens vom Schienenstrang verhindern. Dadurch wird das unentwegte Neujustieren verdrehter Holzrollen durch eine 'halbautomatische' Führung ersetzt; diese Schlitten sind ungleich leichter voranzubringen als Schlitten auf freien Holzrollen, die ständig von den Schienen herabzugleiten drohen.

Der Schlitten für eine Last von rund 2,5 t muß vielleicht nicht ganz so zierlich sein wie der von L. *Croon* vorgeschlagene (30 kg), kann aber wohl leichter ausfallen als die von *Goyon* angesetzten brutto 500 kg [Goyon 95]. Wir werden 300 kg für Schlitten mit Zugseilen und 'Zuggeschirren' in Ansatz bringen.

Wie gelangen nun die Schlitten von Steinbrüchen und Häfen zur Pyramide? Es wurden wohl zwei Gleisstränge vom Kanalhafen zur Bauhütte geführt, um nicht bei Gleisbruch den Transport einstellen zu müssen. Jede ihrer Schienen bestand aus fortlaufendem Stammholz, das mit verdecktem Stoß verbunden und durch Querhölzer mit seiner Parallelschiene verbunden und am Verrutschen gehindert wurde. Diese Holzgeleise konnten jahrelang auf diesen festen Transportwegen liegenbleiben, denn der Materialverschleiß blieb gering, solange sie gut gleitfähig gehalten wurden. Für Sauberkeit und gutes Gleiten hatten dabei wohl eigens eingesetzte Arbeiter zu sorgen, und sicher war es damals wie heute: Wehe dem 'Streckenwärter', bei dem es Materialbruch gab.

Das Gangspill

Schlitten auf Schienen müssen gezogen werden. Gemeinhin werden von den Experten nur vielköpfige Zugmannschaften ins Kalkül gezogen, weil wir derartige Abbildungen von Ägyptern und Assyrern kennen. *Stadelmann* hat neuerdings bei Snofrus Pyramidenbau

Abb. 31: Die Königsbarke des Cheops, aus 1.224 Einzelteilen zusammengesetzt; Zeichnung von Ernst Bandlow [Schüssler 193] **Abb. 32:** Schiffstauwerk aus dem Alten Reich; Lischt [Goedicke 111] **Abb. 33:** Takelage aus dem Alten Reich; dito Lischt [Goedicke 107]

Ochsen zugelassen, um seine überaus problematischen Rampen steiler anlegen zu können [Stadelmann 1990, 266]. Die Legitimation dafür könnte sich aus einem Relief der 18. Dynastie ableiten, das Ochsen vor einem steinbeladenen Schlitten zeigt. Da es sich aber um ein 1.000 Jahre späteres Zeugnis handelt und die Ochsen zu keiner grundsätzlich anderen Arbeitsweise führen, lassen wir sie im weiteren beiseite.

Pitlik schlug 1992 ein Hilfsgerät vor, das er von Oskar Riedl übernommen haben dürfte: das Gangspill (Abb. 29). **Riedl** hat 1981 versucht, diese Ankerwinde erneut pyramidenfähig zu machen, nachdem 1952 *Strub-Roessler* damit gescheitert war (s.u.). Es handelt sich um eine einfache Maschine. In eine senkrecht geführte Achse sind 4, 6 oder 8 Spaken oder Sprossen waagrecht eingelassen, gegen die sich ebensoviele Männer stemmen, während sie im Kreis herumgehen. Die Ankerkette der Schiffe oder hier das Hanfseil wird dabei nicht auf die Achse gewickelt, sondern nur ein- oder zweimal ums sie herumgeführt, um dann weiterzulaufen und dahinter von Hand aufgerollt zu werden. Bei dieser Art von Seilwinde wird also Tau oder Kette nicht auf die Achse gespult, was angesichts der benötigten Längen unmöglich wäre.

Während Strub-Roessler dieses Gerät einfach für die alten Ägypter postulierte, machte sich Riedl die Mühe, vergleichbare Hilfsmittel im alten Ägypten aufzuspüren. Er wurde ausgerechnet bei den Saiteninstrumenten fündig, die schon damals mit kleinen Stimmwirbeln gespannt wurden, wie Abbildungen einwandfrei belegen [etwa Michalowski 388]. Es wäre auch gar zu lächerlich gewesen, wenn damalige Orchester ohne stimmbare Instrumente kakophonisch gegeneinander, nicht harmonisch miteinander gespielt hätten [Riedl o.J., 162f]. Er verwies auch auf die Sandalen des Tutanchamuns, deren Verschnürung im Grunde wie ein einfacher Flaschenzug wirkt [Riedl o.J., 157]. Wir werden den Gangspills dieser beiden Autoren erneut begegnen, wenn wir uns mit dem Heben der Steinblöcke auf den Pyramidenstumpf befassen. Doch kann bereits verraten werden, daß die Ägyptologen Riedls Maschinen als "absurd" bezeichnen [Arnold 1984].

Abb. 34: Umlenkstein aus dem Taltempel von Mykerinos [Isler 41]
Abb. 35: Mögliche Position eines solchen Umlenksteins [Arnold 1991, 283]
Abb. 36: Bronzekrampen aus dem Taltempel des Chephren und des Unas, 4. und 5. Dyn; Krampen aus den Steinaussparungen erschlossen [ebd, 125]

Trotzdem hat Herbert *Pitlik* erneut das Gangspill gefordert, diesmal bereits für die Rampen bis hin zur Pyramide. Uns scheint dies genauso unzulässig wie im Falle von Riedl. Denn wir haben zahlreiche Abbildungen aus dem Alten Reich, die uns mit den Schiffen der Pyramidenzeit bekanntmachen, und Schiffe waren das Eldorado der Seilerzunft. Dort ist zwar jede Art von Tauwerk bis hin zu mächtigen Mastalteknotungen dargestellt, wir finden auch Ösen an den Rahen, an denen Seile befestigt werden konnten, aber wir finden weder ein Gangspill noch bewegliche Umlenkrollen, über die Taue geführt wurden (Abb. 32f). Und eine zweite Beobachtung tritt hinzu. Nach allgemeiner Auffassung ist der Schaduf als Wasserschöpfer erst in ptolemäischer Zeit vom Göpel abgelöst worden [Keating 164f]. Der Göpel aber ist ein Pendant zum Gangspill, bei dem der Ziehende oder Schiebende ebenfalls um ein senkrecht gelagertes Antriebsrad im Kreis herumgeht (Abb. 30).

Insofern erscheint das 'pyramidale' Gangspill als kein 'zulässiges' Werkzeug im Sinne unserer dritten und vierten Prämisse (s.S. 33). Dagegen ist gutes Seilmaterial unbezweifelbar. Beste Hanfseile, nicht nur schwächere Palmfasertaue kennen wir - ein Glücksfall - von der Sonnenbarke des Cheops im Original (Abb. 31). Dank dieses Fundes im Schatten der Cheopspyramide können wir die hochentwickelte Schiffsbaukunst des Alten Reiches exakt einschätzen.

Eine derartige Betrachtung führt allerdings zu einem weiteren chronologischen Problem. So gute und elegante Schiffe das Alte Reich produziert hat, so schlecht fielen die 'Königskähne' des Mittleren Reiches aus, die wir von Sesostris III. im Original kennen. Dagegen wirken die Schiffe des Neuen Reiches - 1.000 Jahre später - fast identisch mit denen des Altreichs. Nach -1100 sterben dann Schiffahrt und Schiffsbau für 800 lange Jahre ganz aus, wenn man dem archäologischen Befund in Ägypten das berechtigte Vertrauen schenkt [vgl. Heinsohn/Illig 417-433].

Wir werden im weiteren immer wieder auf solche chronologische Ungereimtheiten hinweisen, die das Pharaonenreich der Ägyptologen in Hülle und Fülle bereithält. Gleichwohl werden wir zunächst auf saubere Trennung von Altem, Mittlerem und Neuem Reich achten. Erst im Schlußkapitel nehmen wir dann zur Chronologie Stellung.

Abb. 37: Löhners Seilrolle [Zeichnung Illig] **Abb. 38:** Ein Seilrollenpaar an der Schleppstrecke [Zeichnung Illig]

Die einfache Umlenkung: Löhners Seilrolle

Nachdem das Gangspill schwerlich mit den alten Ägyptern in Verbindung gebracht werden kann, setzt F. Löhner nach langwierigen und zum Teil aufwendigen Versuchen auf ein Prinzip, das in der Cheopspyramide selbst nachweisbar zur Anwendung gekommen ist: die Zugumlenkung ohne Übersetzung. Gemeint ist also kein Flaschenzug, sondern die einfache Seilführung um ein bewegliches Querholz, um eine drehbare Querrolle, eben eine Seilrolle. Nun kann vom Steinblock ein Seil zur Rolle und um sie herum zu den Schleppern geführt werden; die Zugmannschaft bewegt sich somit in Gegenrichtung zum transportierten Stein.

Wir vermeiden den Begriff 'Umlenkrolle', weil er häufig ein frei bewegliches Teil mit eingefräster Seilführung kennzeichnet. Derartige freie Umlenkrollen, die dann als Teile von Flaschenzügen auftreten und seemannssprachlich Taljen oder Blöcke benannt werden, sind nirgends in ägyptischen Takelagen abgebildet. Sehr wohl sind allerdings steinerne 'Umlenker' der 4. Dynastie gefunden worden (Abb. 34f), mit denen bis zu drei parallele Seile in eine andere Richtung gelenkt werden konnten [Arnold 1991, 283; Isler 36]. Gelegentlich zeigen Reliefs aus dem Alten Reich freibewegliche Seilführungen am Mast, die allerdings keine bewegliche Rolle tragen, sondern ein Seil mit relativ viel Reibung umlenken [Landström].

Unsere Seilrolle ist in einem Umlenkbock gelagert, den wir uns so vorstellen: Seine beiden Seitenteile bestehen aus mehreren aneinander geleimten und mit Holzdübeln zusammengefügten Brettern, die dem hohen Standard damaliger Schreinerkunst entsprechen (Abb. 37). Deren Meisterleistung - die Möbel von Cheops' Mutter Hetepheres - gereichen dem Museum zu Kairo zu ebensogroßer Ehre wie die 1.000 Jahre jüngeren Möbel Tutanchamuns.

In die Seitenteile ist je ein Loch gebohrt, das sich von beiden Seiten aus konisch verengt. Für die eigentliche Lagerung sind mindestens drei Varianten möglich. Entweder läuft das Rundholz gut geschmiert direkt in dem schmalen, reibungsarmen Holzlager oder es wird mit einem Kupferblech umhüllt, das die Reibung beträchtlich herabsetzt. Bei der dritten Möglichkeit wird auch das Lager mit

Abb. 39: Schleppstrecke zum Bauhof [Zeichnung Illig]

Kupfer ausgeschlagen, so daß Kupfer auf Kupfer läuft. Mit Kupfer auf Stahl wären noch niedrigere Reibungskoeffizienten erzielbar, aber wir postulieren keine Maschinen aus Stahl.

Dabei lockert sich die Abwehrfront jener Ägyptologen, die für die Gizapyramiden des -26. Jhs. urtümliche Kupfersteinzeit fordern [etwa Lauer 239 oder Lucas/Harris 64]. Zwar stammen allerfrüheste Bronzegegenstände aus der 4. Dynastie [Lucas/Harris 219], aber erst D. Arnold präsentierte bronzene Schwalbenschwanzklammern aus Chephrens Taltempel (Abb. 36), die zusätzlich mit runden Arretierstiften versehen waren und bis zu einem halben Zentner wogen [Arnold 1991, 125]. Wer derartige Klammern für schwere Granitbauelemente gießen konnte, war mit großer Wahrscheinlichkeit auch in der Lage, dauerhafte Bronzelager herzustellen.

Derartige Bronzelager brauchten nicht notwendigerweise in Holzteile eingepaßt werden, sondern waren auch in Stein verankerbar. Möglicherweise genügten bereits Halbschalen, wie wir sie in der Cheopspyramide selbst finden werden. Insofern sind ganz unterschiedliche Varianten denkbar.

In allen Fällen muß die Rolle möglichst kurz sein und trotz erhöhter Reibung einen größeren Durchmesser haben. Denn die Reibung einer zu dünnen Rolle würde sich erheblich verstärken, wenn sie auch nur zum Durchbiegen neigen könnte. Und nachdem tonnenschwere Lasten zu bewegen sind, darf der Druck je Quadratzentimeter nicht allzuweit ansteigen, sonst wird die Rolle erst schwergängig und dann funktionsuntüchtig. Mit diesem Umstand harmoniert, daß auch die Hanfseile nicht beliebig 'knickbar' sind, sondern um Rollen mit einem Mindestdurchmesser laufen sollen.

Unsere Umlenkböcke werden paarweise, links und rechts der Schlepptrasse eingesetzt, weil ein einzelnes Gerät dem herangleitenden Steinblock im Wege stünde (Abb. 38). Bei dem asymmetrisch zur Mitte gerichteten Zug könnte sich das Seil zwischen Rundholz und Seitenwange einklemmen. Das läßt sich einfach vermeiden, indem das Rundholz (wie eine Zwirnspule) mit einem aufgebogenen Rand ausgestattet oder leicht schräg in den Bock eingesetzt wird.

Der Einsatz eines derartigen Gerätes hängt primär davon ab, wieviel an zusätzlicher Reibungsarbeit geleistet werden muß. Zusätz-

Abb. 40: Haft- und Gleitreibungszahlen für verschiedene Materialkombinationen [Dubbel 230] **Abb. 41:** Ausschnitt aus Abb. 42: Assyrischer Hebelbaum [Lanfranchi/Parpola 50]

liche Reibung, also über die Gleitreibung zwischen Transportschlitten und Untergrund hinausgehend, kann an zwei Stellen auftreten. Einmal zwischen Seil und Seilrolle, zum anderen zwischen Rolle und Lager. Wir bestimmen nun die Reibungsarbeit im einzelnen; wer physikalische Formeln und ihre Anwendung nicht schätzt, kann den nächsten Abschnitt überblättern und erfährt im übernächsten (ab S. 81) die errechnete Stärke der Schleppmannschaften.

Kalkulierte Reibung

Das umlaufende Seil soll die Seilrolle möglichst ohne jeden Schlupf drehen und nicht übers Holz rutschen. Nachdem der Reibungskoeffizient für trockenes "Hanfseil auf rauhem Holz" bei 0,5 und damit sehr hoch liegt [Hütte 211], ist gewährleistet, daß das Seil nur minimal über die Rolle scheuert und somit kaum unfallträchtigem Verschleiß unterliegt. Eine Harzung der Rolle kann entfallen, wodurch das Seil sauber und griffig bleibt. Es ist auch weder nötig noch nützlich, das Seil mit mehr als einer halben Umschlingung um die Rolle zu legen. Das würde zwar den Reibungskoeffizienten noch steigern, aber zu permanenter Blockierung führen. Denn das Seil würde 'im Schneckengang' auf der Rolle wandern und sich an ihrem Ende festfressen.

Insofern können Betrachtungen über die *Seilreibung* samt Umschlingungswinkel vernachlässigt werden [Formeln s. Bayer 28].

Die *Lagerreibung* des Umlenkbocks ist dagegen von zentraler Bedeutung (Abb. 40). Für sie gelten folgende Erfahrungswerte [Dubbel 230]:

Gleitreibungskoeff. μ	trocken	gefettet
Holz auf Holz	0,2 - 0,40	0,04 - 0,16
Holz auf Metall	0,2 - 0,50	0,02 - 0,10
Metall auf Metall	0,1 - 0,25	0,01 - 0,15

Löhner hat mit verschiedenen Materialien experimentiert und bestätigt, daß mit gutgeschmierten Holz-Holz- genauso wie mit Holz-Kupfer- und Kupfer-Kupfer-Kombinationen sehr reibungsarme Lage-

Abb. 42: Transport von Stiersphingen für Sennacherib [Lanfrachi/Parpola 50]

rungen erzielt werden können. Überraschenderweise werden noch heutzutage landwirtschaftliche Maschinen mit echten Holzlagern verwendet: Nach dem Zweiten Weltkrieg gebaute Scheibeneggen aus der Sowjetunion und der DDR werden wegen ihrer Haltbarkeit und Pflegeleichtigkeit erst heute ausgemustert.

Nachdem die alten Ägypter nicht auf mathematischem Wege nach einer Minimierung suchten, sondern empirisch die besten Schmiermittel und Lagerflächen auswählten, dürfen wir ihnen unterstellen, daß sie den Reibungskoeffizienten auf einen Wert drückten, der im unteren Bereich dieser Skalenwerte liegt. Wir haben für den Reibungskoeffizienten μ_s zwischen Schlitten und Schiene denselben Zahlenwert gewählt wie für μ_z (Lagerreibung), nämlich $\mu_s = \mu_z = 0{,}04$; mit beiden ist noch keineswegs die allerniedrigste Möglichkeit ins Kalkül gezogen. Sie liegt im übrigen über jenem Wert, der bereits aus dem Djehutihotep-Relief abgeleitet worden ist. Dort wurde laut Abitz so gerechnet:

Die 172 abgebildeten Schlepper bringen jeweils eine Zugkraft von 12 kp, zusammen 2.064 kp auf. Damit bewegen sie eine Statue von geschätzten 60 t. Die Standardformel für die Gleitreibung in der Ebene lautet

$$K = G \cdot \mu_s$$

Die Auflösung der Gleichung nach $\mu_s = K : G$ erbringt über den Bruch 2064 : 60000 den Gleitreibungskoeffizienten $\mu_s = 0{,}0344$ [Abitz 77]. Doch dieser Koeffizient bezog sich dort auf eine nicht näher definierte Reibung zwischen Holzrollen und einer glatten Unterlage, die mit einer stetig zugegebenen Flüssigkeit minimiert worden ist. In unserem Fall geht es um die genau definierte Reibung zwischen wohlpräparierten Reibungsflächen: einmal zwischen Holzschienen und Schlitten (μ_s), zum anderen um die Reibung in einem Holz- oder Metall-Lager (μ_z), für die der Wert von 0,04 sicher nicht zu knapp bemessen ist.

Nunmehr erweitern wir unsere Betrachtung auf *schiefe Ebenen*, wobei uns Dipl.-Ing. Hans-Ulrich Niemitz, Berlin, mit Rat und Rechnung zur Seite stand. Wie läßt sich die notwendige Kraft bestimmen, mit der eine Last dort gezogen werden kann?

$$K = G \cdot (\sin \alpha + \mu_s \cdot \cos \alpha)$$

Um die Kraft zu errechnen, werden drei Vorgaben benötigt: Die Gewichtskraft (G) des Steinblockes, der Steigungswinkel (α) und der Koeffizient (μ_s) für die Reibung des Steinblockes auf seiner schrägen Ebene.

Das Gewicht eines Steinblocks (G) ist kein Geheimnis und kann gegebenenfalls auch über seine Abmessungen und das spezifische Gewicht für Kalkstein oder Granit errechnet werden.

Aus dem Klammerausdruck resultiert, daß der Stein immer mehr 'ins Gewicht fällt', je steiler er angehoben wird. Die Sinusfunktion geht dabei von 0 für 0° bis 1 für 90°, die Kosinusfunktion von 1 für 0° bis 0 für 90°. Bei senkrechtem Hub reduziert sich die Formel deshalb auf K = G, also auf das blanke Heben des Gewichtes.

Um nun auch *die Seilrolle* rechnerisch ins Spiel zu bringen, wird die Formel noch einmal erweitert:

$$K = G \cdot (\sin \alpha + \mu_s \cdot \cos \alpha) \cdot (1 + \mu_z) / (1 - \mu_z)$$

Der zweite Klammerausdruck enthält über und unter dem Bruchstrich den Reibwert des Lagers μ_z dergestalt, daß sich mit wachsendem Reibungskoeffizienten die notwendig werdende Kraft in markanter Weise erhöht. Wir illustrieren dies mit fogender Tabelle:

μ_z	K	zusätzlicher Kraftaufwand
0,01	1,02	2 %
0,04	1,083	8,3 %
0,05	1,105	10,5 %
0,1	1,222	22,2 %
0,2	1,5	50 %
0,333	2,0	100 %
0,429	2,5	150 %
0,5	3,0	200 %

Graphisch gesehen durchläuft der zusätzliche Kraftaufwand eine Hyperbel. Das bedeutet: Im Bereich unter $\mu_z \approx 0{,}2$ führen Reibungsänderungen nur zu geringen Zugkraftänderungen. Für Reibungskoeffizienten über $\mu_z \approx 0{,}3$ bringt dagegen jede weitere Reibungsverschlechterung einen überproportional steigenden Kraftaufwand, der nun rasch gegen Unendlich strebt (Grenzwert $\mu_z = 1$) und die Seilrolle lahmlegt.

Damit kann jene Kraft berechnet werden, mit der ein 'Standardgewicht' (bei Cheops der Durchschnittsstein zu 2.500 kp + 300 kp Schlitten, Seil und Geschirr) von 2.800 kp bei festem Reibungskoeffizienten $\mu_s = 0{,}04$ gezogen werden kann, in Abhängigkeit von Lagerreibung μ_z und Steigungswinkel α. Wir haben μ_s, also die Reibung des Blocks auf seinen Schienen, nicht variiert, weil dadurch das Ergebnis nur unwesentlich beeinflußt wird (insofern berücksichtigen wir auch nicht, daß S.K. Wier [1996, 156] Werte zwischen 0,07 und 0,1 für μ_s als glaubwürdige Schätzung erachtet):

μ_z	**0.00**	0.03	**0.04**	0.05	0.1	0.5	0.6
$\alpha = \mathbf{0°}$	**112**	119	**121**	124	137	336	448
$\alpha = 5°$	356	378	385	393	435	1067	1422
$\alpha = 10°$	597	633	646	659	729	1789	2386
$\alpha = 20°$	1063	1129	1151	1175	1299	3189	4252
$\alpha = 30°$	1497	1589	1622	1654	1830	4491	5988
$\alpha = 40°$	1886	2002	2043	2084	2305	5657	7542
$\alpha = \mathbf{52°}$	2275	2416	**2465**	2515	2781	6826	9101 kp

Wir variieren den Steigungswinkel zwischen 0° und 52°, dem aufgerundeten Neigungswinkel der Cheopspyramide. Bei den von uns gewählten Reibungskoeffizienten $\mu_s = \mu_z = 0{,}04$ ergeben sich mit Seilrolle 121 kp in der Ebene. Will man die Pyramidenflanke als schiefe Ebene nutzen, muß ein Zug von 2.465 kp hinter der Seilrolle ansetzen, um Steinblock, Schlitten und Seile dort hinaufzubefördern.

Zum Vergleich sind auch Werte für andere Steigungen und vor allem für andere Reibungskoeffizienten aufgeführt, an denen deutlich wird, wie bei höheren Reibungskoeffizienten die Zugarbeit überproportional wächst. Einem wichtigen Vergleich dient die erste Kolumne für $\mu_z = 0$. Hier ist dargestellt, welche Zugkräfte ohne umlenkende Seilrolle entstehen. In der Ebene fallen lediglich 112 kp für die Gleitreibung an. Wenn wir wie Goyon eine Zugkraft von 12 kp/Mann voraussetzen (in der Literatur wird mit Werten zwischen 10 und 15 kp gerechnet), läßt sich in der Ebene ein 2,8-t-'Standardstein' von

$$112 \text{ kp} : 12 \text{ kp} = 9,33$$

also aufgerundet von 10 Mann ziehen. Der Gebrauch der Seilrolle brächte hier außer Mehrarbeit gar nichts, denn 121 kp : 12 kp verlangte aufgerundet ein Zuggespann von 11 Mann.

Bei steiler werdendem Zugweg werden ohne Seilrolle ungleich mehr Schlepper gebraucht. Denn sie können 'am Berg' nicht mehr ihre 12 kp Zugkraft aufbringen, sondern immer weniger. Doch geht das insgesamt nicht lange gut: Allzu rasch kommt der Moment, an dem die Schlepper nach unten, nicht ihre Lasten nach oben ins Rutschen kommen. Die nachstehende Tabelle nennt ihre Zugkraft in Abhängigkeit von der Steigung der Rampe und von ihrem Haftreibungskoeffizienten, sprich ihrer Bodenhaftung auf der Schräge, wobei für eine ungetreppte Rampe der Wert 0,2 realistisch ist. Die Formel lautet jetzt

$$K = G \cdot (\mu_o \cdot \cos \alpha - \sin \alpha)$$

Als Gewicht G stehen wiederum 60 kp je Mann, und dieser Mann kommt ins Rutschen, wenn K negativ wird (dargestellt durch "-"):

α	$K(\mu_o = 0,2)$	$K(\mu_o = 0,4)$	$K(\mu_o = 0,6)$
0°	12,0	24,0	36,0
5°	6,7	18,7	31,0
10°	1,4	13,2	25,0
20°	-	2,0	13,3
30°	-	-	1,2 kp
40°	-	-	-

Schon bei einer Steigung α von 5° reduziert sich die Kraft eines Schleppers von 12 auf 6,7 kp (s.S. 77). Gleichzeitig erhöht sich die zu erbringende Kraft von 112 auf 356 kp (s. Tab. S. 76). Damit wächst die Schleppmannschaft auf 356 : 6,7 ≈ 53 Mann an, um bei weiter wachsender Steilheit sehr schnell viele Hundertschaften zu umfassen und trotzdem bald aufzugeben. Über 30° ist in keinem Falle mehr eine Zugleistung zu erbringen (s. Tab. S. 77). Diesen Effekt mußte G. Goyon ignorieren, um überhaupt bei seinen Rampen bleiben zu können, aber auch F. Abitz hat ihn übersehen [Abitz 1992, 79]. Vielleicht spricht das für die Zuverlässigkeit ihrer Autos. Denn wer einmal seinen Wagen angeschoben hat, kennt den Unterschied: Was auf ebener Straße fast ein Kinderspiel ist, wird bei der kleinsten Steigung zur üblen Plage, die schnell mit Überanstrengung endigt.

Auch Haase als ein inoffizieller Sprecher der Ägyptologie muß diesen Effekt weitgehend ignorieren, um trotz Kenntnis unseres Buches erneut für Rampe und Bergaufziehen zu plädieren. Er hat zwar verstanden, daß 12 kp Zugkraft/Mann auf einer Rampe nicht mehr angesetzt werden können, weshalb er auf 7 kp reduziert. Doch diese Einsicht verrät er bereits in der nächsten Zeile, läßt er doch seine Schleppmannschaften auf 12 % (>6°) und sogar 16 % (>9°) steilen Rampen malochen [Haase 1998, 106], ähnlich wie es D. Klemm mit 8° vorschlägt [Schulz 1996, II 159]. Immerhin beunruhigen Haase die von ihm errechneten 136 Mann pro Schlitten auf der 12-%-Rampe. So vermutet er,
"daß hier zusätzliche Hilfestellungen wie beispielsweise Seilrollen oder flaschenzugartige Konstruktionen eine gewisse Rolle gespielt haben" [ebd. 106f],
Mit der Seilrolle meint er das von uns vorgeschlagene Modell, erwähnt er doch Löhner sogar explizit [ebd. 170].

Haase hat sich hier von Rampengläubigen in eine übersteile Wand locken lassen. Seine Gewährsleute haben nahe Abydos die Reste einer kleinen Stufenpyramide und einer zugehörigen Transportrampe mit 29 % bzw. 16° Steigung 1980 wiederentdeckt (obwohl seit der Jahrhundertwende bekannt, hat sie R. Stadelmann übersehen; s.S. 10). Doch wenn sie feststellen,

"daß sich die Steine auf den Rampen 'ohne besondere Hilfsmittel durch Rollen oder Schleifen mit einem umgelegten Zugseil gut transportieren' ließen" [Haase 102],
dann ergibt das ausschließlich dann Sinn, wenn die Zugmannschaft auf dem ebenen Pyramidenplateau agieren konnte. Das ist bei einer Rampenlänge von 12 m leicht vorstellbar, wie eine Pyramide mit der Basislänge von rund 19 m ohnehin wenig Schwierigkeiten bereitet.

In dem Moment aber, in dem die Schleppmannschaft selbst auf der Rampe starten muß - und das ist bei ägyptologischen Rampen von etlichen 100 m selbstverständlich -, gelten unsere Tabellen von S. 76/77 und ein realistischer Grenzwert von 5° bzw. knapp 9 %.

Bei der Löhnerschen Seilrolle stellt sich erfreulicherweise der umgekehrte Effekt ein, da hier in bislang nie vorgeschlagener Weise das Eigengewicht der Zugmannschaft im Zusammenspiel mit der Wirkung der Schwerkraft zu einer wesentlichen Arbeitserleichterung führen. Je steiler die Rampe, desto mehr können die Schlepper ihr eigenes Gewicht, das weiterhin 60 kg betragen soll, 'in die Waagschale' werfen. Erreicht der Steigungswinkel 90°, hätten wir einen Aufzug vor uns, bei dem die Schlepper als reiner Ballast im Förderkorb die Last senkrecht nach oben zögen. Aber sie können sogar mehr als 100 % leisten, sprich sogar mehr Kraft als ihr Eigengewicht $G = 60$ kp 'ans Seil' bringen, wenn sie in steilem Gelände dank ihres guten Standes zusätzlichen Druck mit dem Oberkörper ausüben. Errechenbar ist ihre Zugkraft mit derselben Standardformel wie oben, nur diesmal nicht für Gleit-, sondern für Haftreibungskoeffizienten (zugehörige Tabelle siehe Folgeseite):

$$K = G \cdot (\mu_o \cdot \cos \alpha + \sin \alpha)$$

Für unsere Zwecke wäre die rechte Spalte mit den größeren Zugkräften maßgeblich, weil unsere Schlepper auf ihrem Bergabweg einen festen Stand haben. Doch um weiterhin auf der sicheren Seite unserer Rechnung zu bleiben, beschränken wir uns auf die Werte der linken Spalte ($\mu_o = 0{,}2$). Jetzt können wir eine Vergleichstabelle aufstellen, die uns die Zahl der Schlepper 'je Normalstein' ohne und mit Seilrolle benennt. Die zu bewältigende Last ist bei der Arbeit mit

α	$K(\mu_o=0{,}2)$	$K(\mu_o=0{,}4)$	$K(\mu_o=0{,}6)$
0°	12	24	36
5°	17,2	29,1	41,1
10°	22,2	34,0	45,9
20°	31,8	43,1	54,3
30°	40,4	50,8	61,2
40°	47,8	57,0	66,2
52°	**54,7**	**62,1**	**69,4**
60°	58,0	64,0	70,0
70°	60,5	64,6	68,7
80°	61,2	63,3	65,3
90°	60	60	60 kp

der Seilrolle grundsätzlich größer, weil auch die Reibung dieses Geräts überwunden werden muß.

Zahl der Schlepper	ohne		bzw. mit Seilrolle	
$\alpha = 0°$	112 : 12,0	≈ 10	121 : 12,0	≈ 11
$\alpha = 5°$	356 : 6,7	≈ 53	385 : 17,2	≈ 23
$\alpha = 10°$	597 : 1,4	≈ 427	646 : 22,2	≈ 30
$\alpha = 20°$	1063	- -	1151 : 31,8	≈ 37
$\alpha = 30°$	1497	- -	1622 : 40,4	≈ 41
$\alpha = 40°$	1886	- -	2043 : 47,8	≈ 43
$\alpha = 52°$	2275	- -	2465 : 54,7	≈ 46 Mann

Damit sind wir bei zwei entscheidenden Aussagen angelangt. Eine Steigung von 5° ist dank umlenkender Seilrolle mit 23 Schleppern zu bewältigen. Direkt auf der Flanke der Cheopspyramide mit ihren 51°51' Steigung können *46 Mann* ein Standardgewicht von 2,8 t hinaufziehen! Vorausgesetzt wird dabei für die Reibung zwischen

Steinschlitten und Schienen (μ_s) wie für die Lagerreibung der Seilrolle (μ_z) der Wert 0,04. Die Standsicherheit des Schleppers, also sein Haftreibungswert ist mit nur 0,2 angesetzt, obwohl auch 0,6 möglich gewesen wären. *Infolgedessen werden wir anschließend die Seilrolle auch an der Pyramidenflanke installieren.*

Unsere Tabelle von S. 80 hat darüberhinaus gezeigt, daß die Seilrolle auch bei höherer Reibung noch effizient eingesetzt werden kann. Denn die Schleppmannschaften würden auch in diesem Fall zunächst nicht wesentlich größer. Bei einem μ_z von 0,1, das den Ägyptern auf alle Fälle erreichbar war, errechnen sich nicht 46 Mann, sondern:

$$2781 \text{ kp} : 54,7 \text{ kp} \approx 51 \text{ Mann}$$

Demnach würde die Verschlechterung des Reibungskoeffizienten von 0,04 auf 0,1 (+150 %) nur 5 Mann mehr beanspruchen (+11 %), weil wir uns noch im unteren Kurvenbereich der Funktion bewegen. Erst wenn wir in den oberen geraten, wächst der Bedarf an Zugkräften immens an.

Wir sehen also, daß sich der Einsatz der kraftumlenkenden Seilrolle bereits bei mäßigen Steigungen lohnt. Während ohne dieses Gerät 53 Mann nötig sind, um eine Steigung von nur 5° zu bewältigen, genügen dank der Seilrolle 46 Mann für den Steintransport bei 52°. Insofern können wir in unseren Rechnungen die Seilrolle auch bei den Schlepptrassen vom Hafen zum Bauhof und von den pyramidennahen Steinbrüchen zum Bauhof berücksichtigen. Erwähnt hatten wir sie bereits als nützliches Hilfsmittel beim Beladen der Schiffe für die Steintransporte.

Die notwendigen Schleppmannschaften

Bei mäßigen Steigungen sind Zuggeschwindigkeiten zu erzielen, die fast der eines Fußgängers entsprechen. Möglich wird dies durch einen weiteren Vorteil. Wir erinnern uns, daß Goyon seinen Schlitten mit 500 kg brutto ansetzen mußte. Denn er hatte auch noch die Geschirre des Zuggespanns und das Gewicht des Seils zu berücksichtigen. Bei einer bergabmarschierenden Zugmannschaft zieht das Gewicht des Zuggeschirrs immer mit, wandelt sich also zum Teil von Last in Kraft. Und das Seil zieht immer besser mit, je weiter es um die Rolle gelaufen ist. Dieser Effekt sollte - vor allem im Steilen - nicht unterschätzt werden, wiegen doch zwei Hanfseile mit 4 cm Durchmesser bei 100 m Länge immerhin rund 270 kg [Pitlik 1992b, 86], also wohl mehr als vier Schlepper.

Bislang sind ganz andere Rechnungen angestellt worden. Laut den Tabellen von Abitz würden die Mannschaftsstärken je nach Steingewicht, Steigung und anfallender Reibung zwischen 42 und 139 Mann betragen [Abitz 79]. Croon benötigte 48 Mann auf der Rampe [Lauer 257], Goyon dagegen lediglich 16 Mann [Goyon 96, 234]! Und Edwards wollte in der Ebene sogar mit 8 Mann auskommen [Helck 2268, 2271]. Die Unterschiede rühren von dem ganz unterschiedlich angesetzten Gleitreibungskoeffienten her, den Forscher wie Chevrier schlicht und einfach mit 0 wählten [Goyon 95], und von der stark vernachlässigten Steigung bei Goyon. Er müßte auf einer realen Baustelle anstelle von 16 Mann bis zu 53 Schlepper an die Seile bringen, also seine Mannschaften mehr als verdreifachen.

Unsere Berechnung fordert *in der flachen Ebene* 11 Schlepper; mit Aufseher, Schienenwärter, Seilprüfer, Wasserträger ergibt sich eine *Schleppmannschaft von 15 Mann*.

Bei Aufwegen von ca. *5° Steigung* benötigen wir 23 Schlepper + 2 Reserveschlepper + 5 ergänzende Funktionsträger, also eine *Schleppmannschaft von 30 Mann*.

An der Pyramidenflanke gehen wir von folgender Mannschaft für das Standardgewicht von 2.800 kp aus, das sich bei der Steigung von 52° auf eine Last von 2.465 kp reduziert. Die Anzahl an Schleppern beträgt, wie oben errechnet, 46 Mann. Hinzu kommen nunmehr Aufseher, Schienenwärter, Schienenschmierer, Arretierer, Seilprüfer, Windenmeister, Hebler, Hilfskräfte, die allerdings nicht allesamt einer einzigen Schleppmannschaft zugeordnet sein müssen, so daß wir eine *Schleppmannschaft an der Pyramide mit 56 Mann* ansetzen.

Warum werden auch 'Hebler' aufgezählt? Wir haben bislang immer mit Gleitreibungskoeffizienten gerechnet. Um aber einen ruhenden Stein in Bewegung zu setzen, muß zunächst die Haftreibung überwunden werden, die weit höher liegen kann als die Gleitreibung (vgl. Abb. 40). Dies geschieht am einfachsten mit mächtigen Hebeln. Wir finden auf assyrischen Reliefs bei genau diesem Einsatz Geräte dargestellt, die so hoch sind, daß sie von den Männern über Seile bedient werden müssen und so eine sehr hohe Hebelkraft entfalten (Abb. 41f; die chronologische Zulässigkeit dieses Vergleiches wird im letzten Kapitel behandelt). Es gibt markante Illustrationen zur Überwindung der Haftreibung:

"Im Eilschritt, den Schwung nutzend, gebückt und in der glühenden Sonne schwitzend, zerrten sie die Blöcke die Aufwege empor" [Schulz II, 159].

Wenn derselbe Autor auf der gleichen Seite berichtet, daß das Durchschnittsalter der verstorbenen Bauarbeiter bei 35 Jahren lag, scheint manches darauf hinzudeuten, daß sie Opfer systematischen Dopings geworden sind. Wie anders könnten sie tagaus, jahrein "im Eilschritt" Tonnenlasten auf endlosen Rampen 100 und mehr Höhenmeter hinaufzerren?

Die durch ein Seilrollenpaar abgedeckte Schlepplänge ist nur durch die Seillänge begrenzt. Denn das zentnerschwere Hanfseil muß nach jedem Steintransport zurückgebracht oder -gezogen werden und sollte deshalb die Handhabung nicht unnötig erschweren. Vom Durchmesser her gibt es keine Einschränkungen, denn schon ein Hanfseil von 3 cm im Querschnitt trägt laut Auskunft der 'Deutschen Seilerschaft' leicht 3 t (sogar 5,3 t laut Guerrier [43]). Zwei parallel geführte Seile dieser Qualität gewähren bei einem 'normalen' Steinblock von ca. 3 t mehr als verdoppelte Sicherheit.

Beobachten wir jetzt einen solchen Transport, der die rund 500 m Weglänge vom Hafen heraufkommen soll. Als Steigung mögen die 4,3° gelten, die Goyon für den Aufweg nennt und die auch hier gelten können [Goyon 108]. Alle 75 m stehen zwei Umlenkböcke links und rechts der Schleppstrecke. Zu ihnen gehört eine Zugmannschaft mit 22 Schleppern, aufgeteilt in zwei Gespanne à 11 Mann, die rechts und links parallel ziehen. Der Stein liegt festgelascht auf seinem Schlitten, bei ihm stehen die Hebler; die Seile sind um die beiden Seilrollen gelegt, bei denen jeweils ein Schleppgespann bereitsteht. Die restlichen Arbeiter der 30-Mann-Crew beziehen ihre Posten.

Auf Kommando legt sich die Schleppmannschaft buchstäblich ins Zeug, während die Hebler am Steinblock ansetzen; der Schlitten kommt in Bewegung und gleitet samt Block das Gleis hinauf, während die Schleppmannschaft hangabwärts marschiert. Sind die Seilrollen erreicht, wird der Schlitten arretiert; die beiden bisherigen Seile werden aus-, die Seile vom nächsten Umlenkbockpaar eingehängt. Während die neuen Gespanne zu Tal gehen, steigt die jetzt entlastete untere Mannschaft wieder zu ihren Böcken zurück. Die ganze Arbeit verläuft in großer Sauberkeit, denn nirgends werden nasse Lehmspuren benötigt, auf denen nicht nur der Schlitten gleitet, sondern vor allem die Schlepper ausgleiten würden.

Um täglich 69 Tura-Steine vom Hafen zum Bauplatz zu holen (das entspricht ihrem kompletten Antransport binnen 10 Jahren), muß alle 7 Minuten ein Steinblock oben am Lagerplatz ankommen, der aber durchaus eine halbe Stunde für die gesamte Strecke brauchen kann. Sie ist in 7 Teilstrecken à 75 m aufgeteilt. Auf jeder ist eine Mannschaft zugange, also sind 7 Steine gleichzeitig auf der Schleppstrecke. Wenn wir noch eine achte Mannschaft dort als 'Springer' einsetzen, wo es gerade stockt, dann haben wir $8 \cdot 22 =$ **176 Mann** für den Transport der Tura-Blöcke vom Hafen zum Bauhof im Einsatz. Bei diesen Zahlen müssen wir immer bedenken, daß sich die Mannschaftsgröße direkt nach dem jeweiligen Steingewicht bemißt, also gegebenenfalls durch Springer verstärkt werden muß.

Hinzu kommen **44** Schreiner, Schmierer, Einweiser, Vorarbeiter, Schreiber, insgesamt also rund 220 Mann. Wir ergänzen hier gleich noch um die Granitblockschlepper, die sich um jene Großlasten kümmern müssen, die aus Assuan angelandet werden. Für die '40-Tonner' müssen gelegentlich **200** zusätzliche Mann zur Verfügung stehen.

Für diese Transporte würde eine einzige Schleppstrecke vom Hafen bis zum Bauhof ausreichen. Um jedoch auch bei Schienen-

Abb. 43: Drehbar gelagerte Seilrollen im Vorraum von Cheops' 'Königskammer'. Granitblöcke zum Verschließen aufgehängt [Goyon 176]
Abb. 44: Bei abgesenkten Fallsteinen werden die Granitlager für die Rollen erkennbar [Borchardt Tafel 10] **Abb. 45:** Einsatz von Seilrollen beim Hinablassen von Sarkophagen in unterirdische Räume. Rekonstruiert nach den Balkenlöchern im Grab des Ibi, 6. Dyn. [Arnold 1991, 73] **Abb. 46:** Beim Bogenbohrer wird der Bohrer durch die fiedelnde Bewegung des Bogens gedreht, das identische Prinzip wie bei der Seilrolle [Riedl 96]

bruch ein kontinuierliches Weiterarbeiten zu ermöglichen, gab es mit Sicherheit eine zweite Schleppstrecke, die zweckmäßigerweise auf die Bedürfnisse des Großsteintransportes ausgerichtet war.

Schiene und Seilrolle im alten Ägypten ?

Jetzt mag der Einwand kommen, daß die Technik der Schiene wie der Seilumlenkung für die Pyramidenzeit nicht überliefert sei. Doch das wäre nicht richtig.

Mit der Seilrolle haben sich seit Ludwig *Borchardt* alle Ägyptologen angefreundet, ohne es vielleicht bemerkt zu haben. Wenn wir uns zum Nachweis auf den Weg zur "Königskammer" des Cheops machen, so haben wir nach der großen Galerie die sogenannte Vorkammer zu passieren. In ihr hingen drei schwere Granitsteine, die in Führungen heruntergelassen werden konnten, um die zentrale Kammer hermetisch abzuschließen (Abb. 43f). Borchardt hat 1932 beschrieben, daß in die Seitenwände halbrunde Lagerungen eingetieft worden sind, "gewissermaßen in den Granit geschnittene Achsenlager" [Goyon 176]. Sie werden seitdem als Lager für Rundhölzer gedeutet: Über diese liefen die Seile, mit denen die Verschlußblöcke zunächst arretiert und später abgesenkt wurden. Es sind sogar Rillen in die Rückwand eingetieft, damit die hintersten Seile nicht zwischen Holz und Wand eingequetscht werden. Nach demselben Prinzip, das seit über 60 Jahren für die 4. Dynastie akzeptiert ist, aber aus unbekannten Gründen noch nie im Freien angewendet werden durfte, arbeitet Löhners Seilrolle.

Dieselbe Methode kam schon bei Snofru, dem Vater des Cheops, zum Einsatz. J.E. *Perring* rekonstruierte das Halten eines Fallsteins mit Seilrollen, als er sich mit der Knickpyramide des Snofru in Dahschur beschäftigt hat [Stadelmann 1985, 91ff]. Die Abbildung hier im Buch (Abb. 45) bestätigt das Prinzip für die 6. Dynastie. Und ergänzend sei bemerkt, daß schon der für Ägypten tausendfach belegte Bogenbohrer das Prinzip einer Kraftumlenkung mittels Schnur und Drehholz im Kleinen hinreichend belegt (Abb. 46).

Am hier vorgeschlagenen Schlittentransport zweifelt ebenfalls niemand. Allenfalls bestritten werden kann seine Fortbewegung auf Schienen. Dazu läßt sich folgendes sagen. Vielleicht ist es machbar, eine Schleifspur direkt auf Fels genauso reibungsarm herzurichten. Dann werden aber alle Beteiligten erleben, daß der Schlitten bei der kleinsten seitlichen Neigung der Spur abrutschen würde. Dem müßte mit einer Art Leitschiene begegnet werden, womit wir schon wieder beim Thema sind. Vom Prinzip her ist es gleich, ob sich der Schlitten mit seinen Längskufen auf Querhölzern bewegt oder aber mit seinen runden Querhölzern auf Längsbalken. Erhalten haben sich weder Geleise noch Schienen. Das wäre nicht unbedingt verwunderlich. Großformatiges Hartholz war als Importware in Ägypten äußerst begehrt, weshalb wir alte Zedernholzbalken wohl nur aus Snofrus Knickpyramide in Dahschur-Süd kennen [Stadelmann 1985, 94].

Dagegen wissen wir, daß rund ums Mittelmeer immer wieder Steingeleise verwendet worden sind [Illig 1990a]. Wir haben dabei nicht nur die uralten "cart-ruts" von Malta im Auge, sondern genauso die Steingeleise der Griechen, etwa in Syrakus, der Römer generell auf Gebirgsstraßen, der Illyrer in Dalmatien oder der spanischen Ureinwohner in Bergbaugebieten wie in Hafenstädten. Die Assyrer verlegten in ihren Palästen Metallschienen für fahrbare Kohlebecken. Alle diese technischen Einrichtungen kennen wir nicht aus Abbildungen, sondern nur aus archäologischen Befunden. Insofern könnten auch Holzschienen für Ägypten gefordert werden, läge nicht die Pyramidenzeit zeitlich vor allen übrigen genannten Kulturen. Doch dazu verweisen wir auf das letzte Kapitel.

Klar ist, daß der Einsatz der überaus nützlichen Seilrollen keineswegs am Fehlen von Schienen scheitern würde. Wir können wie Chevrier und Goyon vermuten, daß in der Praxis auch andere Wege und Transportwege gefunden wurden, die Gleitreibung auf ein Minimum zu bringen, ohne daß wir deshalb ihren Reibungskoeffizient auf Null setzen müßten, wie es die beiden Forscher in ihren Berechnungen getan haben [Goyon 95]. Uns aber scheint die Kombination Schiene und Schlitten aussichtsreicher zu sein als zum Beispiel Schlitten und wohlpräparierte Felspiste.

So ist mit Löhners Seilrolle eine Lösung gefunden, die nicht nur der damals zur Verfügung stehenden Technik voll und ganz entspricht, sondern auch heutigen 'Vorstellungen' ägyptischer Baustellen. Gemeint ist damit, daß wir z.B. keine hellenistischen Zahnräder oder die Dampfmaschinen eines Heron auf der Baustelle erwarten, auch wenn dieser ingeniöse Mann im ägyptischen Alexandria gelebt hat. Ihren eigentlichen Wert wird unsere 'Maschine' an der Pyramide selbst entfalten, deren Bau wir uns nach dem folgenden Abschnitt zuwenden.

Warum kein Rad ?

Vor rund einem Jahrzehnt ging ein Raunen durch die Presse. Ein Außenseiter, sprich ein Ingenieur, hatte ein altes Fundstück aus Champollions Zeiten neu gedeutet. Im 19. Jh. war das Holzteil aufgetaucht, das einem Kreissegment ähnelt. Nach längerem Betrachten propagierten es einige Spezialisten als Kippschlitten (Abb. 47). Wir werden diesem angeblichen Hubgerät in der entsprechenden Rubrik begegnen. Doch der Ingenieur John *Bush* ging noch einen Schritt weiter. Wenn man vier entsprechend geformte Kreissegmente um einen Steinblock legt, bekommt er radförmigen Umriß. Mit zwei solchen 'Holzreifen' wird aus einem Steinblock eine schwergewichtige Steinrolle, die 'nach Belieben' von sechs Mann bewegt werden kann (Abb. 48). Dieses überraschende Gerät, das Bush in die Realität umgesetzt hat, wirkt wie das 'Rad des Imhotep' und scheint das antike Transportwesen revolutionieren zu können [Anonym 1982]. Diese 'runde Sache' wird immer wieder neu erfunden, so von Albrecht Kottmann [1988, 37] oder von einem Ingenieur aus Cambridge [Anonym 1997]. Die Ägyptologen mochten diesem Gedanken dagegen wenig abgewinnen, weil das Rad auf ihrem Terrain erst zur Hyksos-Zeit auftritt, also rund 800 Jahre später.

Ganz so leicht können sie aber nicht aus der Verantwortung entlassen werden. Schließlich existieren Abbildungen, denenzufolge bereits in der 5. und 6. Dynastie, also im Alten Reich, Sturmleitern auf Rädern (Abb. 49f) bewegt worden sind [Kottmann 36; Arnold 1991, 282]. Bei diesen Exemplaren wenden die Fachgelehrten ein, daß es sich

Abb. 47: Das aus der 18. Dyn. stammende Holzmodell besteht aus zwei durch Stäbe verbundenen Kreissegmenten; Teil eines bei Grundsteinlegung vergrabenen Schatzes. Abbildungen zum Einsatz sind nicht bekannt [Kottmann 36] **Abb. 48:** Bushs Vorschlag für einen 'rollenden Stein' in der Abbildung von Kottmann, der die Methode sechs Jahre später als eigene vorstellte. Die Annahme gleichseitiger Quader entspricht nicht der Realität [Kottmann 37] **Abb. 49:** Belagerungsleiter, Grab des Kaemheset, Saqqara, 6. Dyn. [Arnold 1991, 282] **Abb. 50:** Dieselbe Belagerungsleiter [Kottmann 36]

um primitive Scheibenräder gehandelt habe, die sich nur bei solchen Einsätzen, nicht aber an schnelleren Vehikeln bewähren konnten. Das heißt gleichwohl nichts anderes, als daß 'rollende Steine' zu Cheops' Zeiten möglich gewesen wären.

Was spricht für oder gegen diese Alternative? Unsere heutigen Vorstellungen eines Rades auf asphaltierter Trasse sind gewissermaßen zu komfortabel. Wer damals mit einer 2,5-t-Rolle über unebenen Grund holperte, brauchte sehr rasch neue Holzteile. Außerdem sind die Blöcke keineswegs auf den Zentimeter genau einheitlicher Größe, so daß man jedem Block eigene Holzsegmente hätte anpassen müssen. Bei 2,5 Mio. Steinen ergäbe dies einen enormen Bedarf an exakt gerundetem Holz, an Hartholz, das nun einmal in Ägypten sehr rar war.

Weiter stellt sich der Transport durchaus nicht ganz so einfach dar. Blöcke, die weder Würfel noch exakt gleichseitige Quader sind, entwickeln beim Rollen eine beachtliche Unwucht, die es mit sich bringt, daß bei jeder Umdrehung einer kurzen Verzögerung ein stark beschleunigtes Bewegungsmoment folgt. Deshalb müßte hinter der Zugmannschaft und der 'Rolle' eine Bremsmannschaft folgen, die sich ruckartigen Bewegungen entgegenstemmt. Fallen jedoch einmal Schlepper aus - beispielsweise weil sie stolpern -, dann besteht die Gefahr, daß sich so eine 'Rolle' verselbständigt und bald durch kein menschliches Eingreifen mehr gebremst werden kann. Insofern müßten weitere Arbeiter je nach Gefälle vorn oder hinten ständig Bremskeile bereithalten, um dem Ausbrechen einer 'Rolle' vorzubeugen. Und schließlich ist der Koeffizient für Rollreibung nicht besser als jener für Gleitreibung. So finden wir für "Straßenfuhrwerke auf chaussierter Straße, mit Staub usw. bedeckt", den Wert 0,028 für μ, der erst ab guter Asphaltstraße auf 0,01 und darunter sinkt [Hütte 213].

Unterm Strich ergibt sich damit - das mag uns Autofahrer befremden - kein Vorteil für den Einsatz von 'Rollen', eher im Gegenteil. M. Haase [1998, 109ff] als Verfechter ägyptologischen Sachverstandes gibt uns in seinem entsprechenden Abschnitt "Rollend über die Baustelle?" in allen Details recht.

Doch der gewichtigste Einwand ist zweifellos die Frage nach der Eingliederung in die Technologiegeschichte Ägyptens. 'Rollende Steine' passen so wenig wie 'rolling stones ' in das Bild, das uns die Ägypter hinterlassen haben. Vor allem aber: Hätten die Ägypter, wenn das Rad schon 2,5 Millionen Mal im Einsatz war, trotzdem auf die Hyksos gewartet, um von ihnen ein 'modernes' Speichenrad für Streitwagen in Empfang zu nehmen? Hätten sie nicht viel schneller eine 'Kultur auf Rädern' entwickelt? Hier kann zunächst nur festgestellt werden, daß wir auch aus dem Neuen Reich und aus der Spätzeit keine 'Lastwagen' kennen, sondern ausschließlich leichte Kriegsgeräte, die ihre eigentliche Herkunft schon deshalb nicht verleugnen können, weil sie aus Holzarten gebaut sind, die keineswegs für Ägypten, wohl aber für die nördlichen Steppen typisch sind.

Kalkulation der Schlepper

Wir können deshalb auch bei der zweiten Transportnotwendigkeit auf dem Gizaplateau, beim Antransport vom Steinbruch zum Bauhof, bei Seilrolle und Schiene bleiben und entsprechend kalkulieren.

500 Steine täglich sind zu befördern, die aus mehreren Steinbrüchen über eine Distanz von rund 300 m [Abitz 78] eintreffen. Wir legen drei Zugstrecken fest, an denen wiederum alle 75 m Böcke mit Seilrollen stehen, also 4 Paare. Daraus resultieren - nachdem es sich zum Teil um ansteigendes Terrain handelt - 12 Zugmannschaften à 30 Mann, die hier obendrein verdoppelt werden, um alternierend tätig zu werden und so die Kapazität weiter zu steigern. Während also die eine Mannschaft zurückgeht, zieht die zweite Mannschaft bereits den nächsten Stein weiter. So liefert ein Gleis alle 2 Minuten einen Stein, d.h. die gesamte Transportkapazität liegt mit 1 Stein je 40 sec höher als die geforderte Kapazität von 1 Stein/min. und kann im Bedarfsfall - also gerade in der Anfangsphase des Pyramidenbaus - durch eine weitere Schlepptrasse ohne Schwierigkeiten erhöht werden.

So haben wir 24 · 30 = **720** Schlepper, zu denen **80** Schreiner, Schmierer, Vorarbeiter, Wasserholer etc. gehören mögen, insgesamt also **800 Mann**.

Wir brauchen aber auch noch eine dritte Transportkapazität: vom Bauhof bis zum Fuß der Pyramide. Hierbei handelt es sich zwar mit rund 200 m um die kürzeste Distanz, dafür kann es sich als mühsam erweisen, die jeweils benötigten Steine in einer vollgestellten Steinmetzwerkstatt, in einem Steinmagazin geradlinig zu verfrachten. Man brauchte bewegliche Gleisstücke, um die Schleppanlagen zu erreichen, die vor jeder der fünf Aufwege (vgl. unten) an der Pyramide installiert sind. An den ebenen Schleppanlagen arbeiten in schon beschriebener Weise 5 · 15 = 75 Mann. Weiter brauchen wir 8 Teams à 18 Mann, insgesamt 150 Mann, um die Blöcke aus dem Bauhof bis zu diesen kurzen Gleitstrecken herauszumanövrieren. Weil hier viele Hebler benötigt werden, haben wir die dortigen Mannschaften um je 3 Mann erhöht.

So errechnen sich hier, über 75 + 150, weitere *225 Mann*, die mit *75* Hilfs-, Verwaltungs- und Aufsichtskräften zu einer Bauhof-Crew von 300 Mann werden.

Eine Abschweifung zu π

Das ägyptische Rad tauchte zur Pyramidenzeit noch in einer zweiten merkwürdigen Variante auf. Es ist den Pyramidologen - also jenen Menschen, die aus hypergenauen Messungen hypergewagte Schlüsse ziehen (Oskar Riedl bezeichnet sie, wesentlich kritischer als wir, als Pyramidioten, die laut Bob Forrest "pyramyths" verbreiten) - schon lange aufgefallen, daß sich aus der Cheopspyramide der Wert für π mit hoher Näherung ableiten läßt. Denn aus zwei Grundseiten, sprich dem halbem Basisumfang und der Höhe errechnet sich mit den oben genannten Zahlen
 (2 · 230,383 m) : 146,59 m = 3,143229... ≈ π

Der Pyramidologe Max *Eyth* hat sich 1902 in seinem Roman 'Der Kampf um die Cheopspyramide' anderer feet-Maße bedient und ein noch besseres Ergebnis erzielt:

 2 · 763,810 ft : 486,256 ft = 3,141596...
 (≈ 2 · 232,809 m : 148,211 m = 3,141596...)

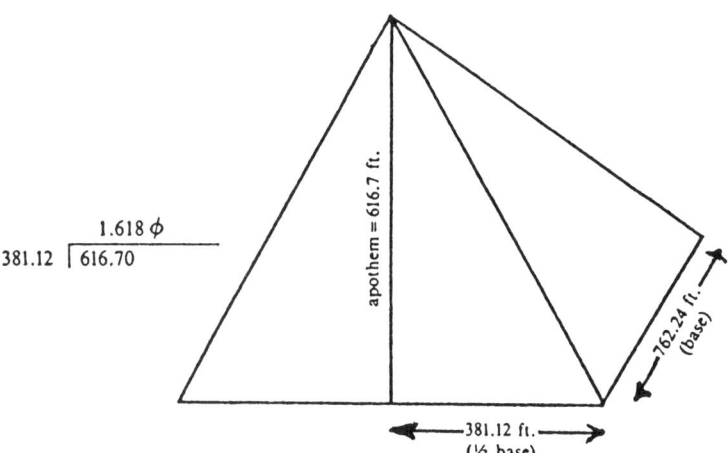

Abb. 51: Elegante und präzise Näherungslösung für die Quadratur des Kreises: Ein Kreis mit Höhe der Cheopspyramide als Radius hat einen Umfang der Länge der vier Basisseiten [von Illig weiterentwickelt aus Lepre 127]

Abb. 52: Das Apothem (Höhe der Seitenfläche) errechnet sich aus der halben Basisseite mit dem Faktor 1,618 des Goldenen Schnitts [Lepre 127]

Sein Ergebnis ist auf fünf Stellen hinter dem Komma identisch mit dem heutigen Wert von π = 3,14159265... Damit hätten sich die Ägypter haarfein der Quadratur des Kreises genähert, denn der Umfang der Pyramidenbasis entspricht einem Kreis mit der Höhe der Pyramide als Radius (Abb. 51).

Aber Eyths Ergebnis offenbart gleichzeitig, daß diese Genauigkeit allein von Messungen an einer Ruine abhängt, wobei eine angeblich mögliche Genauigkeit von weniger als 1 mm fingiert wird [vgl. Fix 243]. Aus wiederum anderen Messungen errechnen sich, wie H. *Kracke* mitteilt, die Werte π = 3,1418... oder 3,1380... Dieser kluge Mathematiker wies außerdem darauf hin, daß sich auch aus einer Herodotschen Angabe ein Wert für π ermitteln läßt. Wenn jede Seitenfläche der Cheopspyramide so groß war wie ein Quadrat mit der Pyramidenhöhe als Seite (Abb. 53), dann ergibt die daraus ableitbare Bestimmungsgleichung für π den Wert 3,1446... (die Rechnung bei Kracke [43f]).

Nun kennen wir aus ägyptischen Papyri Näherungswerte für π, die jedoch auch 1.500 und 2.000 Jahre später noch deutlich schlechter ausfielen. Denn dort wird mit der Näherung $(16/9)^2$ gearbeitet, die 3,16049... ergibt. Daraus schloß manch einer nicht auf die Zufälligkeit der pyramidalen π-Relation, sondern messerscharf, daß die Pyramiden noch viel älter seien und aus einer ganz anderen, noch höheren Kultur stammen müßten. Vor wenigen Jahren hat der Geologe Robert M. Schoch mit dem alten Erosions-Argument von R.A. Schwaller de Lubicz den neuerlichen Versuch gestartet, den/die Sphinx als weiteres Altreichsmonument in eine solch superlativistische Vergangenheit (-7. Jtsd.) zurückzubringen [vgl. Illig 1992b, 7, 69]. Mittlerweile schließt er auch -10.000 nicht aus [Morlay 1998].

Benachbarte Kulturvölker benutzten für π teils bessere, teils schlechtere Näherungen: So hatten sich die Babylonier bis zu dem etwas besseren Wert π = 3 + 1/8 = 3,125 vorgearbeitet, während die Juden sich lange mit einer glatten 3 zufriedengaben [1 Kö 7,23; Kracke 44].

Der Elektronikexperte T.E. *Conolly* kam dann auf die Idee, daß die Ägypter nicht mit Meßschnüren, sondern mit Meßrädern ihre

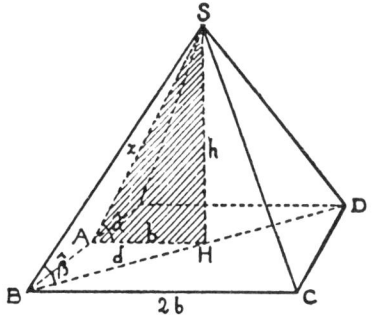

Abb. 53: Cheops-Relation laut Herodot: Jede Seitenfläche entspricht einem Quadrat mit der Pyramidenhöhe als Seite [Tompkins 210] **Abb. 54:** Die Seitenrelation der Cheopspyramide ergibt sich direkt mit Hilfe einer Rolle: Eine volle Umdrehung der Meßrolle mit 1 Elle Durchmesser ergibt die halbe Basisseite (3,14159 Ellen), vier Meßrollen übereinander (4 Ellen) ergeben die Höhe. 3,14159 : 4 = 11 : 14 [Mendelssohn 71] **Abb. 55:** Dreieck für die Pyramidenproportion: Apothem x : Höhe h : halbe Basisseite b. Bei Chephren 5:4:3, bei Cheops 'nur' 17,8:14:11 [Lauer 274]

Grundrisse auf den Boden übertragen haben könnten [Mendelssohn 70f]. Wenn ein Meßrad mit 1 Elle Durchmesser zum Einsatz kommt, mißt sein Umfang exakt das π-fache einer Elle. So könnte sich ein überraschend exakter Wert für π bei Baumaßen ergeben haben, ohne daß überhaupt auch nur ein Gedanke an π verschwendet worden wäre. Und so hätten die alten Mathematiker noch längere Zeit nicht erkannt, daß sie bereits über Methoden verfügten, π wesentlich exakter zu bestimmen. Doch auch Conolly traf das Verdikt des *Lexikons der Ägyptologie:* "Meßrollen abzulehnen" [Arnold 1984].

Gleichwohl setzten andere Knobler dem Kreis gewissermaßen die Spitze auf, indem sie mit Hilfe von Kreisen zur exakten Form der Cheopspyramide vorstießen:

"Man stelle eine beliebig große Kreisscheibe auf eine ebene Unterlage und rolle sie - von einem fixierten Punkt aus - eine Umdrehung weiter. Am Ende dieser Strecke setze man viermal die Kreisscheibe übereinander... und markiere den höchsten Punkt. Damit ist bereits eindeutig ein Böschungswinkel und eine Pyramidenform festgelegt; man braucht nur diesen höchsten Punkt mit dem anfangs fixierten Punkt zu verbinden. ... Das Resultat entspricht exakt der Umrißlinie der Cheopspyramide, Böschungswinkel: 51 Grad 52 Minuten! ... Zwangsläufig muß dann auch die Kreiszahl Pi in den Proportionen der Pyramide auftauchen; denn ihre Breite (also auch Umfang) und Höhe sind ja direkt aus Kreisdaten entstanden, aus Kreisumfang und Kreisdurchmesser. Und dabei spielt es keine Rolle, ob die Ägypter diese Zahl kannten oder nicht" [Ditfurth/Arzt; zitiert nach Drößler 106ff].

Doch die beigefügte Zeichnung [Drößler 107] widerlegt die zu beweisende Relation. Insofern brauchen wir nicht in Ehrfurcht ob der wundersamen π-Konstruktion zu erstarren (Abb. 54), auch wenn noch weitere derartige Relationen aufgespürt worden sind [Wedemann 6f]. Vielmehr sollten wir bedenken, daß Cheops' Böschungswinkel auch anders und zwar viel einfacher zu gewinnen ist. Üblicherweise legten die alten Ägypter das Verhältnis von Pyramiden-Höhe zur halben Pyramiden-Basislinie in ganzen Zahlen fest. Bei Cheops benutzten sie die Relation 14:11 (Abb. 55).

Abb. 56: Das Cheops-Interieur als Repräsentation von Welt- und Heilsgeschichte [Edgar/Edgar 86]

Aus ihr ergibt sich unmittelbar der Böschungswinkel 51°50'35" und der 'Näherungswert' für $\pi \approx 3{,}1428$. Eine nur minimale Änderung der Steigung ergibt den Winkel 51°49'42", der dem Goldenen Schnitt entspricht (halbe Basisseite · 1,618 = Apothem; Abb. 52). Für ein bestens angenähertes π schließlich hätte der Winkel 51°51'14" gesorgt [Lauer 276]. Diese drei Winkel gehen bei der praktischen Ausführung ineinander über. Man kann also lediglich darüber streiten, ob der Cheopswinkel zufällig diese drei Relationen erfüllt oder ob ein mathematisches Genie ihn gewählt hat.

Schon die Chephrenpyramide lenkt unsere Wahl auf die erste Möglichkeit. Denn hier entschied sich Architekt oder Pharao für das heilige Dreieck mit der Relation 4:3, das bei weiteren sieben Pyramiden präferiert wurde, während der Cheops-Winkel nur zwei weitere Male auftritt [Schüssler 330]. Insofern wäre die Chephrenpyramide die ägyptischste aller Pyramiden, die einst auch den Namen "Die Große" trug. Wie aber wäre diese 4:3-Beziehung, wie wären die Relationen 17:18 (Snofru), 14:9 (Amenemhet III.), 7:6 (Sesostris I.), 7:5 (Snofru), 5:4 (Mykerinos) oder 3:2 (Unas) mit Kreisen, π-Näherungen oder ähnlichen mathematischen Relationen zu erklären? Hier scheitern alle, die auf π schwören.

Wir lernen daraus, daß gerade in der so pedantisch ausgemessenen Cheopspyramide fast alle Relationen auf mehr als eine Art und Weise zu gewinnen sind. Wären alle hineingeheimnisten Relationen gewollt, hätten wir ein durch vielerlei Vorgaben hoffnungslos überdeterminiertes Bauwerk vor uns, bei dem der Architekt überhaupt keinen Freiheitsgrad gehabt hätte und trotzdem ein geniales Werk schuf. Ludwig Borchardt hat hier ironisch angemerkt:
"Um aber auch die Pyramidentheoretiker auf ihre Rechnung kommen zu lassen, möchte ich ihnen doch wenigstens eine kleine Anregung geben, von der ich nicht zweifle, daß sie freundliche Aufnahme finden wird: Die Basis des natürlichen Logarithmus e = 2.71828... ist bisher in den Pyramiden nicht gefunden worden. Und doch ist sie leicht nachweisbar. Man braucht nur von der Königinnen-Pyramide bei der Pyramide des Königs Sahure bei Abusir, die die Böschung (4 + ½ + ¼) szp

hat, den Umfang durch die (doppelte) Höhe zu dividieren,
U/h = 4 * (4+3/4)/7 = 19/7,
um 2.7143... zu erhalten, also e mit einem Fehler von 1.5 Tausendstel!" [Borchardt 1922 laut Henne 1993, 27].

Wir verlassen diesen Bereich, der so bedenklich rasch zur Pyramidologie hin wegdriftet. Dort wird gleichermaßen bewiesen (Abb. 56), daß die Gänge und Kammern der Cheopspyramide die Geschichte der gesamten Menschheit minutiös wiedergeben [Edgar/Edgar 86; mit lesenswertem Gesamttitel], aber auch den Lauf des Nils vom Oberlauf bis zur Mündung nachbilden [Rousseau-Liessens 13-39]. Deshalb verweisen wir auf die zahlreichen Widerlegungen derartiger Funde seit L. Borchardt (unlängst etwa Drößler [1990, 101-109]).

Rampen und Maschinen

Als das größte Problem beim Pyramidenbau wurde wohl immer gesehen, wie die ungeheuren Mengen an kubikmetergroßen Blöcken in rascher Folge in immer größere Höhen gebracht worden sein könnten. Erklärungen wurden in zwei grundsätzlichen Richtungen vorgebracht, wenn wir von esoterischen Möglichkeiten absehen. Vertreter der einen versuchten Herodots Maschinen zu rekonstruieren, die der anderen hielten sie - seit Diodor - für Fremdenführergeschwätz und entwarfen statt dessen Rampen.

Die Rampe als schiefe Ebene, schwach geneigt zum Heben von Bausteinen geeignet, ist in vielerlei Varianten zur Lösung des Problems vorgeschlagen worden. Wenn allerdings heute noch 'vor Ort' erzählt werden sollte, daß einfach Sand aufgeschüttet worden sei, so wäre das gar zu simpel. Eine bis auf 146 m Höhe anwachsende Sanddüne ist kein geeignetes Fundament für eine Schleppstrecke, auf der tonnenschwere Blöcke bewegt werden, ganz abgesehen davon, daß das gesamte Plateau von Giza unter dem Sand verschwunden wäre ([Goyon 52]; wir folgen bei den Rampen eine Zeitlang diesem Wissenschaftler, der selbst eine Rampe vorschlug und sich damit in erhebliche Schwierigkeiten gebracht hat). Nur Sir Flinders *Petrie* hat einen Sand-Vorschlag ausgearbeitet (Abb. 58), der prompt zu einem derartigen Aufschüttvolumen führte, "daß im Vergleich dazu das der Pyramide wenig ins Gewicht gefallen wäre" [Goyon 55].

Die gerade Ziegelrampe

Praktikabler im Vergleich zu Sand erscheint die Verwendung von luftgetrockneten Ziegeln. Dafür sprachen sich praktisch alle Archäologen aus (Hölscher, Borchardt, Croon, Engelbach, Lauer, Goyon, Arnold, Stadelmann). Dieser Lösungsansatz wird durch den bauarchäologischen Befund an der Cheopspyramide nicht gestützt, der keinerlei Rampenreste verzeichnet [Arnold 1991, 98]. Aber solche finden sich an verschiedenen anderen Pyramiden, auch wenn strittig

Abb. 57: Die Zickzackrampe von U. Hölscher läßt an den Wendeplätzen keinen Raum für die Zugmannschaften [Goyon 63] **Abb. 58:** Petrie's Sandrampe mit mehrfachem Pyramidenvolumen [Goyon 54] **Abb. 59:** Rampenmodell von L.. Croon mit vielen kleinen Rampen a) Aufriß b) Grundriß. Am Rampenende zuwenig Platz für die Schlepper, zu häufiges Überwinden der Haftreibung notwendig [Lauer 259]

ist, ob es sich dabei um primäre oder nur um sekundäre Rampen
späterer Zeit handelt [Goyon 52]. Seltsamerweise hat sich gerade an
unfertigen Pyramiden kaum ein Rampenrest erhalten. Das fehlende
Rampenmaterial zeitigte eine ganz seltsame Überlegung, mit der die
Rampenidee überdauern konnte, ohne zu überleben (s.S. 115):
"Möglicherweise ist das Rampenmaterial immer wieder verwendet worden, solange man neue Pyramiden errichtet hat" [Stadelmann 1985, 223].
Hätte es nicht allzuviel sinnlose Arbeit gemacht, 400.000 m³ von
Pyramide zu Pyramide zu schleppen, wenn Lehmziegel schon beim
ersten Abriß zu Bruch gehen? Wohin wären also die ominösen
Rampen verschwunden, wenn sie schon gewesen sein müssen?

Wohl als erster ließ Uvo *Hölscher* Rampen an einer Pyramide
emporwachsen (Abb. 57). Sie laufen noch nicht geradewegs auf den
Bau zu, sondern schmiegen sich im Zickzack an seine Flanke [Goyon
63]. Man muß sich wundern, wie die Schleppmannschaft die zahlreichen Spitzkehren bewältigen konnte. Denn so eine Kolonne braucht
nun einmal Platz: Während der Stein sich fast auf der Stelle dreht,
müssen die vordersten Schlepper einen Halbkreis absolvieren, dessen
Radius 20 und mehr Meter betragen kann. Wendeplätze dieser Größe
hat Hölscher nicht vorgesehen; ein Versäumnis, das anderen Rampenkonstrukteuren auch noch Jahrzehnte später unterlaufen sollte.
'Im Prinzip' könnte die Zugmannschaft am Ende eines Abschnittes
einfach die Seite wechseln und in der Gegenrichtung weiterziehen. In
der Praxis brächte sie allerdings den Block gar nicht bis zum
Umspannpunkt, weil ihr auch dazu der Boden fehlen würde.

Louis *Croon* präsentierte 1925 seinen ersten Entwurf (Abb. 59).
Bei ihm führte eine Vielzahl kleiner Rampen um das innere Quaderwerk der Pyramide herum [Lauer 258f]. Trotzdem benötigte er ein
Viertel des Pyramidenvolumens an Rampenmaterial [Lauer 260].
Darüberhinaus hätten diese steilen Rampen mit ihren zahlreichen
abrupten Richtungswechseln jede Zugmannschaft in Sackgassen
gelockt und zur Verzweiflung gebracht.
Danach beteiligte sich Croon an den Projektierungen des Ägyptologen Ludwig *Borchardt*. Der schlug für Snofrus Pyramide von

Abb. 60: Die steile, riesige Rampe von L. Borchardt und L. Croon in Auf- und Grundriß [Stadelmann 264]   **Abb. 61:** Das lagenweise Aufstocken der Borchardt-Croon-Rampe von der Seite und im Schnitt. Bei jeder neuen Pyramidenschicht braucht die Rampe eine verbreiterte Basis und eine neue Lauffläche [Goyon 58]

Meidum eine Lehmziegelrampe vor, die geradewegs auf die Mitte einer Pyramidenseite zuläuft (Abb. 60f). Übertragen auf die Cheopspyramide hätte er eine temporäre Hilfskonstruktion - denn die Rampe muß also solche auch wieder abgebaut werden - von 3.332 m Länge in die Welt gesetzt [Goyon 57]. Wer nicht ohnehin vor dem damit verbundenen Volumen erschrickt, muß auch noch zwei andere Unmöglichkeiten akzeptieren: Die Rampe würde den 660 m entfernten Nilkanal zuschütten und weit hinter ihm endigen. Und eine derartige Rampe müßte nach jeder fertigen Steinlage der Pyramide auf ihrer ganzer Länge gleichmäßig erhöht werden. Das bedeutet für den gesamten Zugweg nicht nur jedesmal eine Erhöhung der Gleitbahn, sondern auch breitere Böschungen oder Abstützungen. Also 200malige Erneuerung und Erhöhung, obwohl der Transport möglichst keine Minute behindert werden durfte. Louis *Croons* Rampenschnitte machen deutlich, wie aufwendig auch dieser Rampenbau geworden wäre und wie unlösbar das Problem war, den Ziehweg während der laufenden Transportarbeiten ebenso laufend zu erhöhen.

Abhilfe versprach sich der Ägyptologe Jean-Philippe *Lauer* durch eine Rampe, die den mit wachsender Höhe sich ändernden Anforderungen entsprechen sollte. Denn der Bedarf an Steinblöcken nimmt mit wachsender Höhe sehr rasch ab. Lauer gibt die Beispielsrechnung: Bilden 64.000 Blöcke die Basisschicht, dann braucht es in halber Höhe nur noch 16.000 Blöcke und in einer Höhe von 7/8 nur mehr 1.000 Blöcke für eine Schicht. Je höher der Bau wächst, desto weniger Steine müssen hinaufgewuchtet werden [Lauer 254]. Noch deutlicher hat das Stadelmann klargestellt (Abb. 62). Schon bei 15 m Höhe war mehr als ein Drittel, schon bei 30 m mehr als die Hälfte des Volumens der Cheopspyramide verbaut, über die 100 m-Marke hinaus, also für die restlichen 46 Höhenmeter, sind nur noch 3 % der Baumasse anzuheben [Stadelmann 1990, 261].

Lauer schlägt deshalb eine Rampe vor, die sich von anfänglich 70 m sukzessiv bis auf 2,50 m Fahrbahnbreite reduziert (Abb. 63). Er muß deshalb im Gegensatz zu Croon und Borchardt die Rampe nicht bei jeder Erhöhung auch noch verbreitern. Trotzdem bleibt das Rampenmaterial mehr als respektabel: Je nach Steilheit und Basisbreite ergeben sich 500.000 bis 1 Mio. m³. Das heißt, 1/5 bis 2/5 des

Abb. 62: Baumassenverteilung bei der Cheopspyramide [Stadelmann 1990, 261] **Abb. 63:** Rampe von J.-P. Lauer. Zwar muß auch bei ihr die Lauffläche bei jeder Schicht erhöht werden, aber sie bräuchte keine ständig verbreiterte Basis [Stadelmann 1990, 261]

Pyramidenvolumens wären zusätzlich als Rampe verbaut und wieder abgerissen worden [Lauer 258]. Hätte Lauer so flach gebaut, wie es Goyon fordert, hätte sein Rampenbau wohl dem Gesamtvolumen der Pyramide entsprochen. So steht all diesen Vorschlägen entgegen: Das Bauvolumen für die Rampe ist zu riesig, und die Rampe kann nicht gleichzeitig befahren und ständig erhöht werden.

Wendel- oder Schneckenrampen

Um dem abzuhelfen, wurde wiederholt eine schneckenförmige Rampe vorgeschlagen. Erstmals wohl durch Moses B. *Cotsworth*, der sich ansonsten als Kalenderspezialist betätigte und den irr-witzigen Vorschlag machte, mit einer vorab hochgezogenen Pyramidensüdwand alle weiteren Arbeiten in ihrem Schatten stattfinden zu lassen [Riedl o.J., 66ff]. 1935 erwähnte einigermaßen nebenbei der Archäologe N.F. *Wheeler* die sich wendelnde Rampe. Hatte Cotsworth zwei Wendeln um die Pyramide laufen lassen, schlugen 1951 T.B. *Pittmann,* Dows *Dunham* und Walter *Vose* als sogenannte *Boston-Lösung* vier Rampen von den vier Ecken vor [Goyon 64].

Georges *Goyon* hat dann versucht, die **Wendelrampe** praktikabel zu machen. Denn ihn störten die bislang vorgeschlagenen Rampensteigungen. Er schlug eine Steigung von lediglich 3 Fingern, d.h. von 5,6 cm auf 1 m vor, wußte aber, daß dies zu einer Rampenlänge von 2.607 m führen würde [Goyon 1987, 57]. Außerdem mißfiel ihm ein nutzbarer Ziehweg von nur rund 3 m Breite [Goyon 64]. Deshalb hüllte er die Pyramide in eine einzige Rampe ein, deren Vorderende sukzessive nach oben wächst und somit keine ständig erneuerten Fahrbahndecken benötigt (Abb. 64). Goyon spricht von einer mittleren Ziehwegbreite von 14 m (abnehmend von 24 auf 6 m; Goyon 128) und hebt hervor, daß das Gefälle bewältigbar bleibe und das Giza-Plateau durch keine Riesenrampe blockiert werde. Dafür muß er einen gravierenden Nachteil in einen Vorteil ummünzen, indem er verkündet:
"Es ist das einzige System, das die von der Spitze der Pyramide aus beginnende Glättung möglich macht" [Goyon 65].

Abb. 64: Wendelrampe von G. Goyon, das bis heute gängigste Rampenmodell. Nachteile: zu enge und nach oben hin zu viele Kurven, Vermessung und Rampenkonstruktion kaum möglich [Goyon 64] **Abb. 65:** Transport eines großformatigen Blockes [nach Goyon 162]. Die von den Autoren einmontierte Schleppmannschaft müßte in den Kurven freischwebend arbeiten.

So ignoriert er zwar Herodots Maschinen, nicht aber die von ihm berichtete Glättung von oben nach unten. In Wahrheit hat er sich ein fast unlösbares Problem dadurch eingehandelt, daß die Pyramide vollständig von der Rampe umhüllt ist. Diese Rampenhülle hat immer noch sehr viel Volumen, nämlich fast 400.000 m³, also ein Sechstel des Pyramidenvolumens [Goyon 128, 148], und verdeckt die Oberfläche der Pyramide vollständig. Damit ist aber auch die Vermessung des Baus mehr als schwierig geworden, fehlen doch mit den vier Basiseckpunkten die Bezugsgrößen für Längen-, Breiten- und Höhenmessungen. Dies stört gleich doppelt. Zunächst werden die Kanten des Kernbaus kurz nach ihrer Errichtung durch die Rampe verdeckt, was die Vermesser sehr schmerzt. Wenn dann die verhüllende Rampe sukzessiv von oben nach unten abgetragen wird und die Verkleidung samt messerscharfen Eckgraten installiert werden soll, ist ihre Feinjustierung wegen der verdeckten Basispunkte unmöglich geworden. Goyon muß das doppelte Problem im wesentlichen auf sich beruhen lassen und vertraut - in seinen Worten: "wie dem auch sei" [Goyon 188] - auf Einfallsreichtum und Präzision der alten Ägypter.

Spätere Kritiker wie O. *Riedl* haben dem Goyonschen Modell gerade diese mangelnde Vermeßbarkeit angelastet und obendrein zu Recht gerügt, daß die Zugmannschaften weiter oben einfach nicht mehr 'die Kurve gekriegt' hätten. Denn wenn die vorderste Reihe einer Zugmannschaft zur Seite geht, ändert der gezogene Stein 10, 20 oder 40 m dahinter bereits seine Richtung [Riedl o.J., 77]. So müßten bei einer Fahrwegsbreite von kaum mehr als 6 m die Schlepper fliegen können (Abb. 65), oder sie müßten den Stein in jeder Kurve mit großen Hebeln mühsam herumbugsieren. Das läßt wiederum die rasche Aufeinanderfolge der Zugmannschaften nicht zu. Weil die Steinschlitten leider keine Gepäckkarren mit klug gelagerter Vorderachse sind, die auch in langem Konvoi auf schmalen Bahnsteigen Spur halten, bliebe die schöne Rampe auf ihren oberen Wendelungen, die immer rascher aufeinanderfolgen, mit Sicherheit unbenutzt.

Trotzdem endigt die so unbefriedigende Rampologie keineswegs mit Goyon, im Gegenteil. Gleich zwei populäre Bücher, die uns mit

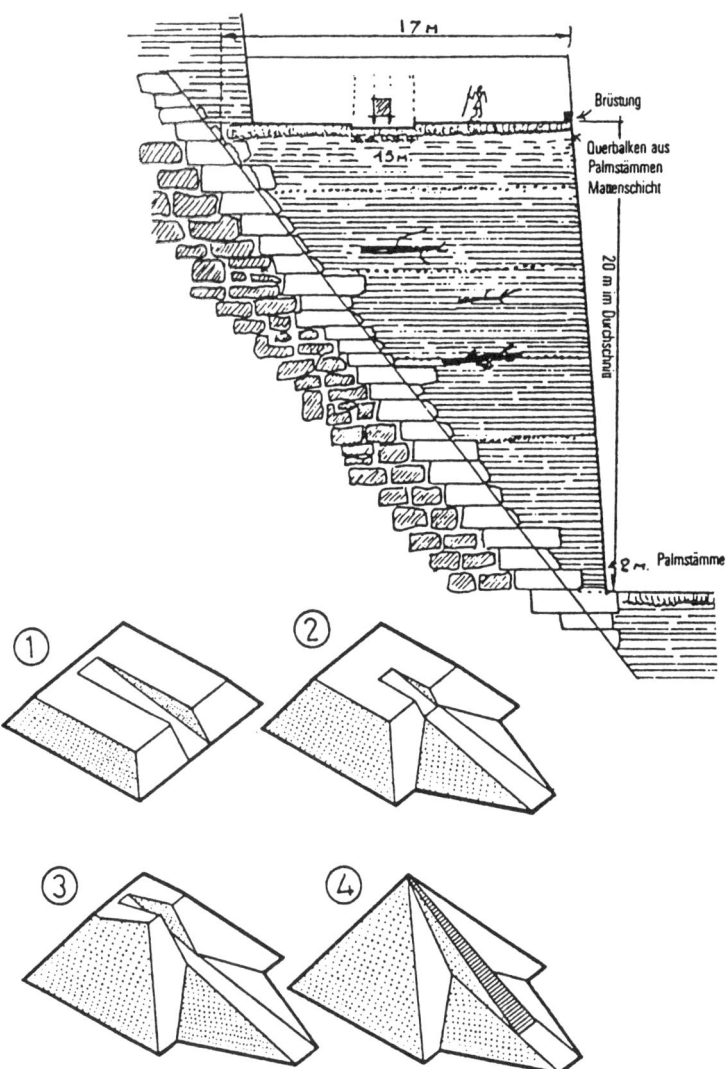

Abb. 66: Innenleben der Goyon'schen Wendelrampe. Doch 20 m hohe Lehmziegelrampen auf schrägem Untergrund brauchen bei ständiger Durchfeuchtung und hohen Belastungen ein ganz anderes Innenskelett [Goyon 151]
Abb. 67: Innenrampe von D. Arnold. Die Wendeplattform ist viel zu klein, die Abschlußrampe viel zu steil [Edwards 267]

Abb. 68: Stadelmanns Kombirampenmodell: Erste Phasen mit 16 Startrampen, 8 Zwischenrampen und großer Seitenrampe [Stadelmann 1990, 267]

Abb. 69: Kombirampenmodell von R. Stadelmann. Bau des oberen Drittels mit Flankenrampe und Zickzackrampen [Stadelmann 1990, 268]

vielen Illustrationen in den Alltag einer Pyramidenbaustelle einführen wollen, bringen trotz all ihrer Unmöglichkeiten nach wie vor die Wendelrampe als der Weisheit letzten Schluß [Macaulay seit 1983, Morlay 1992]. 1993 wird sogar die Vierfachrampe à la Boston - wenn auch zweifelnd - aus der Requisitenkammer geholt [Sülberg 109]. 1998 schließlich wurde alles wieder so wie in der 'guten alten Zeit' unter Goyon. Ausgerechnet Archäo-Ingenieur Rudolf *Gantenbrink*, dessen Roboter die Lüftungsschächte der "Königinnenkammer" inspizierte, bis ihm Prof. Stadelmann den Strom abgedreht hat, schlägt erneut die Goyon'sche Wendelrampe vor. Sein Grund: Weil er die Pyramide von Meidum nicht als Einsturzruine, sondern als nicht vollständig freigelegte Baustelle erachtet, schlägt er einen gigantischen Geröllberg als Wendelrampe vor [Wisnewski 1998, 18]. Seine Computersimulation enthüllt leider nicht, warum eine zu enge Kurve plötzlich den nötigen Radius bekommt, wenn sie nicht mehr aus Sand, sondern aus Geröll angeschüttet wird.

Innenrampen und Kombimodelle

Noch für Rainer Stadelmann [1990, 261] ist es "einleuchtend", daß die Steine bis zu zwei Drittel der Höhe nur über Rampen eingebracht und verlegt werden konnten. Allerdings verwirft er die einzige rechtwinklig auf eine Pyramidenflanke hinführende Rampe genauso wie die Spiralrampe [Stadelmann 1985, 220f; 1990, 263]. Auch das spezielle Modell von Dieter **Arnold** läßt er für die Cheopspyramide nicht gelten. Arnold schlug für Pyramiden des Mittleren Reiches eine raffiniert geführte *Innenrampe* vor, die in den Baukörper eindringt, um in einer Höhe von ca. 60 m zu wenden und so bis auf rund 90 m Höhe zu gelangen. Doch stehen dieser Konstruktion bei Cheops die vielfältigen Innenbauten 'ganz massiv' entgegen [Stadelmann 1990, 265]. Arnold selbst hat inzwischen "alle theoretischen Systeme, die bislang vorgeschlagen wurden, als reine Imagination verabschiedet", die eigenen nicht ausgenommen [Arnold 1991, 98].

Stadelmann hat unmittelbar davor noch ein phantasievolles, um nicht zu sagen phantastisches **Kombimodell** angeboten (Abb. 68f): Bis zu 20 m Höhe steigen 16 Rampen von allen Seiten aus an. Nun folgt der Übergang zu einer Art turmartiger Stufenkonstruktion mit kleinen Zickzackrampen. Dann entsteht eine große Rampe, die sich an eine Pyramidenseite anlehnt und bis auf 100 m Höhe reicht. Die eigentliche Spitze wird dann wiederum über eine Zickzackrampe erschlossen [Stadelmann 1990, 268f]. Ein skeptischer Zeitgenosse wird sich allerdings an den Kopf greifen, wenn er sich das Gesamtvolumen all dieser Rampen vorstellt, die abwechselnd aufgetürmt und wieder abgerissen sein wollen. Hinzu kommt, daß Stadelmann obendrein weitere Hilfsmittel einführt. So sieht er dicht unter der Pyramidenspitze doch Herodotsche Maschinen im Einsatz, läßt Ochsen auf steileren Rampen ziehen und schließt den Flaschenzug keineswegs aus [Stadelmann 1990, 265]. Hier verabschiedet sich die Ägyptologie unter dem Druck selbstverschuldeter Unmöglichkeiten aus dem Alten Reich, was wir uns nicht gestatten. Es ehrt Stadelmann, daß er sehr dezidiert [Knapp 1998, 64; hier S. 10] als sein eigener Kritiker auftritt [Wildung, 51, folgt ihm], während Illustratoren wie Matthias Schulz [1996, II 160] seinen Idee die Treue gehalten haben.

Die jüngste Variante hat der Ingenieur Herbert *Pitlik* 1992 vorgeschlagen. Ihm sind hohe Außenrampen suspekt, weshalb er sich oberhalb einer Höhe von 14 m Transportrampen nur noch innerhalb des Baukörpers vorstellen kann [Pitlik 1992b, 84]. Seine Rampensteigungen liegen drastisch höher, weil er, wie oben erwähnt, die Blöcke per Gangspill von acht Mann hochwinden läßt. Seinen 35 cm Höhengewinn je laufenden Meter stehen jene 5,6 cm gegenüber, die Goyon für seine Rampen angesetzt hat [Goyon 145]. Das Gangspill hat den Vorteil, daß es grundsätzlich auch enge Wendungen gestattet. Allerdings müßten dann bei geringer Kurvenbreite zwei oder drei Gangspills hintereinanderpostiert und die Steinblöcke nach kaum meterlanger 'Fahrt' schon wieder umgespannt werden. Nachdem die Haftreibung deutlich höher als die Gleitreibung ist, müßten die Männer an den Gangspills beim wiederholten 'Anfahren' Schwerstarbeit leisten.

Wir erinnern an unsere Aussage, derzufolge das Gangspill nicht in der ägyptischen 'Bau- und Kulturlandschaft' unterzubringen ist (s.S. 66), und fassen kritisch zusammen: Alle Rampenbauwerke haben ein allzugroßes Volumen, weshalb schon in Diodors erstem Buch wie auch bei Plinius zu lesen ist, daß die Rampe aus Salz und Salpeter bestanden habe und somit leicht durch Nilwasser aufgelöst werden konnte [Goyon 189]. Unerwähnt blieb bei den Alten lediglich, wo die 400.000 m³ Salz und Salpeter herkamen und wie das Nildelta entgiftet wurde. Die gerade Rampe stört den Bau der Nebenanlagen und würde kilometerweit über Taltempel, Hafen und Kanal hinausgreifen, wenn sie nicht aufs Plateau beschränkt und dort in eine ganz andere, nilferne Richtung geführt würde. Die Schneckenrampe verhindert nicht nur die Vermessung, sondern ist in ihren oberen, engeren Windungen für Zuggespanne unpassierbar. Alle Kombimodelle machen wiederum den Eindruck, als ob sie besser niemals in der Praxis ausprobiert werden sollten. Und es bleibt unbegreiflich, warum 'Maschinen' - bei Stadelmann bis hin zu Flaschenzügen - nur in Höhen über 100 m funktionieren sollten.

Am dramatischsten freilich ist jedoch der Bau der Rampe selbst. Wie befestigt man eine über 100 m hohe, steile Rampe? Nachdem selbst eine Steinpyramide zum "Zerfließen" neigt, wie Peter Mendelssohn ausgeführt hat [Mendelssohn 91], ist diese Gefahr bei luftgetrockneten Ziegeln und untermengtem Stroh ungleich größer. Es bedürfte also immenser Verstrebungen an ihren Flanken. Eine Spiralrampe bräuchte senkrechte Stützmauern auf sehr schräger Fundierung; das verlangt komplexe Innenstrukturen, die den Charakter einer temporären Hilfskonstruktion weit hinter sich ließen (Abb. 66). Allenfalls Gantenbrinks Geröllberg würde sich selbst stabilisieren. Erschwerend oder besser gesagt 'aufweichend' kommt noch eines hinzu.

Praktisch alle Rampologen gehen davon aus, daß die Gleitbahn angefeuchtet worden ist. Diese Vorstellung wird durch die Darstellung eines Statuentransportes gestützt, bei dem mehrere Mann Wasser oder eine andere Flüssigkeit in Krügen herbeischleppen und vor den Zugschlitten gießen. Aber wie stabil bleibt eine 40 m hohe Lehmmauer, auf die unaufhörlich Wasser gegossen wird, weil gemäß den Berechnungen jede Minute ein Gespann nachrückt. Dieser Lehmbau käme nie über seine Anfänge hinaus, weil aus den

Lehmziegeln allzuschnell ein Lehmbuckel und dann ein zerlaufender Lehmbrei würde [Riedl o.J., 78].

Und wie präsentiert sich eine Zugmannschaft auf nassen Lehm? Man stelle sich 20 bis 30 in feuchtem Lehm herumrutschende, ausgleitende, ja stürzende Männer vor, die einen völlig unkontrolliert sich bewegenden, weil unlenkbaren Schlitten mit dem schweren Stein nach oben zerren sollen. Wir sind überzeugt, daß ein solches Experiment nur ein einziges Mal versucht worden wäre. Spätestens an diesem Punkt kommt nicht nur jede Rampe, sondern auch ihre zugehörige Theorie ins Rutschen und Stürzen.

Einschränkend muß natürlich angemerkt werden, daß wir keineswegs jegliche Rampen leugnen, wie sie sich teils rudimentär vor Ort finden (z.B. Meidum oder die von Haase ins Treffen geführte Kleinrampe bei Abydos; s.S. 78), teils in Schriften genannt werden. So spricht der Papyrus Anastasi I. von einer 730 Ellen langen Rampe [Lauer 263]. Aber auch eine solche Länge von rund 370 Metern ist noch kein Beweis dafür, daß jemals kilometerlange Rampen von 80, 100 oder 140 m Höhe gebaut worden wären. Genausowenig darf aus den 600 und mehr Metern langen, massiv-steinernen und 'auf Ewigkeit' ausgelegten Aufwegen auf himmelhohe Rampen aus hinfälligen Lehmziegeln geschlossen werden. Wir selbst ziehen niedrige Rampen in Erwägung, mit denen die ersten 10 oder 15 Höhenmeter an der Pyramide bewältigt worden sein könnten. Die von uns vorgeschlagene Seilrolle kann selbstverständlich mit Rampen beliebiger Steigung kombiniert werden! Bei ihrem Einsatz wäre es sogar von Vorteil, die Rampe nicht zu flach anzuböschen, da sonst der eigentliche Effekt der Seilrolle nicht 'zum Zuge' kommt.

Schlichte Hebegeräte

Nun hatte schon Herodot den Weg gewiesen, daß es auch ganz ohne Rampe gehen könnte, wenn man seine ominösen Maschinen einsetzt. Der Architekt Uvo **Hölscher** entwarf 1912 eine Art Hebezeug, dem gewisse Befunde entsprachen (Abb. 72). Nachdem er an den Granitverkleidungssteinen der Chephrenpyramide starke Einkerbungen und im zugehörigen Taltempel zylindrische Bodenlöcher von 25 cm Durchmesser und Tiefe entdeckt hatte, ließ er in diesen Löchern Balkengerüste stehen, von denen aus die Blöcke mit einem kunstvollen System gehoben worden sein könnten. Doch die Ägyptologie verweigerte sich dieser Idee, weil dafür Umlenkrolle, Winde und Stahlhaken notwendig waren, drei Dinge, die sie dem alten Ägypten wenn überhaupt, dann nur unter den größten Bedenken zugestehen will [Goyon 48]. Aus denselben Gründen wurde auch ein altägyptischer *Hebekran* (Abb. 71) immer mit Vehemenz - und wohl auch mit besseren Gründen - zurückgewiesen [Goyon 47].

Als nächste haben dann A. *Choisy* und G. *Legrain* einen Fund Champollions aus dem frühen 19. Jh. als Hubinstrument interpretiert. Es handelt sich dabei um das bereits angesprochene hölzerne Kreissegment. Legrain packt jeden Block auf zwei solche Holzsegmente und will ihn wie eine Wippe benutzen: Block nach links geschaukelt, rechts eine Unterlage darunter (Abb. 73); nun nach rechts gezerrt und links einen größeren Balken untergelegt usw usf. Diese Methode wird als *Kippschlitten* [Lauer 246] oder als *Schaukelaufzug* [Goyon 45] bezeichnet. L. Croon wandte sich schon 1925 gegen diese Idee, bei deren Ausführung ein Wippender allzu schnell merken würde, daß er sehr wohl den Block bei jeder Schaukelbewegung kräftig anheben müßte: Nur beim allerersten, halben Wippen würde die Schwerkraft elegant besiegt. S. *Clarke* und R. *Engelbach* interpretierten 1930 diese Wippen dann um in *Ausrichthilfen* (Abb. 75), mit denen Blöcke vor Ort angeblich in Position gebracht werden konnten [Lauer 251]. Sie leisten auch das nicht; gleichwohl scheint sie der Ägyptologe Arnold 1984 erneut präsentiert, doch nicht verbessert zu haben [Riedl o.J., 82f; Anonym, 1984].

Viel besser wären jene Hubhilfen gewesen (Abb. 74), die Sir Flinders *Petrie* entworfen hat [Petrie 1938; Goyon 45]. Bei ihnen müssen die Blöcke wirklich nur gewippt, nicht wie bei den 'Kippschlitten' angehoben werden (zumindest bei Goyons Illustration mit dem unüberwindbaren Balken; s. Abb. 73). Gleichwohl wäre mit ihnen allein kein Staat zu machen respektive keine Pyramide zu bauen, denn allzurasch und allzuoft müßten Petries Stützen verstärkt werden.

Abb. 70: Vorschlag Jean-Jacques Loups für den Bau mexikanischer Pyramiden, stellvertretend für alle Traumlösungen [Zeichnung Illig nach J.-J. Loup]
Abb. 71: Der von Ägyptologen immer abgelehnte Bockkran [Goyon 47]
Abb. 72: Hubsystem nach U. Hölscher [Goyon 49]

Louis *Croon,* der alle Rampen nach Durchführung seiner Berechnungen verwarf, hat 1925 auch ein Alternativmodell entwickelt, indem er auf den alten ägyptischen *Schaduf,* den Wasserschöpfer zurückgriff (Abb. 76). Mit diesem Gerät wird noch heute Nilwasser zur Verteilung gebracht. An einer senkrechten Stange ist ein Querbaum beweglich befestigt und am kürzeren Ende mit einem Gewicht versehen. Am anderen Ende hängt das Wasserbehältnis. Nun kann man den leeren 'Eimer' zu Wasser lassen, indem man den - als längeren Hebel dienenden - Querbaum senkt, um ihn dank des Gegengewichts auch bei gefülltem 'Eimer' leicht hochheben und das Wasser in die höherliegenden Bewässerungskanäle verteilen zu können. Croon konstruierte nun einen portablen Schaduf, der, genauso wie Herodot beschrieb, einen Block um jeweils eine Stufe anheben konnte (Abb. 77). Der Schaduf selbst mußte dann auf die nächste Stufe gebracht werden usw usf [Goyon 49f]. Dieses "und so fort" scheitert jedoch an den hundertfachen Umladungen der zahllosen Steine, die jeden Tag verlegt werden müßten (355 Kubikmeter am Tag; Lauer 50). 1970 plädierte der Ingenieur Olaf *Tellefsen* erneut für diese Methode, ohne auf Resonanz zu stoßen [Tompkins 249].

Bockkräne und Transportbühnen

1952 trat H. *Strub-Roessler* auf den Plan. Er baute herodotgemäß die Verkleidung von oben nach unten, indem er die dafür notwendigen Steine mit großen, hölzernen *Bockkränen* hochhievte (Abb. 78). Diese Bockkräne konnten geneigt werden, um die Steine nicht nur hochzuziehen, sondern auch - schließlich ist die Pyramidenflanke schräg - nach 'vorne oben' zu schwenken. Für diese Arbeiten schlug er das schon beschriebene Gangspill vor. Am Boden postiert, sollten über äußerst lange Seile die Bockkräne selbst weit oben noch bewegt werden. Die Ägyptologen blockten aber bereits wegen der Gangspills ab, die so gar nicht der Pyramidenzeit entsprechen wollen [Goyon 51f]. Nachdem sich weder bei der Cheops- noch sonst einer Pyramide ein Verkleidungsstein fand, der in der speziellen, von Strub-Roessler geforderten Weise (Abb. 88, A) behauen war, kam diese Idee endgültig zu Fall.

Abb. 73: Schaukelaufzug oder Kippschlitten von A. Choisy und G. Legrain. Der Querbalken verhindert jedes weitere Hochschaukeln [Goyon 45]
Abb. 74: Nur Petries Schaukelhilfen funktionieren [Petrie nach Ceram 1957, 172] **Abb. 75:** Uminterpretation des Schaukelaufzuges alias Rollsteinteil durch S. Clarke und R. Engelbach zur Einpaßhilfe. Allerdings ist gerade das Einpassen der Blöcke erst möglich, wenn die Blöcke von den Kreissegmenten heruntergenommen worden sind [Goyon 154].

Gerade das Spill, also im Grunde die schlichte Seilwinde, feiert bei einem jüngeren Entwurf fröhliche Urständ. Oskar *Riedl* benutzt es bei seinem originellen Entwurf. Nachdem ihm größere Rampen in jedem Sinne als nicht haltbar erschienen, überlegte er sich eine weitere Herodotsche Maschine. Auch er arbeitet mit der schiefen Ebene, aber in ganz anderer Weise: Jetzt dient die steil aufragende Pyramidenseite als schiefe Ebene, an der *Transportbühnen* aufgehängt werden. Aber diese Bühnen werden nicht einfach hochgezogen, sondern auf und mit ihnen spielt sich eine sehr umständliche Prozedur ab (Abb. 79f).

Die Transportbühne hängt an zwei Seilen, die von der Höhe des Pyramidenstumpfs aus mit zwei Gangspills hochgezogen werden. Sie selbst ist links- und rechtsaußen mit je einem senkrechten Gangspill ausgerüstet.

Lassen wir einen Block zunächst links auf der Transportbühne liegen. Nun wird diese rechts, wo sie entlastet ist, mit Gangspill Nr. 1 ein Stück hochgezogen. Die schief hängende Transportbühne bildet jetzt selbst eine schiefe Ebene. Auf ihr wird der Block nach rechts mit einem Gangspill der Transportbühne (Nr. 2) hinaufgezerrt. Anschließend wird die jetzt links unbelastete Transportbühne durch Gangspill Nr. 3, das oben auf dem Pyramidenstumpf steht, hochgezogen. Schließlich wird der Block auf der Transportbühne nach links hochgezerrt; das leistet Gangspill Nr. 4, ebenfalls Teil der Transportbühne [Riedl o.J., 181]. Nach diesem ersten 'Viertaktverfahren' hätte der Block nur wenige Höhenmeter zurückgelegt. Sehr viele derartige 'Takte' müßten noch folgen.

Das von Riedl vorgeschlagene Spill ist einfach konstruiert. Oben auf dem Pyramidenstumpf stehen keine Winden mit gebohrter Mittelachse, Lagerschalen etc, sondern Geräte mit einem einfachen Rundholz, das gegen Querbalken gelegt wird [Riedl o.J., 164].

"Von ihrer Konstruktion her, die sich völlig unkompliziert zeigt, stoßen die so dargestellten Seilwinden nur noch auf geringe Ablehnung unter den Fachgelehrten" [Riedl o.J., 167].

Diese Aussage galt für das freundliche Schulterklopfen einiger Ägyptologen wie Stadelmann oder G. Thausing [Riedl o.J., 7f], sollte

Abb. 76: Ägyptischer Schaduf mit dreieckigem Schöpfer und einem Gegengewicht, das vom nächsten Schöpfer teilweise verdeckt wird; aus dem thebanischen Grab des Ipy, 19. Dyn. [Kempp 12] **Abb. 77:** Schadufähnlicher Hebekran von L. Croon [Stadelmann 1990, 248] **Abb. 78:** Bockkräne für die Verkleidungssteine, die gemäß H. Strub-Roessler vom Boden aus mit Gangspills bewegt werden [Tompkins 240].

aber keine Gültigkeit behalten. Das *Lexikon der Ägyptologe* äußert 1984 seine Kritik apodiktisch: "absurd" [Arnold 1984]. Der anfänglich lobende Stadelmann stellte einige Jahre später fest, daß man "mit den von Riedl ersonnenen Hebebühnen [...] bestenfalls einige Steine pro Tag [hätte] hochtransportieren können, jedoch keine 2,5 Millionen Blöcke, abgesehen davon, daß diese Art Schaukeln zu unzähligen Unfällen hätten führen müssen" [Stadelmann 1990, 275].

Diese konkrete Kritik an Riedls Vorstellungen ist angebracht. So baute er - gegen seine eigenen Worte - in die Modelle seiner Transportbühnen keine primitiven, sondern sehr ordentlich gearbeitete Spille ein, die aus Platzmangel nicht waagrecht, sondern senkrecht gedreht werden müssen [Riedl o.J., 166, Photos auf S. 140]. Das hätte ihren Einsatz beträchtlich erschwert. Denn maximal zwei 'Dreher' könnten sich mit ihrem Eigengewicht an die Sprossen auf der einen Seite hängen; doch die auf der anderen Seite müßten nach oben drücken, was viel zu anstrengend wäre. Für nur zwei Mann wäre diese Dauerbelastung nicht vorstellbar. Dies umso weniger, als keine Last weiter als 5 oder 6 m bewegt worden wäre und das ständige 'Anfahren' gegen die Haftreibung auf der schiefen Ebene noch viel schwerer wäre als stetiges Weiterbewegen.

Das zeit- und kräfteraubende Spiel an vier Gangspills müßte auf bis zu 80 Bühnen, sprich an 320 Gangspills gleichzeitig durchgeführt werden [Riedl o.J., 184]. Das Bild von 20 Arbeitsbühnen und 80 Spills an jeder Pyramidenseite wirkt für das alte Ägypten mehr als befremdlich. Ginge es nicht auch ohne schwankende Transportbühnen und ohne Gangspills?

Der Schrägaufzug

Friedrich *Abitz* hat deshalb einen *Schrägaufzug* vorgeschlagen [Abitz 1992]. Darunter versteht er zwei parallele Ziegelmauern von rund 12 m Höhe, auf denen eine mächtige Holzwalze von 1,5 m Durchmesser frei läuft (Abb. 81). Die Hubarbeit läuft so ab: Ein Steinblock wird an ein Seil geknüpft, das über die Walze gelegt und an einen Förder-

Abb. 79: Hebe- und Transportbühne von O. Riedl in Vorderansicht. Erkennbar sind beide Spills an der Bühne, die wiederum von oben mit zwei weiteren Spills hochgezogen wird [Riedl 179] **Abb. 80:** Beim Spitzenausbau ziehen zwei Transportbühnen eine dritte an der Flanke nach oben. Dargestellt ist eine schiefgestelle Bühne, auf der nun der Stein nach rechts gezogen wird [Riedl 195]

korb angeschlagen wird. In ihn steigen 20 Männer ein, die jeweils einen Zentner Ballast mitschleppen. Damit ist das Gesamtgewicht des Förderkorbes groß genug, um sich zu senken und den Stein um 10 m hochzuheben:

20 [Mann] · (70 + 50) kg + 100 kg [Förderkorb] = 2,5 t

Weil durch diese Bewegung die große Walze auf ihren Mauern ins Laufen gebracht würde, käme der Stein gleichzeitig um 10 m nach vorn. Dieser in einem Winkel von 45° wirkende Zusatzeffekt würde die Schräge der Pyramide in etwa ausgleichen.

Nunmehr müssen bis zu 17 derartiger Schrägaufzüge hintereinandergeschaltet werden, um die Höhe bis zur Pyramidenspitze zu bewältigen. Abitz hat eine Berechnung vorgelegt, derzufolge die gesamte Pyramide binnen 18,5 Jahren mit 125 derartigen Schrägaufzügen errichtet werden konnte, die allesamt auf einer Seite positioniert worden wären. Megalithblöcke, die über 10 t hinausgehen, sind von diesem Transportsystem ausgeschlossen. Sie müssen bei Baubeginn auf der Pyramidengrundfläche bereitliegen, um dann ganz mühselig in kleinsten Hüben hinaufgehebelt zu werden. Diese Methode ist sehr unbefriedigend. Denn wenn auch nur ein Großstein bei dieser Hebelei (70 m Höhe!) bricht, gäbe es keine Möglichkeit mehr, Ersatz auf den Pyramidenstumpf hinaufzubringen.

Weitere Kritik provoziert die Konstruktion der Schrägaufzüge an bzw. in der Pyramide. Denn diese Schrägaufzüge verlangen Schlitze im Pyramidenkörper von bis zu 12 m Tiefe. Sie sind auch nicht gerade schmal, weil schließlich der Schrägaufzug insgesamt 3 m starke Mauern hat und der Förderkorb mit Führungen ebenfalls fast 2 m breit ist [Abitz 66]. Nicht zuletzt braucht die Mannschaft Platz zum Aussteigen und zum Wiederhinaufgehen. So wären die fraglichen Schlitze nicht nur 12 m tief, sondern auch noch 6 m breit (Abitz [72] will mit 5 m auskommen). Schlitze derartiger Größe nachträglich zu schließen, könnte die Statik der Pyramide erheblich beeinträchtigen, weshalb im Mauerwerk noch mehr Platz freigehalten werden müßte, um die nötigen Steinverzahnungen bei der nachträglichen Schließung zu ermöglichen. Bei 125 Schrägaufzügen wird das zu einem quantitativen Problem erheblichen Ausmaßes, das nahe der

Abb. 81: Der Schrägaufzug von F. Abitz. Dargestellt sind zwei Beförderungsphasen: Zunächst ist der Steinblock unten, der Förderkorb für die Fellachen einstiegsbereit am oberen Ende der Treppe; dann hängt der Stein 10 m weiter oben und 10 m weiter vorn, während die Fellachen am Fuß der Treppe aussteigen [Abitz 67].

Spitze sogar baubedrohend wird. Dort muß das Pyramidion auf oder unmittelbar neben den letzten Schrägaufzug gesetzt werden, der dann irgendwie unter ihm abgebrochen werden müßte.

Noch viel gewichtiger: Das ständige Zurücksteigen zum leeren Förderkorb ist mit einem Ballast von 50 kg für niemanden ein echtes Vergnügen. Selbst ein Reinhold Messner steigt nicht tagein, jahraus mit einem zentnerschweren Rucksack Treppen hinauf. Folglich müßte die Zahl der Träger verdoppelt oder verdreifacht werden, um die Belastung pro Mann auf ein erträgliches Maß zu reduzieren.

Auch damit sind noch nicht alle Schwierigkeiten behoben. Der Erfinder dieser Methode räumt ein, daß nicht nur ein endgültiger Schrägaufzug zu bauen war, sondern auch ein "vorläufiges Gerüst", um die endgültige Form zu erstellen. Vorläufiges wie endgültiges Gerüst mußten auch wieder beseitigt werden [Abitz 74].

Weiterhin müßten die Walzen mit ihren 1,5 m Durchmessern entweder aus dem vollen Stamm einer Libanonzeder geschnitten oder in aufwendiger Weise aus keilförmig zugeschnittenen Balken zusammengefügt worden sein [Abitz 77]. Damit scheinen allerdings die Zimmermannsfähigkeiten der Ägypter fast überfordert. Denn die 5 m lange Rolle aus Kreissegmenten zusammensetzen heißt, für 125 Schrägaufzugsrollen über 1.000 jeweils 5 m lange Hartholzkeile paßgerecht zu sägen.

Abitz gemutmaßtes Resultat wäre, falls konstruierbar, sicherlich funktionstüchtig gewesen. Sein Schrägaufzug entspricht aber den einfachen, 'geradlinigen' Baumethoden der alten Ägypter so wenig, daß diese potentielle Möglichkeit sicherlich nicht zu präferieren ist.

Und noch am Rande bemerkt: Wer in dieser Weise mit Keilhölzern Rundformen bauen konnte, hätte auch mit identisch geformten Keilsteinen echte Gewölbe errichten können. Doch gerade das echte Steingewölbe ist in der 4. Dynastie unbekannt. In den Snofrupyramiden finden wir nur falsche Gewölbe, in der Cheopspyramide wurden falsche Gewölbe und gestemmte Gewölbe eingebaut, das echte Steingewölbe trat frühestens am Ende der 6. Dynastie auf, war allerdings - dies wieder ein fundamentales Rätsel innerhalb der Chronologie - schon in der 3. Dynastie unter Djoser realisiert worden [vgl. Heinsohn/Illig 72-93, 138ff; Illig 1992b, 123-130].

Löhners Seilrollen auf der Pyramide

Es ist hier die Stelle, um noch einmal an die oben genannten fünf Kriterien (s.S. 33) zu erinnern und klarzustellen: Es gibt 'im Prinzip' - genügend 'Menschenmaterial' und Zeit vorausgesetzt - fast beliebig viele Möglichkeiten, die Cheopspyramide zu bauen, ob Schrägaufzug oder Schaduf, ob einfaches Hochhebeln oder Schwenkkräne und so fort. Insofern wäre der Pyramidenbau längst kein Problem mehr. Eine vorgeschlagene Methode muß aber nicht nur im Prinzip funktionieren, sondern zu den sonstigen uns bekannten Arbeitsmethoden der Ägypter passen; sie darf keine unüberschaubare Arbeiterschar voraussetzen, weil Millionenheere an einem Ort äußerst mühsam zu ernähren und zu leiten sind; und sie darf nicht dynastienlang gedauert haben, sondern mußte einen Bauabschluß zu Lebzeiten des Pharaos, besser gesagt in überschaubarer Frist erwarten lassen.

Im Lichte dieser Prämissen schneiden die meisten bisher genannten Lösungsversuche mit einem 'ungenügend' ab. Denken wir nur an die Rampologen der geraden wie der schneckenförmigen Provenienz. Sie lösen in Wahrheit keineswegs das Problem, sondern vergrößern nur die Schwierigkeiten: Es fehlt ihnen das nötige Material für die Rampen, sie können ihre Belastbarkeit nicht gewährleisten, der Zeit- und Arbeitsaufwand stiege ins Unerträgliche, die Ziehspur müßte bei ständigem Befahren laufend erhöht werden oder die Gespanne würden einfach die Kurven der Wendel nicht 'kriegen'. Schlammgleitende Schlitten wären häufig in Unfälle verwickelt, weil sie wie die Mannschaften in unkontrollierbares Rutschen kämen. All die an Rampen klebenden Überlegungen führen nicht zum Erfolg in Form einer Pyramide, sondern zu immer größeren Sekundärarbeiten, unter denen der eigentliche Bau buchstäblich wie übertragen versänke.

Nicht akzeptabel sind auch Gangspills oder komplizierte Maschinen, die einigermaßen fremd in jener ägyptischen Handwerkstradition stünden, wie sie aus Reliefs, Fresken und Tonmodellen bekannt ist. Dazu ein Beispiel aus anderer Zeit. Nachdem aus einem Wrack vor Antikythera ein Messingkästchen mit einem komplizierten

Zahnradsystem des -1. Jhs. geborgen, restauriert und im Athener Nationalmuseum ausgestellt wurde, eröffnete sich für manche Philhellenen eine ganz neue Welt, für andere brach schier die Klassik zusammen. Unter den Griechen waren also doch 'Banausen' im Sinne des griechischen Wortes gewesen, d.h. jene Leute, die sich ganz prosaisch der Praxis gewidmet hatten. Aber diese Revolution unseres Griechenbildes war nur eine vermeintliche. Wer bei Aristoteles nachschlägt, findet schon im -4. Jh. Zahnräder erwähnt [Neuburger 219]. Es waren lediglich bis dahin keine gefunden worden, und ein ganz auf erhabene Kunst fixiertes Publikum vermißte sie nicht.

Auf Gangspills verweist jedoch im ganzen uns bekannten Ägypten nichts. Das schließt ihre Existenz noch nicht aus. Aber auf eine lediglich potentielle Möglichkeit einen ganzen Pyramidenbau zu stützen, führt möglicherweise zu einer ganz neuen, doch leider nur postulierten Kultur. Das kann ein aufregendes Hobby sein, doch bringt die Kreation phantasievoller oder phantastischer Däniken-Welten wenig für das Verständnis des alten Ägypten.

Die Seilrolle als akzeptable Technik

Die von uns hier vorgeschlagene Lösung bleibt gemäß unseren Prämissen bei einer 'Primitivtechnik', die diese Bezeichnung natürlich überhaupt nicht verdient, weil sie so unwahrscheinliche Bauten wie eben die Pyramiden zustandegebracht hat. Wir haben bislang gezeigt, daß das Steinmaterial mit Schlitten, Holzschienen und Seilrollen leichter als bislang gedacht bis zum Bau gebracht werden konnte. Nunmehr setzen wir, nach rechnerischer Vorbereitung (S. 82), dasselbe System *direkt auf der Pyramidenflanke* ein: Auf der entsprechend vorbereiteten Oberfläche der Pyramide werden geradewegs nach oben steile Geleise verlegt, auf denen die Steinschlitten mit Seilrollen hinaufgezogen werden. Und *die Schleppmannschaften ziehen - das wird hier erstmals vorgeschlagen - auf der schiefen Ebene unter Einsatz vorrangig ihres Gewichts, nicht ihrer Kraft, die Last hinauf, indem sie hinabmarschieren !*

Dies geht zunächst sehr einfach, weil die Außenflächen eine schiefe Ebene 'par excellence' bilden, die trotz Herodot ihre Ver-

Abb. 82: Löhners Schlitten, der von Schleppgespannen auf der Pyramidenflanke hochgezogen wird [Zeichnung Illig].

kleidung nicht erst als krönenden Abschluß erhalten haben. Stadelmann hat an der Snofrupyramide in Dahschur nachgewiesen, daß "die Verkleidungssteine von Anfang mit den Blöcken des Kernbaus verlegt und mit ihnen verkleidet waren, was bautechnisch gar nicht anders möglich ist, wenn man nicht riskieren wollte, daß die Verkleidung durch den Druck der Massen sich gleichsam ausbeulte und ausbrach" [Stadelmann 1990, 247].
Herodot könnte also nur noch insoweit recht behalten, daß die abschließende Glättung der Verkleidung von oben nach unten erfolgt ist. Doch auch das ist - mit einer 'schmalen' Ausnahme - unwahrscheinlich (s.u.).

An dieser fast 52° schiefen Ebene kann sich der eigentliche Vorteil der Seilrollen entfalten, wie oben bereits zum Ausdruck kam. Denn nun können die Schlepper um ein Vielfaches besser 'einsteigen'. Als Zugkraft setzen sie jetzt ihr Eigengewicht ein, mit dem sie den Stein 'mühelos' nach oben befördern. Sie können sich aber obendrein anstrengen und weitere Kilopond an Arm- und Beinkraft aufs Seil bringen (Abb. 82).

Wir haben bereits oben errechnet, wie groß die Zugmannschaft für einen 'Standardstein' von 2,5 t samt Schlitten und sonstigem Zubehör sein mußte: 46 echte Schlepper und 10 'Begleitpersonen', also 56 Mann. Diese Mannschaft ist natürlich nicht auf diese exakte Einsatzstärke fixiert, sowenig das Gewicht der Steine fixiert ist. Indem sie sich bei einem Stein ins Zeug legt, merkt sie automatisch, ob und wieviele Schlepper hinzutreten müssen. Denn Block und Zugmannschaft hängen wie zwei Tariergewichte an denselben beiden Tauen. Ebenso wird der hinterste Schlepper zurückbleiben, wenn sich beim Hochziehen - das Tau wird sukzessive zum Gegengewicht - die Hubbewegung über Gebühr beschleunigt.

Betrachten wir zur Illustration einen Block, der auf einen Pyramidenstumpf von 20 m Höhe gehievt werden soll. Dort oben werden zwei Umlenkböcke samt Seilrollen errichtet. Vom Steinblock werden nun zwei Seile um die beiden Rollen geführt. An ihren freien Enden sind Querhölzer für die Männer der beiden Zuggespanne einer

Abb. 83: Aufzug mit Gegengewicht nach M. Isler. Ungeklärt bleibt, wie der zu Tal fahrende Sand wieder nach oben kommt [Isler 41] **Abb. 84:** Aufzug mit Gegengewicht nach E. Guerrier [Guerrier 43]. Hier laufen die Seile mittels Umlenkrollen über die gesamte Pyramide hinweg. Stein und Gegengewicht werden von der rechten Mannschaft hochgezogen; die linke zieht das Gegengewicht nach seiner Talfahrt allein wieder hinauf. Wenn sie das könnte, könnte sie gleich ohne Gegengewicht arbeiten.

Mannschaft angebracht. Diese stehen oben - links und rechts des Gleitwegs - bereit und legen sich buchstäblich ins Geschirr. Während sie auf einem festen Leiterweg herabsteigen und das Querholz mit der Brust vor sich her drücken, ziehen sie durch ihr Eigengewicht den Block nach oben. Mit "Leiterweg" wird ausgedrückt, daß keine komfortable Treppe zum Einsatz kommen darf. Wer Stufe um Stufe ohne 'Vorlage' herabstiege, würde sein Gewicht nicht ins Seil legen.

Steckt der Teufel im Detail?

Damit ist der Vorgang natürlich nur 'im Prinzip' beschrieben. Für einen reibungslosen Ablauf der Hubarbeit muß eine Reihe von Detailproblemen bedacht werden. Doch zuvor seien Lösungsvorschläge erörtert, die ungefähr in dieselbe Richtung zielen.

So hat M. *Isler* 1976 eine Seilbahn über den ganzen Pyramidenstumpf hinweg skizziert, bei der Sand in einem Behältnis als Gegengewicht diente (Abb. 83). Er zeichnet auch mit leichter Hand einen großen Sandhaufen auf den Pyramidenstumpf, verrät aber nicht, wer diesen Sand immer wieder - und ganz mühelos - da oben ablädt [Isler]. Insofern ist diese seltsame Abart eines Perpetuum mobile zu Recht als "absurd" bezeichnet worden [Arnold 1984].

E. *Guerrier* trug 1981 eine ganz ähnliche Idee vor und begründete sie mit Abbildungen ägyptischer Kunst, in die er pyramidenübergreifende Zugsysteme mit Umlenkrollen hineininterpretierte (Abb. 84). Er braucht immens lange Seile und mehrere Umlenkrollen, läßt aber seine Zuggespanne am Boden arbeiten [Guerrier 45f].

Auch J.P. *Adam* schlug ein Hebegerät vor (Abb. 85), bei dem ein auffüllbarer Behälter als Gegengewicht dient [Adam 1975; Kérisel 81].

Die Idee, die Arbeiter selbst als Ballast einzusetzen, wird zweimal vertreten. *Abitz* läßt sie 1992 im Förderkorb hinabsinken (Abb. 81), führt aber das Gewichtschleppen gewissermaßen durch die Hintertüre wieder ein [Abitz]. *Kottmann* und *Heise* dachten sich 1988 eine Art Schaduf aus, bei dem als Gegengewicht 20 Arbeiter in einen

Abb. 85: Schadufartiges Hebegerät nach J.-P. Adam. Leider muß der Ballast vor jedem Beladen hochgetragen werden. Das Niveau seiner Lagerung müßte wegen des längeren Hebelarmes wesentlich höher liegen als die Zeichnung zeigt [Kérisel 82] **Abb. 86:** Schadufartiges Hebegerät nach Kottmann und Heise. Hier kann der Ballast selbst zurücksteigen, aber der Hub ist zu gering [Kottmann 38]

Lastenkorb steigen (Abb. 86). Das Gerät mit seinem 40 cm starken Hebebaum krankt jedoch daran, daß der Steinblock je Hub nur rund 3 m Höhe gewinnen würde. Diese mehr als umständliche Beförderung wird mit Seilrollen bei weitem übertroffen.

Über den Einsatz unserer *Seilrollen* auf dem Weg zur Pyramide und ihren effektiven Nachweis innerhalb der Cheopspyramide haben wir bereits berichtet. Auch *bei der 'Steilanwendung'* stehen, gut verkeilt und vertäut, zwei Umlenkböcke links und rechts des Gleitwegs, an deren Seilen jeweils 23 Mann hängend ziehen. Sie brauchen einen festen, hölzernen, mit Geländern gut gesicherten Leiterweg, auf dem sie zu Tal steigen können, während ihr unbeschwerter Rückweg wohl über eine regelrechte Treppe mit Stufen erfolgt. Diese Konstruktionen lassen sich auf der Pyramidenschräge gut befestigen, wenn aus der mehr oder weniger glatten Oberfläche Bossen und ganze Quader herausstehen, die erst nach der schlußendlichen Demontage weggemeißelt und abgeschliffen werden.

Dasselbe gilt für die Schlepptrasse, die jener in der Ebene gleicht: Aus zwei Baumstammreihen wird ein Gleis in der 'direttissima' hochgeführt, in sich verstrebt und außen an Steinbossen abgestützt. Die Gleitreibung zwischen Schlitten und Schienen reduziert sich hier noch weiter, weil - wie die Experimente zeigten - nur die hinterste Querstrebe des Schlittens auf dem Gleis aufliegt.

Durchdacht sein wollen Start und die Ankunft des Steins oben am Plateau. Für den Übergang vom flachen Boden zur steilen Wand sind ein, zwei vermittelnde Schienenabschnitte zu erwarten. Dann beginnt der zügige Transport auf der Pyramidenflanke, wieder zum Überwinden der anfänglichen Haftreibung durch Hebel unterstützt. Erst kurz vor der Oberkante des Pyramidenstumpfes kann sich ein Problem ergeben. Wenn eine Kolonne abwärts zieht, verliert sie in dem Moment ihre volle Zugkraft, in dem die Vordersten den flachen Boden erreichen. Zu diesem Zeitpunkt ist aber der Block noch nicht ganz oben angelangt. Wie geht es hier weiter?

Eine Möglichkeit wäre, den Startplatz der Steinblöcke einige Meter höher zu legen als den Zielpunkt für die Zugmannschaft. Nun ist es ohnehin wahrscheinlich, daß man die Steine für die allerersten

Drei Details des Löhner-Illigschen Modells [Zeichnungen Illig]: **Abb. 87:** Start von der Rampe als eine der Möglichkeiten, den Steinblock bis zur Arbeitshöhe zu befördern **Abb. 88:** Kippvorgang an der Arbeitsplattform für normalgroße Steine **Abb. 89:** Kippschlitten für die Granitriegel, falls sie der Länge, nicht der Breite nach hochgeschleppt werden.

Lagen keine 2, 4 oder 6 m, also nur ganz kurze Strecken auf den Schienen hochhievte, sondern dafür Rampen anböschte.

An der Cheopspyramide erreichen die ersten 16 Steinlagen ein Niveau von etwas mehr als 15 m Höhe, und dort war bereits ein Drittel aller Steine verlegt, ein Drittel des Gesamtvolumens errichtet. Es konnte nützlich sein, bis maximal zu dieser Höhe - wir erwarten allerdings kaum mehr als 10 m - Rampen seitlich an die Flanke(n) heranzuführen. Bei weiterwachsendem Bau wurden die Rampenenden als Startplatz für die Steine benutzt, während die Hubmannschaft daneben bis zum Plateau hinabsteigen konnte (Abb. 87). Damit war das Manko der Höhendifferenz behoben.

Es ging natürlich auch ohne jede Rampe. Die Blöcke von einer einzigen Mannschaft 100 und mehr Meter hinaufziehen zu lassen, wäre unpraktisch gewesen. Um nicht mit endlos langen, schweren Seilen hantieren zu müssen, war es besser, alle 20, 30 oder 50 m anzuhalten und den Steinblock einem nächsthöher postierten Zuggespann 'anzuhängen'. Dasselbe konnte auch vor Erreichen der Plateaukante geschehen, solange diese noch so niedrig lag, daß die erste Mannschaft im Hinuntersteigen ebenen Boden erreichte. In diesen Fällen wurde rechtzeitig haltgemacht, ein kürzeres Seil eingeklinkt, und die zweite Aufwegmannschaft konnte ihr volles Gewicht einsetzen.

Wir sehen im übrigen die Möglichkeit, den Block ohne Zwischenstopp bis zu den höchsten Steinlagen hinaufzubringen. Obwohl wir sie 'exklusiv' für das Aufbringen des Pyramidion beschreiben (S. 193), kann diese Methode ohne weiteres den Normalfall dargestellt haben. Bei ihr ist ein 'fliegender Wechsel' der Zugseile notwendig, der mit eingespielten Teams machbar ist. Der große Vorteil dieser Methode liegt darin, daß alle Zwischenhalte mit ihrem mühsamen Überwinden der Haftreibung entfallen, jenes Problem, dem die Rampologen so geflissentlich aus dem Weg gehen müssen. Hier 'am Berg' kann Geschicklichkeit erhebliche Kraftanstrengung ersetzen.

Damit ist der Steinblock dicht bei der Kante der Arbeitsebene angelangt. Hier wird der Schlitten angehalten und von zwei sichernden Arbeitern, die den Transport ständig begleiten, unterbolzt. Nunmehr werden die Zugseile gewechselt: Die der Aufwegmann-

Abb. 90: Arretierhilfe für die Steinschlitten an der Flanke [Zeichnung Illig]
Abb. 91: Arretierstab für einen abgesenkten Fallstein [Arnold 1991, 228]
Abb. 92: Bau der Pyramidenspitze auf Plattform, wobei J.-P. Lauer im Text auch Umlenkrollen zuläßt [Lauer 257]

schaft werden vom Vorder- auf das Hinterende des Schlittens umgehängt, während vorne die Seile jener Mannschaft eingeklinkt werden, die oben auf dem Pyramidenstumpf die Blöcke verfrachtet und verlegt (Abb. 88f). Nun zieht die Aufwegmannschaft den Block so weit an, bis er zu etwa einem Drittel über die Plateaukante ragt. Bevor nun die Verlegemannschaft kräftig anzieht, werden unter die Querhölzer des Schlittens der Länge nach zwei Vierkanthölzer gelegt, die ihm als Wippe dienen sollen. Er beginnt sich nun zu neigen. Das letzte Herunterkrachen des Tonnengewichts fängt ein Seil auf. Es ist auf jeder Seite um ein in ca. 1 m Höhe aufgebocktes Rundholz geschlungen und wird von zwei Männern gehalten. Sie lassen das Seil langsam nach, und Wipphölzer samt Schlitten und Steinblock setzen sanft auf.

Weitere Details dieses Transports wollen bedacht sein. Zunächst empfiehlt es sich, daß der Schlitten länger als der Stein ist und hinten übersteht. So wird vermieden, daß die Steine an der Flanke das Übergewicht bekommen und hintüberkippen. Diese Gefahr droht nur bei größeren Formaten, die in den hohen Lagen fast nicht mehr vorkommen: Mißt die erste Lage der Cheopspyramide stolze 150 cm, so bewegt sich die Steinhöhe von der 120. bis zur 200. Schicht nur noch zwischen 49,5 cm und 75 cm. Allerdings springt sie beim Rudiment der 201. Lage noch einmal auf 112 cm [Goyon 236ff], vielleicht Hinweis auf einen besonders kompakten Spitzenausbau.

Um einen Aufzugsweg optimal zu nutzen, empfiehlt sich der Einsatz von zwei Mannschaften, die abwechselnd in Aktion treten. Damit können wir zu einer quantitativen Aussage kommen. Bei der hier geschilderten Technik sind Steiggeschwindigkeiten der Blöcke von 3 bis 5 Minuten pro 50 m ohne weiteres möglich. Bei zwei Zugmannschaften je Umlenkbockpaar konnten pro Schienenrampe 100 Steine täglich ohne weiteres hochgebracht werden. Durch die Umkehrung der Zugbewegung - statt mühsamem Hinauf ein viel leichteres Hinab - ist das Zurücksteigen der Mannschaften fast zeitraubender und anstrengender als das Gewichtziehen; aber sie steigen - ein wesentlicher Vorteil gegenüber dem Schrägaufzug von Abitz - ohne einen Zentner Traglast je Schlepper zum Ausgangspunkt zurück. Das Seilgewicht von 200 bis 300 kg verteilt sich beim Aufstieg oder beim Hochziehen auf die 46 Schlepper einer Seilrollenmannschaft, kann also vernachlässigt werden. Und die Aufstiegstreppen müssen nicht so steil wie die Pyramidenflanke selbst ansteigen, sondern können bei Bedarf auch flacher geführt werden.

Im Tandembetrieb gehen wir von 110 Mann aus, weil zumindest Windenmeister und Oberaufseher immer vor Ort blieben. Wir erinnern: Von dieser Hundertschaft greifen 92 Mann als Schlepper zu, 4 Mann folgen sichernd dem Block, Kontrolleure prüfen Gleisbett und Seile, 'Schmierer' halten die Schienen glatt, Träger bringen Ersatzgerät und Wasser heran, Aufseher lassen Schleppgespanne und Schlitten nicht aus den Augen.

Zum Unfallrisiko

Bei diesem Arbeiten an der steilen Pyramidenflanke ist die Frage nach der *Vermeidung von Arbeitsunfällen* eine entscheidende. Nachdem keine willenlosen Sklaven von brutalen Schergen kommandiert wurden, ist dieser Aspekt sicher bedacht worden. Wo liegen die kritischen Punkte?

Zunächst muß gewährleistet sein, daß der Schlitten samt Steinblock auf der Schräge arretiert werden kann. Als Gegenhalt dienen die hölzernen Querstreben des Geleises sowie Rippen und andere bewußt stehengelassene Steinbossen unter den Geleisen. Zwei Arretierer steigen ständig hinter dem Schlitten her und halten Sperren so in Position, daß sich der Schlitten beim ersten Zurückgleiten festhaken würde. Diese hölzernen Sperren sehen aus wie Kreuze, deren vier unterschiedlich lange Arme in verschiedenen Richtungen abstehen, ähnlich kleinen Panzersperren (Abb. 90). Es könnte sogar möglich gewesen sein, an den Schlitten zwei Hemmkreuze so anzuhängen, daß sie sich ganz automatisch an den Querbalken verhaken, wenn der Block zurückgleitet.

Daß den Ägyptern derartige Arretierungen vertraut waren, läßt sich zum Beispiel in der Mastaba des Senwosretankh nachweisen. Dort lagerte hinter einem einsatzbereiten Fallstein ein Holzpflock in einem Wandloch (Abb. 91). Wurde der Fallstein in seine endgültige

Position herabgelassen, rutschte der Pflock ein Stück weit heraus und verhinderte ein Hochdrücken der Sperre [Arnold 1991, 228; s. 1994, 228].

Nach Erich Kästners Rat an Damokles
"Die Nähe des möglichen Schadens
liegt nicht in der Schärfe des Schwerts,
vielmehr in der Dünne des Fadens" [Kästner 1967, 25]
sollte man nun die Seile prüfen. Da aber ein Hanfseil nicht einfach reißt, sondern bei diesen niedrigen Geschwindigkeiten und stetigen Belastungen zuerst ausfasert, können laufende Kontrollen den Ernst- 'Fall' einer Mannschaft sehr zuverlässig ausschließen.

Wie sieht es aus, wenn ein Schlepper stolpert? Er wird mit Sicherheit seine Mannschaft zum Halten, aber kaum in Gefahr bringen. Das ausbalancierte Gleichgewicht von Block und Mannschaft ändert sich nur um wenige Kilogramm, die zu keinem raschen Ausschlag dieser 'Tarierwaage' führen. Auf Kommando unterfangen die beiden Sicherungsmänner den Block mit ihren Hemmkreuzen, so daß er sich nicht verselbständigen kann, während sich das Gespann neu formiert. Dasselbe ist immer dann möglich, wenn sich ein Schaden an den Schienen oder sonstwo zeigen würde.

Was aber geschieht, wenn sich ein Umlenkbock aus seiner Verankerung löst oder seine Holzrolle bricht, also gewissermaßen der größte anzunehmende Unfall, der GAU eintritt? In diesem Fall verlagert sich zunächst das gesamte Gewicht auf den zweiten Umlenkbock. Böcke wie Seile sind so dimensioniert, daß sie einen Block auch ohne ihre Pendant tragen können, so daß es auch hier nicht sofort zur Katastrophe kommt. Nachdem der Schlitten nur rund 1 m breit ist, die Böcke also dicht nebeneinanderstehen, wird die Fuhre so wenig zur Seite schwingen, daß sie noch nicht einmal von ihrem Gleis abrutschen wird. Aber die 'haltlose' Zugmannschaft würde vornüberstürzen. Nachdem sie aber auf einem Leiterweg hinabsteigt, der für zwei Mann nebeneinander eng bemessen ist, haben alle gute Chancen, sich am festen Geländer abzufangen. Sie trugen sicher kein Zuggeschirr, das sie aneinandergefesselt hätte, sondern schoben mit Querhölzern, die sie bei Gefahr einfach loslassen konnten.

Der Block kann von dem anderen, verbliebenen Gespann nicht gehalten werden. Aber er würde solange gebremst, daß die Arreteure ihre Chance haben, die Hemmkreuze einzuschieben. Erst wenn dieses nicht gelänge, würde der Block in die Tiefe schießen. Er würde unten Unheil anrichten, aber das zweite Gespann, das nur loszulassen braucht, nicht mit hinabreißen. Selbstverständlich könnte jedes Gespann an ein Sicherheitsseil geknüpft sein, das von oben sichernd freigegeben wird. Auch der Block könnte von einer 'Deckmannschaft' so gesichert werden, daß er auch beim 'GAU' eines Rollenbruchs oder Seilrisses nicht außer Kontrolle geriete. Es gäbe also einfache Möglichkeiten, Katastrophen zuverlässig - abgesehen von "menschlichem Versagen" - auszuschließen. Doch das ist nicht zuletzt eine Mentalitätsfrage. Die Einrichtung eines "Technischen Überwachungsvereins" ist selbst bei uns eine relativ junge Einrichtung, und in anderen Ländern steht sie erst bevor. Wir erinnern an die Mönche der adlerhorstartigen Meteora-Klöster, die das Seil ihrer freischwebenden Aufzugskörbe angeblich immer dann erneuern, wenn das alte gerissen ist. Und noch beim Bau des Suez-Kanals im letzten Jahrhundert wurden Tausende tödlicher Arbeitsunfälle hingenommen.

Es läßt sich das Fazit ziehen: Was auf den ersten Blick wie eine verwegene Turnerei an steiler Wand wirkt, ist eine Arbeit mit stark eingeschränktem und kontrollierbarem Risiko, die auch von vielen und über lange Zeit hinweg durchgeführt werden konnte, ohne daß es zu mehr Todesfällen kommen mußte als auf anderen Großbaustellen.

Wieviele Mannschaften sind zum Anheben notwendig? Wir haben bereits gesehen, daß das Volumen an Steinen stark abnimmt, je höher es hinaufgeht. Es genügt also ein einziger Schleppweg, der bis zur Spitze reicht, mit 4 Umlenkbockpaaren in jeweils 35 m Abstand. Diese Maschinen verlangen 4 Doppelmannschaften, also insgesamt 440 Mann. Anfangs braucht es hingegen fünf parallele Aufwege, bei denen 550 Mann ausreichen, weil jeweils nur ein einziges Seilrollenpaar benötigt wird. Bis zu 70 m Höhe genügten 3 Schleppwege mit jeweils zwei Paaren, also 6 Doppelmannschaften oder 660 Mann. Der Maximalbedarf dürfte bei **880 Mann** gelegen haben, wenn auf 4 Aufwegen jeweils 2 Bockpaare zum Einsatz kamen. Wurden für den Fall der Fälle ein oder zwei weitere Rampen nicht nur bereitgehalten, sondern auch betrieben, so kamen ein, zwei Hundertschaften hinzu. Auf jeden Fall reduzieren sich die vielen Tausende von Rampenbauern und Bergaufschleppern der bisherigen Modellvorstellungen auf eine Zahl, die bei oder sogar unter Tausend liegt.

Abschließend darf - mit einem kleinen Lächeln - gesagt werden, daß die ersten positiven Expertisen schon vorliegen. O. *Riedl* erwähnte beiläufig, daß ihm der Gedanke durch den Kopf ging, daß man seine Arbeitsbühnen auch direkt per Gangspill die Pyramidenflanke hinaufwinden könnte und errechnet sogar eine Steiggeschwindigkeit von 1 m in 1,5 min. Doch dann verwarf er "die einfachste Vorgangsweise" wieder, weil sie ihm zu unfallträchtig erschien und seine Winden überfordern könnte [Riedl o.J., 177f]. Es erschien ihm also zeitweilig durchaus im Bereich des Möglichen zu liegen, die Pyramidenseite direkt als schiefe Ebene zu benutzen. An Seilrollen und Zugmannschaften als Gegengewichte hat er freilich nicht gedacht. Und der passionierte Rampenkonstrukteur J.-P. *Lauer* liebäugelte auf den allerletzten, einer Rampe so unzugänglichen Höhenmetern mit einer 'Maschinen'-Lösung. Für das Aufsetzen des Pyramidions auf engstem Raum entwarf er eine Hilfsplattform (Abb. 92) und stellte sich hier, aber auch erst hier vor, daß die Zugmannschaft

"z.B. ihre Seile über Rundhölzer wickeln können, die jenseits der Grenzen der vorläufigen Plattform der Pyramide horizontal befestigt waren. Dann konnten sie auf der Rampe wieder hintergehen oder auf einer Plattform aus Ziegeln ihren Weg fortsetzen" [Lauer 257].

Warum sollte ein probates Mittel, das J.-P. Lauer nur im äußersten Erklärungsnotstand und Borchardt wie Perring nur im Inneren der Pyramide duldet, nicht generell eingesetzt worden sein? Wir haben die Seilrolle 1993 ins volle Licht der damaligen Baustelle wie der heutigen Kritik gerückt. Die Ägyptologen haben unseren Vorschlag erwartungsgemäß ignoriert.

Dafür hat sich Dr.-Ing. Armin *Wirsching* eingehend mit unserer Methode beschäftigt und eine weiterentwickelte Variante vorgeschlagen. Ihm mißfällt das doppelte Gewicht aus Last und Zugmannschaft, das an der Seilrolle hängt. Deshalb läßt er das Zugseil wie M. Isler und E. Guerrier (Abb. 83f) über den Pyramidenstumpf laufen, an den Kanten über granitene Lagersteine. Die Zugmannschaft läuft an der gegenüberliegenden Seite hinab, indem sie wiederum ihr eigenes Gewicht einsetzt [Wirsching 1998a, 7].

Nachteilig bei dieser Methode ist das überaus lange Seil von 190 bis 230 m. Es muß bei seinem Gewicht von wohl 600 kp auf dem Plateau doch von Umlenkrollen gestützt werden, es stört hier den Baufortschritt gerade im Bereich der Kammern, und die Verständigung um zwei Pyramidenkanten herum ohne Sichtkontakt würde im täglichen Betrieb erhebliche Schwierigkeiten bereiten [Illig/Löhner 1998], zumal der Dehneffekt eines so langen Seiles 'punktgenaues' Arbeiten sehr erschwert. Wir sehen deshalb keinen Grund, dieser Variante gegenüber unserer eigenen Methode den Vorzug zu geben.

Spezialprobleme

Die Pyramide hielt für ihre Baumeister zwei Spezialprobleme bereit: Die absolut makellos versetzten Steine der Innenräume, insbesondere der großen Galerie, und die überschweren Steine, aus denen die "Königskammer" samt ihren Zusatzräumen erbaut worden sind.

Bei dem praktisch fugenlosen Steingefüge der großen Galerie müssen wir zunächst die Meisterschaft ägyptischer Steinmetzen in Ansatz bringen, die sich nun einmal in diesem Bau manifestiert und die wir nur bewundernd konstatieren können. Immerhin hatten sie für ihre beispiellose Präzision auch hinreichend Zeit. Denn wir dürfen nicht vergessen, wie lange es gedauert hat, bis der Bau auch nur um eine einzige Steinschicht gewachsen ist. Wenn gemäß unserer Grundannahme (S. 37) minütlich 1 Block auf das Arbeitsniveau gelangt, so sind das arbeitstäglich ca. 500 Blöcke. Insgesamt besteht die Schicht auf Höhe der "Königskammer" aus über 16.000 Blöcken. Dementsprechend dauerte es rund 32 Arbeitstage, bis die nächste Schicht rund 80 cm höher angefangen werden konnte. Das ließ den Steinsetzern und -glättern genügend Zeit, das Wunderwerk der großen Galerie in jener Perfektion auszuführen, die wir noch heute rückhaltlos bewundern [vgl. Goyon 173].

Die 'Belastungskammern'

Die "Königskammer" besteht vollständig aus Rosengranitblöcken. Je nach Augenmaß werden genau 100 [Neuburger 348] oder richtiger 131 Steine [Lepre 98] gezählt (Abb. 95). Ihre Formate sind ganz unterschiedlich: Für den Boden 21 große Platten, für die Wände eher Quader mit Ausnahme der fünften, obersten Lage, die von nur sieben Langsteinen gebildet wird. Neun riesige Riegel von mehr als 5,15 m Länge decken den Raum. Darüber befinden sich die ominösen fünf 'Entlastungskammern', dank derer sich die imposanten Deckenträger exakt vermessen lassen: aus einer Länge von über 5,60 m errechnen sich Gewichte von fast 41 t. Mindestens 90 derartige Riegel sind hier verbaut worden [Goyon 177, 183]. Nachdem sie bis auf 70 m Höhe

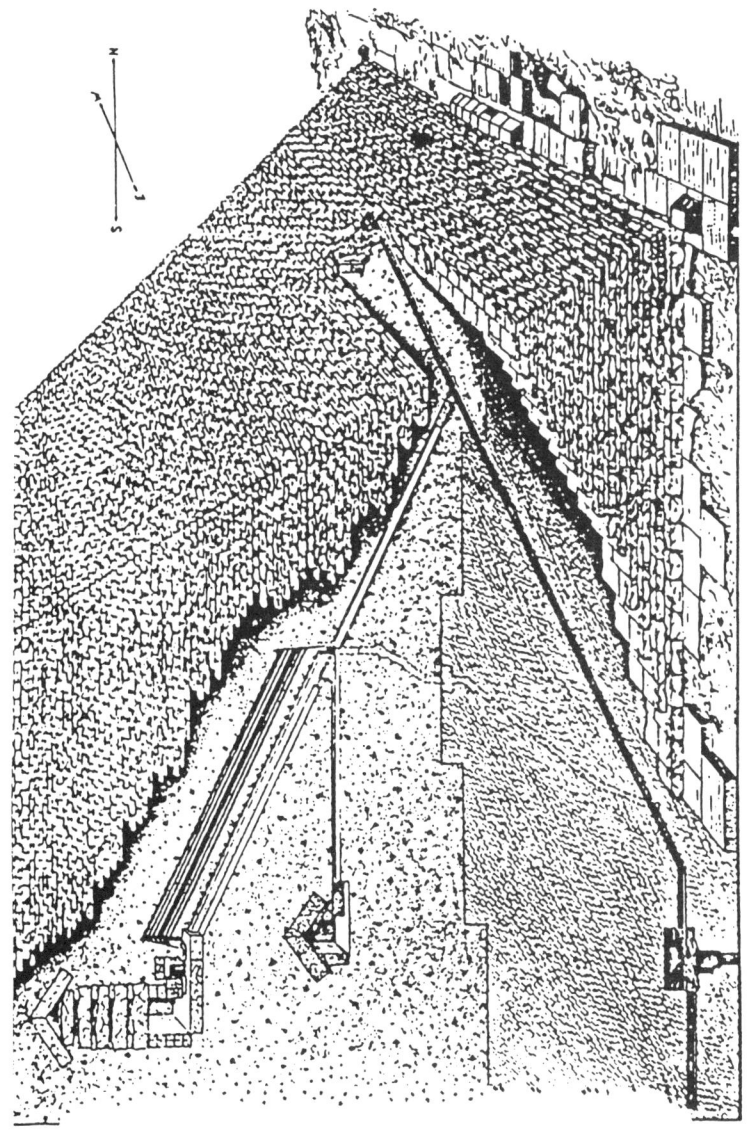

Abb. 93: Außen und Innen der Cheopspyramide [Tompkins 44]

anzuheben waren, bringen sie Goyon mit seiner Wendelrampe in arge Bedrängnis, die ihm voll bewußt ist:

"Viele schwierige Fragen, die für den Augenblick unbeantwortet bleiben müssen; es gibt kein Beispiel, das sich zum Vergleich anbieten würde" [Goyon 184].

Der Zweck dieser 'Entlastungskammern' bleibt ein Rätsel. Sie bringen keinen statischen Vorteil; das giebelförmige Sparrendach der obersten Kammer hätte genausogut gleich direkt über der "Königskammer" errichtet werden können. Im Gegenteil: Die oberen Kammern üben einen besonders starken Druck auf die Mauern der "Königskammer" aus. Manche Kritiker gehen deshalb mit dem Architekten hart ins Gericht.

"Das stolze Ensemble der Königskammer mit ihren Blöcken aus Assuangranit und den Kalkblöcken aus Tura ist kein Meisterwerk" [Kérisel 70].

Jean **Kérisel** erlaubte sich dieses Urteil, weil er 1986 dank EDF (Electricité de France) das Innere so genau erforschen konnte, daß ihmzufolge erstmals seit 1836 Neues herausgefunden worden ist [ebd 67]. Nach seinen Recherchen belasten die 'Entlastungskammern' die Mauern der "Königskammer" in einer Weise, daß er lieber von 'Überlastungskammern' sprechen möchte [ebd 72]. Dieses massive Ensemble aus "Königskammer" und 'Überlastungskammern' steckt wie ein harter Granitkern in weichem Kalkstein, und diese Kalkumhüllung ist um bis zu 15 cm gegenüber dem Kern abgesackt. Passieren konnte das, weil überall dort, wo Steine nicht flächenbündig, sondern auf kleinen Unebenheiten aufliegen, diese Unebenheiten bei wachsendem Druck flachgepreßt werden. Für Kérisel ist dies bereits während des Baus passiert. Weil in der dritten 'Überlastungskammer' ein Schlitz von 15 cm zwischen Granitbedachung und Westwand mit Gips verschlossen werden mußte [ebd 71] und an manchen Stellen sogar die Nachbesserung wiederholt worden ist, vermutet Kérisel, daß Cheops' Bau nur knapp einer Katastrophe entgangen ist (Abb. 129).

Bereits als der Granitkern mit seinem Kalksparrendach mit weiterem Kalkgestein belastet wurde, seien die Granitriegel in der

Abb. 94: System und Gänge der Cheopspyramide; Stand 1993-98. Gantenbrinks Roboter hat die über 60 m des Lüftungsschachtes von (3) bis (9) erkundet. Dort blockiert eine Steinplatte mit zwei rudimentär erhaltenen Kupferbeschlägen [Quelle: David Keys, Graphik: 'Die Presse', Wien] **Abb. 95:** Verlegungsplan der 131 Steine der 'Königskammer' [Lepre 98].

"Königskammer" gerissen. Daraufhin hätte der Pharao noch einmal die obersten Kalksteinschichten entfernen und in den 'Überlastungskammern' Nachbesserungen vornehmen lassen [ebd 77]. Seitdem sei das oberste Sparrendach aus Kalkstein schlecht zusammengefügt. Für Kérisel ist die Pyramide trotz des weithin hörbaren Brechens der Granitriegel weitergebaut und als Grablege benutzt worden. Früher wurde aus eben diesem Grund unterstellt, daß der "Sarkophag" leer geblieben sei [Michalowski 1971, 141]. Doch gerade in diesem Falle wäre es ganz unerklärlich, wieso die Pyramide zum Abschluß kam.

Nach unserer Meinung wäre auch eine konträre Beurteilung der Einbauten sinnstiftend. Gerade und nur weil "Königskammer" und 'Überlastungskammern' ein äußerst homogenes Ganzes bilden, konnte es dieser harte Kern verkraften, daß sich eine Wandseite um 4 cm absenkte [Kérisel 70] und viele Deckenriegel unter Torsionsbelastung doppelt einrissen: am einen Ende an ihrer Unterseite (sichtbar an den Decken), am anderen Ende auf ihrer Oberseite (sichtbar in den Fußböden der 'Überlastungskammern'). Nur ein derart kompakter Kern konnte so lange überdauern - und in welchem Gebäude dieser Erde gäbe es wesentlich ältere, zur Gänze erhaltene Räumlichkeiten? Erstmals bekämen so die Entlastungs- als 'Belastungskammern' wirklichen Sinn.

Wer die 'Belastungskammern' für eine Fehlkonstruktion hält, aber den Architekten entlasten möchte, könnte auch fragen, ob sie überhaupt der ursprünglichen Planung entstammen. Sollte vielleicht aus den Granitblöcken etwas ganz anderes gebaut werden, etwa eine Innenhalle im Stile von Chephrens Taltempel? Als die Pläne geändert wurden, lagen die Granitträger vielleicht schon vor Ort und mußten eben verbaut werden [so Riedl o.J., 136f; konträr Stadelmann 1985, 119]. Diese These wird durch das Argument gestützt, daß alle Deckenriegel auf ihren Unterseiten fein geglättet, oben jedoch uneben belassen worden sind.

Wir können das nicht klären, sehen aber dahinter das Eingeständnis einer Rampen-Schwachstelle. Weil die 40 t schweren Granitriegel nicht auf den Lehmziegelrampen befördert werden konnten, gab es nur eine einzige Möglichkeit, sie auf ihre Höhe zu bringen.

Das Dach ist leicht eingesunken, weil die beiden Giebelblöcke nicht richtig aneinanderlehnen.

Ausbrüche an den Kalksteinstützen unter dem enormen Druck

Die ursprüngliche Gipsverbindung zwischen dem obersten westlichen Granitriegel und der Westwand hat sich um 15 cm verschoben.

Mauerwerk von 100 Meter Höhe lastet auf dem harten, hohen Graniteinbau. Rings um ihn hat sich der weniger harte Kalksteinkern um 15 cm gesenkt und dabei die Südseite verletzt, die Kammer verworfen, ihre Deckenriegel um bis zu 4 cm verdreht und bersten lassen.

Abb. 96: Nord-Süd-Schnitt durch 'Königs-' und die fünf 'Belastungskammern' [Kérisel 71]

Sie müssen vor Beginn der Arbeiten im Zentrum des Bauplatzes gelegen und mit wachsendem Bau zentimeterweiße hinaufgehebelt worden sein. Die Umplanungstheorie setzt also die Unzweckmäßigkeit der Rampen voraus.

Mit großen Hebeln ist dieses simple Hinaufbugsieren zu bewerkstelligen. Schon mit zwei 6 m langen Hebelbäumen könnte einer dieser kolossalen Riegel von 12 Mann angehoben werden. Möglich wäre auch Petries Wippvorrichtung (Abb. 74), mit der er den größten Granitriegel auf zwei Stützen abwechselnd nach oben schaukelt [Petrie 1938], auch wenn nach dem Gewinn jedes Höhenmeters feste Unterlagen geschaffen werden müßten.

Doch wie sähe dann die Baustelle aus? 90 Riegel mit den oben genannten Maßen würden, mit jeweils 1 m Zwischenraum gelagert, ein Areal von 1.500 m² benötigen. Auf Höhe der "Königskammer" mißt der Bauplatz ca. 162 m im Quadrat, umfaßt also eine Fläche von ≈ 26.500 m². So war eigentlich Platz genug für dieses zentrale Granitlager. Doch für einen raschen Baufortschritt wäre es ein ständiges Hemmnis, das obendrein schon sehr, sehr früh hätte angelegt sein müssen. Denn schon vor dem eigentlichen Baubeginn müßten sämtliche Granitsteine nicht nur aus dem Felsen geschlagen, sondern auch noch von Assuan 800 km nach Norden transportiert und auf dem Giza-Plateau bereitgelegt worden sein. Und für keinen Granitblock, der in 50 m Höhe zu Bruch ging, hätte Ersatz hinaufgebracht werden können - ein nicht zu unterschätzendes Risiko für den Fortgang des Baus.

Schwerlastaufzug mit Gegengewicht

Unser Vorschlag des 'Lastenaufzugs mit Gegengewicht' hat den Vorzug, daß er auch die schweren Monolithe einschließt. Der Einsatz der Seilrollen ist auch bei ihnen möglich, allerdings wohl nicht mit menschlichen Gegengewichten. Schließlich entsprächen 40 t Last samt Schlitten (300 kp) mehr als 670 Schlepper. Auch diese enorme Anzahl ließe sich prinzipiell in Gruppen von 30 Mann an 23 Seilrollen einsetzen, doch geht es auch eleganter und mit weniger Risiko.

Schließlich liegen auf 40 Meter Höhe, wenn die ersten Granitblöcke für die "Königskammer" einzubauen sind, genügend Kalkblöcke bereit, die als Gegengewicht wieder zu Tal fahren können. Ein Granitriegel à 40 t verlangt als Gegengewicht 17 der üblichen Kalkblöcke zu 2,5 t oder 11 zu 3,6 t, einer bei Cheops auch gebräuchlichen Größenklasse. Diese 11 Klötze werden so lange 'normal' hochgeschleppt und zu Tal gelassen, bis mit ihnen die 90 überschweren Granitriegel hochgehievt worden sind; angesichts von 2.300.000 Kalkblöcken eine lächerlich geringe Zusatzlast in der Größenordnung eines halben Promilles.

3,6 Tonnen werden von den gängigen Hanfseilen ohne weiteres getragen. Es war uns leider nicht möglich, mit Gewichten dieser Größenklasse Versuche zu unternehmen. Insofern geben wir verschiedene Möglichkeiten an, unter denen die ägyptischen Baumeister nach kurzem Experimentieren die günstigste herausgefunden haben dürften.

Bei der ersten Variante wurde für jedes Gegengewicht eine Seilrolle samt Schlepptrasse aufgebaut. Bei 11 Gegengewichten mit 11 Seilrollen schließt sich eine 12. Rolle an, an der eine einzige Zugmannschaft das Gegengewicht so austariert, daß der Granitriegel mählich nach oben steigt. Diese Zugmannschaft hat den Vorteil, daß einzelne Schlepper zurückbleiben können, wenn beim Anstieg immer mehr Seil auf die Gegenseite überläuft und so das stetig wachsende Gegengewicht den 'Aufzug' gefährlich beschleunigen würde.

Man könnte aber auch ganz auf menschliche Gegengewichte verzichten und dafür steinerne so austarieren, daß der Granitblock angehoben wird. In diesem Fall würden die Gegengewichte mit Zusatzseilen so abgebremst, daß es zu keiner unkontrollierten Beschleunigung kommen kann.

Um so viele zusätzliche Schienentrassen zu vermeiden, würde es sich anbieten, mehrere Gegengewichte hintereinanderzuhängen, die dann 'im Konvoi' auf einer einzigen Schlepptrasse nach unten rutschen. Aber wieviel Gewicht trägt eine einzelne Seilrolle? Mit wachsendem Druck der Rolle auf ihr Lager - er bemißt sich in Kilopond pro Quadratzentimeter - erhöht sich die Lagerreibung so stark, daß ab einer gewissen Grenze die Rolle festfrißt. Dem kann durch einen großen Querschnitt der Rolle begegnet werden. Wir wollen aber nicht 'am Schreibtisch' festlegen, wo hier die Obergrenze für einen Umlenkbock und seine Seilrolle liegt.

Als weitere Möglichkeit bietet sich an, zwar mehrere Seilrollen zu verwenden, aber ihre Zugseile so miteinander zu verbinden, daß ihre Steingewichte hintereinander auf einem Gleis nach unten gleiten.

Ein spezifisches Problem ergibt sich, wenn die mächtigen Riegel der Länge nach über die Kante auf die Arbeitsfläche gekippt werden sollen. Denn dabei treten Kräfte auf, die schwer zu beherrschen sind. 'Normalsteine' können die beiden kooperierenden Mannschaften gut im Griff behalten. Doch hier schwenkt der Megalith beim Kippvorgang weit aus der Pyramidenflanke. Die wesentliche Kraftkomponente wirkt jetzt nicht mehr entlang der Pyramidenflanke, sondern fast waagrecht vom Bau weg und droht die Umlenkböcke aus der Wand zu reißen. Dem kann auf zweierlei Weise begegnet werden. Entweder befördert man den Steinblock ohnehin quer hinauf, was mit einem breiteren oder doppelten Gleis möglich ist. Dabei tritt zwar ebenfalls die gefahrbringende Kraftkomponente auf, aber an viel kürzerem Hebelarm.

Oder man lagert den Monolith auf einem sogenannten Kippschlitten. Dank einer Halbierung dieses Schlittens, einer Art Querscharnier, verharrt sein Hinterende auch dann flach auf den Schienen, wenn der Block nach außen schwenkt. Damit bleibt der Ansatzpunkt für die Seile der Zugmannschaft 'am Berg' in derselben Position wie bei den leichteren Steinen. Und damit werden auch deren Umlenkböcke nicht stärker als sonst belastet. Für die obere Mannschaft ändert sich ohnehin nichts; sie zieht wie gewohnt den Block am Vorderende seines Schlittens auf die Arbeitsfläche.

Nach diesen Detailbetrachtungen läßt sich sagen: Dieses Seilrollen-System gibt genug Spielraum, um auch die 'Kaventsmänner' an Ort und Stelle zu bringen. Das unterscheidet unseren Vorschlag von fast allen bisherigen, die den Schwergewichten geflissentlich aus dem Wege gegangen sind. Das gilt für den Schrägaufzug von Abitz genauso wie für die Transportbühnen von Riedl, das gilt für alle

Rampologen, die keinen einzigen großen Granitriegel über ihre jeweilige Rampe brächten, das gilt genauso für jene Hebetechniker, die sich mit schadufartigen Hebewerkzeugen zufriedengeben. Insofern läßt sich mit Fug und Recht sagen, daß hier ein wirklich neuer, die Probleme umfassend lösender Ansatz vorgestellt wird.

Granitbearbeitung mit Kupfer ?

Es ist hier der geeignete Ort, die Bearbeitung der nun hinreichend lange hinaufgeschleppten Granitriegel anzusprechen. Löhner hat in gründlichen Versuchsreihen die These bestätigt, daß derartige Hartsteinkolosse niemals mit jenem Kupferwerkzeug bearbeitet werden konnten, das bei den alten Ägyptern gefunden worden ist [Löhner/Illig 1992]. Das gilt für alle vorgeschlagenen Werkzeuge wie Sägen, Meißel oder Bohrer. Keine Kupfersäge behielte auch nur einen Zahn, wenn sie an Granit angesetzt würde; doch der Granit bliebe völlig unversehrt. Die aufgefundenen und dargestellten Zahnsägen sind Beweis genug, daß sie an weichen Materialien eingesetzt wurden, die den Zähnen nicht widerstanden. Die von Ägyptologen postulierten korund- oder smaragdbestückten Sägeblätter müßten - ganz im Gegensatz zur Evidenz - zahnlos sein, weil sie zwischen glatter Metallkante und Gestein die beste Schleifleistung erzielen. Wenn heutzutage Fels mit umlaufenden Stahlseilen und Schleifsand zersägt wird, würden Sägezähne genauso stören, aber sie wären ohnehin sehr schnell abrasiert.

Werden angebliche Sägespuren gefunden wie etwa an dem sogenannten Cheopssarkophag oder an Verkleidungssteinen, aus denen Flinders Petrie die Länge eines Sägeblattes mit exakt 2,74 m [Tompkins 116] oder 2,40 m [Arnold 1991, 267] bestimmt, dann wäre schon damit geklärt, daß es sich niemals um ein Kupfersägeblatt gehandelt haben kann. Denn Kupfer ist nicht steif-elastisch genug, um hier dienen zu können. Ein langes kupfernes Sägeblatt wäre schon beim ersten Versuch, beim ersten Verhaken im Stein ein verbogenes Stück Blech, das niemals mehr als Säge gebraucht werden könnte. Das spröde, wenig elastische Kupfer kann nicht in die Ursprungsform zurückgebracht werden, ohne alsbald zu reißen.

So hat Petrie ganz ungewollt nachgewiesen, daß die Ägypter unter Cheops mit einem eisernen, noch wahrscheinlicher mit einem stählernen Sägeblatt hantiert hätten. Die Spuren finden sich sowohl an den Verkleidungssteinen wie am Basaltboden vom Totentempel [Sasse/Haase 206; Haase Abb. 57]. Dabei nicht an eine Säge, sondern an einen Kupferdraht zu denken, haben T. Sasse und M. Haase [ebd] selbst nicht durchgehalten - der dünne Draht würde sofort reißen. Beim "Sarkophag" aber handelt es sich nach Ansicht von Löhner nicht um Säge-, sondern um Schleifspuren. Sie treten in dieser charakteristischen Form auf, wenn ein Schleifstein an Seilen immer wieder über diese Fläche gezogen wird. Damit würde harmonieren, daß E. Ercivan [135] die äußere Oberflächenglättung als unvollendet einstuft.

Es wäre ein leichtes, Kupfermeißel durch Einsatz an Granit in unförmige Gebilde umzuschmieden, ohne den Stein auch nur zu ritzen. Das einzige, was überhaupt ohne Eisen prinzipiell möglich erscheint, ist das Granitspalten durch Vorspannen des Steins. Aber einem solchermaßen gewonnenen Klotz ausschließlich durch Schleifen mit anderen Hartsteinen in exakt rechtwinklige Form zu bringen, überschritte die Geduld einer Dynastie beträchtlich.

'Superhartes' Kupfer und Dolerit

Die erstaunlichen Aussagen zur Leistungsfähigkeit von Kupferwerkzeug haben uns immer wieder beschäftigt und regten vor allem Löhners Versuche mit Kupfer und Granit an. Denn so mancher Spezialist hätte es gerne, daß weiches Kupfer den Granit wie Butter schneiden könne [vgl. Löhner/Illig 1992]. Andere kennen scheinbar konkrete Details. Da wird bei Sir Flinders *Petrie* das Kupfer durch Hämmern fast so hart wie Flußstahl [Petrie 1909, 100]. Der französische Archäologe und Geologe Jacques de *Morgan* mutmaßt ominöse, weil temporäre Veränderungen im molekularen Zustand des Metalls:
"Besichtigt man die Granitsteinbrüche von Assuan, ist man von der Leichtigkeit betroffen, mit der die Ägypter zu allen Zeiten dieses so harte Material geschnitten haben. Die von ihnen benutzten Instrumente scheinen ein Aufsehen erregt zu haben, dessen

Abb. 97: Hieroglyphen eines Obelisken aus Luxor. Nachdem auch in der 18. Dyn. kein Eisenwerkzeug zur Verfügung stehen darf, hätten die Ägypter diese feinen Zeichen mit groben Dolerithämmern in den Granit gemeißelt [Ceram 1957, 110] **Abb. 98:** Nach D. Arnold läßt sich mit einer für Holz gedachten Kupfersäge (nach einem Grab in Beni Hassan) auch der Deckel eines Sarkophags vom Granitkorpus abtrennen [Arnold 1991, 268].

Ausmaße der Härte des Felsen entsprechen. Die Werkzeuge ähneln notwendigerweise den Spitzhauen heutiger Steinbruchs- und Minenarbeiter; aber aus welchem Metall waren diese Spitzhauen gemacht? Während der ersten Dynastien mit Sicherheit aus Kupfer, später aus Bronze; doch rotes Kupfer und Zinnbronze werden im heute bekannten Molekularzustand am harten Fels stumpf, ja platt, ohne ihn zu ritzen. Deshalb müßten die Ägypter Prozeduren gekannt haben, Kupfer und seine Legierungen so weit zu härten, daß sie die Qualitäten unserer besten Stähle bekommen hätten. Diese Prozeduren betrafen keineswegs die chemische Zusammensetzung des Metalls, sondern ausschließlich seinen molekularen Zustand, einen vorübergehenden Zustand von kurzer Dauer, weil die heute ausgegrabenen Instrumente wieder alle Charakteristika des natürlichen Metalls angenommen haben" [Morgan 1926, II 216f; Überstzg. HI].

So würden Mumiengräber nicht nur Menschenleibern das ewige Leben schenken, sondern auch Metallobjekte in einen früheren, hochwertigeren Zustand zurückversetzen. Jean-Philippe *Lauer* schreibt seltsamerweise nicht in seinem Kapitel über pseudowissenschaftliche Theorien, sondern in dem über technische Kenntnisse:
"Fachleute sind der Meinung, daß sie [die Ägypter] sich auf ein spezielles Härteverfahren verstanden hätten, das wir heute nicht mehr kennen" [Lauer 243; erstmals 1974].

Und Ägyptologen mutmaßen noch mehr. Georges *Goyon* zufolge könnten die alten Ägypter doch Kontakt zu Außerirdischen oder zu Science-Fiction-Autoren gehabt haben:
"Um nur bei den Problemen praktischer Natur zu verweilen, kann man sich fragen, wie dieses erstaunliche Volk Granit oder Diorit, das härteste Hornblendegestein, mit ... Kupfermeißeln bearbeitete? Sicherlich besaßen sie irgendein Werkzeug, ein Metall oder ein geheimnisvolles Verfahren, das es ihnen ermöglichte, die Baustoffe scharfkantig zu schneiden und zu behauen [...]
Die von den arabischen Autoren berichtete Methode, die Steine durch Zaubersprüche schweben zu lassen, ist natürlich nicht ernstzunehmen. Dennoch kann man sich fragen, ohne in die ent-

gegengesetzte Mystik zu verfallen, ob die alten Ägypter nicht irgendein wirksames und schnelles Kunstmittel besaßen, das heute vollständig vergessen ist?" [Goyon 232f; erstmals 1977]

I.E.S. *Edwards* scheint mangels erkennbarem Verfahren 1987 wieder aus der alten trüben Quelle, nämlich Morgan, zu schöpfen: "Weil Kupfer das einzige Metall für Werkzeuge war, das unseres Wissens in Ägypten vor dem Mittleren Reich verfügbar war, wird vermutet, daß die Ägypter einen heute verlorenen Prozeß beherrschten, bei dem Kupfer ein sehr hoher Härtegrad verliehen wurde. Aber diese Vermutung ist noch nicht bewiesen worden" [Edwards 250].

All dies läßt jede Seriosität, Kompetenz und Kritikfähigkeit vermissen; hier geht Wissenschaft leider nahtlos in die von ihr so vehement gegeißelte Pseudo-Wissenschaft über. Zum Glück oder zum Unglück wird ein Postulat auch durch gebetsmühlenartiges Wiederholen nicht zur Realität. Gleichwohl wurden in den letzten Jahren zwei weitere 'halbseidene' Ansichten vertreten. Dieter *Arnold* präsentierte eine Art Rebsäge, die nicht nur Holz teilt (Abb. 98), sondern auch Granitscheiben in Sarkophagdeckelgröße liefern soll [Arnold 1991, 268]. Doch vermeidet er es, explizit von Kupfer zu sprechen, obwohl die entsprechenden Grabfunde allesamt aus Kupfer sind. Stattdessen präsentiert er eine umfassende Tabelle für Stein- und Metallwerkzeuge, bei der jedoch der Hinweis fehlt, ob sich hinter "Metal Tools" nur Kupfer und Bronze oder auch Eisen verbirgt [Arnold 1991, 258ff]. Insofern könnte es sich sogar um eine Eisensäge handeln, die gleichwohl als Granittrenngerät überfordert wäre.

Dagegen lassen Rosemarie und Dietrich *Klemm* für Altes und Mittleres Reich nur Kupferwerkzeug gelten. Die trotzdem vorzufindende Granitbearbeitung erklären sie ausschließlich mit Werkzeugen aus Hartgestein. Dafür können sie im Steinbruchgebiet von Assuan Dolerit als Ganggestein vorweisen, das praktischerweise in Hammergröße auswittere und dort noch immer in allen Phasen der Abarbeitung herumliege [Klemm/Klemm 1992, 313f]. Ebenso zeigen sie anhand umfangreichen Bildmaterials, daß die in den dortigen Steinbrüchen verbliebenen unfertigen Architekturteile und Rohstatuen - praktisch durchwegs aus dem Neuen Reich und aus der Römerzeit - allesamt in "weichen" Formen herausgeschlagen sind, die sie auf anfänglich scharfkantige Dolerithämmer zurückführen [etwa Klemm/Klemm 310, 313]. Wenn diese weichen Abschläge unmittelbar neben Meißelrillen auftreten, dann grenzt eben der pharaonische direkt an den ptolemäischen Abbau [Klemm/Klemm 313].

Das Ehepaar Klemm verläßt sich für die Praxis ganz auf die Versuchsreihen von J. *Roeder* aus dem Jahre 1965. Dieser glaubte, daß versierte Arbeiter mit einem Doleritstein binnen einer Minute 12 Kubikzentimeter Granit abtragen können und errechnete daraus eine Tagesleistung von 6.000 cm^3 [Klemm/Klemm 322] - also ein Würfelchen von weniger als 19 cm Kantenlänge. Leider hat er bei diesem Achtstundentag keine Minute Pause vorgesehen. Wer aber auch nur 1 Stunde, noch dazu ohne federnd-schützendem Hammerstiel, unentwegt mit Stein auf Stein schlüge, wäre für den Rest des Tages außer Gefecht. Insofern können die so ermittelten Arbeitsleistungen allenfalls dadurch realisiert werden, daß veracht- und verzehnfachte Mannschaften antreten.

Granit wird dank seiner mikrokristallinen Struktur nicht in größere Stücke zersplittert, sondern kleinweise in Grus verwandelt, die mühseligste aller möglichen Steinbearbeitungen. Bekanntlich kann Stein nur mit einem Stein größerer Härte bearbeitet werden. Tatsächlich könnte Assuangranit, früher als Syenit bezeichnet, mit Dolerit bearbeitet worden sein. So nennt R. Börner [1965, 167ff, 182f] entsprechend den DIN-Vorschriften für technisch verwendete Gesteine folgende Werte:

Syenit: "Sehr hart und wetterbeständig, noch schwerer zu bearbeiten als Granit, gut polierfähig. Spez. Gew. = 2,6-2,8."
Druckfestigkeit: 1500-2500 kg/cm^2, Biegefestigkeit 100-200 kg/cm^2, Schlagfestigkeit (Anzahl Schläge bis Zerstörung): 10-12
Dolerit ist eine gröberkörnige, Gänge ausfüllende Basaltart.
Basalt: "Sehr hart, zäh, druckfest, frost- und wetterbeständig, sehr schwer zu bearbeiten, polierfähig. Spez. Gew. = 2,8-3,3."
Druckfestigkeit: 2500-4000, Biegefestigkeit: 150-250, Schlagfestigkeit 12—17.

Abb. 99: Nilnahe Granitsteinbrüche in Assuan rings um den unvollendeten Obelisken [Klemm/Klemm 307]

Walter Schumann [1985] hat diese Werte 20 Jahre später bestätigt. Härteangaben fehlen, weil diese Gesteine aus verschiedenen, wesentlichen wie akzessorischen Gemengteilen bestehen, von denen z.b. beim Granit der Quarz den Härtegrad sichert, aber nicht bei jeder Bearbeitungsform zum Tragen kommt. Dolerithämmer wären demnach ein mögliches Werkzeug gewesen. Aber damit konnten nur 'Rundlinge', keine scharfkantigrechtwinkligen Quadern geschlagen werden. Hätte man schon für das Schlagen fast beliebig viel Zeit gebraucht - schließlich können an einem Granitblock nicht beliebig viele Mann arbeiten -, so hätte man für das Schleifen noch einmal Monate benötigt. Aber hatten die alten Ägypter beliebig viel Zeit? Wir kennen Texte aus dem Neuen Reich, wonach sie lediglich sieben Monate brauchten, um den fast 30 m hohen Obelisken der Königin Hatschepsut in Theben auszuführen und aufzustellen [Goyon 232]. Das war mit Dolerithämmern nicht zu leisten.

Wenn der *Spiegel* schreibt, daß das Ehepaar Klemm die Antwort auf das Granitbearbeitungsproblem gefunden hätte [Anonym 1993], so konterkariert er seine eigenen Worte mit dem daneben abgebildeten Obelisken. Denn wer könnte mit grobschlächtigen Doleritbrocken jene feingeformten Hieroglyphen in den Obelisken gehämmert haben? Deren vielfach gekrümmte, in der Tiefe rechtwinklig ausgearbeitete Eintiefungen können bis zum Beweis des Gegenteils ausschließlich mit einem Stahlmeißel erzeugt worden sein; allein ihr letzter Schliff ist bei den kleinteiligen Ornamenten mühsam genug. (Die bretonischen Calvaires mit ihren granitenen Figurenensembles in rundlich-rauhen Formen bestätigen dies nur zu gut.) Wer einwenden mag, daß in der 4. Dynastie noch keine Granitobelisken beschriftet worden seien, der verdrängt, daß Ägypten nach dem Willen der Ägyptologen bis zum Ende des Neuen Reichs der Bronzezeit angehört haben muß. Die größten Bauherren Ägyptens - Amenophis III. und Ramses II. - hätten allesamt noch vor demselben Problem gestanden: Wie forme ich Granit ohne Stahl? Mit Goyons geheimnisvollem Kunstmittel?

Und es gibt eine weitere Schwierigkeit, bei der auch Dolerit nicht hilft: Wie löse ich die Granitquader aus dem Fels? Hier bringt das Ehepaar Klemm eine zunächst gut verständliche Form des Granitabbaus in die Diskussion. Demnach war das Gelände von Assuan, das rund 20 km² umfaßt (Abb. 99), mit Findlingen übersät, Produkte der für Granit typischen Wollsackverwitterung. Diese Blöcke mußten nur noch mit Steinhämmern von ihren Verwitterungskrusten befreit werden, um in die Endbearbeitung gehen zu können [Klemm/Klemm 307f, 318].

Wer allerdings heutige Steinbrucharbeiter befragt, ob sie derartige Verwitterungsprodukte für so wichtige und gewichtige Bauteile wie die Granitträger über der "Königskammer" verwenden würden, erhält negativen Bescheid. Bei hohen Ansprüchen - und diese sind in der Cheopspyramide allemal gegeben - wird immer Stein gewählt, der direkt aus festem Felsgefüge ("bergfrisch") gebrochen wird. Überträgt man diese Regel auf das alte Ägypten, dann stehen wir erneut vor der Frage, wie damals große Bauteile aus dem Fels geholt wurden. Dies scheint umso schwieriger zu sein, weil

"pharaonische Steinbrüche im Granitgebiet von Aswan schwer auszumachen sind, da sie im allgemeinen nur durch einen Negativbefund zu fassen sind, aus Lücken im Gelände, bedeckt mit Abschlagschutt und häufig auch verworfenen Dolerithämmern [Klemm/Klemm 309].

Ptolemäische und römische Steinbruchaktivitäten haben dagegen deutliche Spuren hinterlassen. So ist die gute Antwort des Ehepaars Klemm ist noch immer keine hinreichende.

D. Arnold hat auch rasch dagegen protestiert. Er war sich des Problems trotz seiner 'Rebsäge' durchaus bewußt, zitierte er doch D. *Stocks* Beurteilung:

"Wir wissen, daß harter Stein wie Granit, Granodiorit, Syenit und Basalt nicht mit Metallwerkzeugen behauen werden kann" [Arnold 1991, 48].

wobei D. Stock Eisen oder Stahl nicht einschloß, weil er für das alte Ägypten ohnehin nur Kupfer und Bronze im Auge hatte. Arnold weiß auch, daß schon A. *Zuber* an einem halben Dutzend Keillöcher in Granit fast verzweifelt ist, weil selbst Bronzemeißel "no effect" zeigen [Arnold 1991, 39, 54; Zuber 1956].

Möglicherweise ist ihm auch bekannt, daß der von ihm zitierte Roeder in die Irre lief. Dieser wies nach, daß erst in ptolemäischen Steinbrüchen Blöcke mit Keilen aus der Wand gesprengt wurden, davor aber mit Holzhebeln, die in Wasser aufquollen [Arnold 1991, 33]. Doch zumindest heute läßt sich Granit in keiner Weise mit aufquellendem Holz beeindrucken oder gar spalten. Das ergaben unsere Befragungen und eigene Versuche, die sich in diesem Falle mit der Meinung Goyons decken. Er duldete hier gegen ägyptologische Vorurteile den Einsatz von Eisenmeißeln [Goyon 86].

Immerhin weist **Arnold** der Ägyptologie einen Weg aus der Sackgasse. Denn er sieht in der allein aus Meißelspuren gewonnenen Abfolge
- weiche Kupfermeißel im Alten und Mittleren Reich,
- härtere Bronzemeißel im Neuen Reich,
- Eisenmeißel in Ptolemäer- und Römerzeit

einzig und allein den Nachweis für spezielle Werkzeugformen, nicht aber den Nachweis für Werkzeuge aus verschiedenem Metall und aus verschiedenen Zeiten. Und er kann sich nicht vorstellen, daß zwei Reiche lang nur der für die Steinbearbeitung ungeeignete Spitzmeißel in Einsatz gewesen wäre, bis endlich im Neuen Reich der geeignete Flachmeißel benutzt wurde [Arnold 1991, 33; er reagierte hier auf eine Vorabversion von Klemm/ Klemm]. Hier zielt Arnolds Ansatz auf die Chronologie, hier hätte er die richtige Spur verfolgt.

Wir glauben, daß sich hier die Zuordnung von Arbeitsmethoden und Werkzeugen in einem Zirkelschluß bewegt. Er nahm seinen Anfang darin, daß Holz-, Stein-, Bronze- und Eisenwerkzeuge nicht zeitgleich nebeneinander geduldet wurden. Er setzte sich fort, weil die klassische Pyramidenzeit Äonen vor der Eisenzeit angesiedelt wurde und folglich Eisen nicht ins Blickfeld rücken durfte und darf. Dabei haben kritische Forscher schon vor 60 Jahren dieses Dilemma gesehen und einen scheinbar möglichen Schluß gezogen: die Eisenzeit muß viel länger sein, um bis zu den Pyramiden zurückzureichen [Garland/Bannister 1927, 104] ! Leider trägt dieser Schluß nicht weit, denn dann stünde ausgerechnet Ägypten, dessen Neureichspharaonen Eisen bei den Hethitern beziehen mußten und dessen Eisenverhüttung erst im -6. Jh. nachweisbar wird, mit großem zeitlichen Vorsprung an der Spitze der eisenerzeugenden Völker. Diese 180°-Wende kann von der Archäologie in keiner Weise bestätigt werden.

Deshalb haben G. Heinsohn und dann H. Illig den Umkehrschluß gezogen: Die Datierung der Eisenzeit (ab ca. -600) bleibt, aber die Pyramiden müssen neu, in die Anfänge der Eisenzeit datiert werden. Mit einer gründlich bereinigten Chronologie kommt dann die Kulturentwicklung der Alten Welt endlich ins Lot (s.S. 218). Nunmehr müssen am Fuß der Cheops-Pyramide keine "Schmieden, in denen Kupfermeißel gehärtet wurden", mehr entdeckt werden, wie es zuletzt M. Schulz [1996, II 158] im Gefolge der Ägyptologen imaginierte.

Und eines der ganz großen Rätsel der Menschheitsgeschichte entpuppt sich endlich als Scheinrätsel. Bislang suchen die Archäologen vergeblich die Gruben für die Zinngewinnung des -3. Jtsds. Wie aber wäre damals im fruchtbaren Halbmond die Bronze, jene Legierung aus Kupfer und Zinn, erfunden und verbreitet worden, wenn das unabdingbare Zinn unbekannt gewesen und nirgends abgebaut worden wäre? Von der Beantwortung dieser Frage hängt tatsächlich die gesamte Evolution unserer Kultur ab. In der Verzweiflung über dieses Faktum werden mal von James Muhly in Bolkar Dag und Kastel (Anatolien) Zinnminen entdeckt, die sich dann unglückseligerweise in Blei-, Silber- und Goldgruben verwandeln [Muhly 1990, 47], mal wird Mittelasien, genauer Tadschikistan und Usbekistan als mögliche Quelle fürs -2. Jtsd. vermutet, worauf man sofort ins besonders rätselhafte -3. Jtsd. extrapoliert und frohlockt:

"Sollte sich die Annahme als richtig erweisen, wäre eines der Rätsel der Menschheit gelöst: die Herkunft des Zinns in der Frühzeit" [Antike Welt 1998, 259].

Es ist aber keine Lösung, sondern eine wissenschaftliche Selbsttäuschung, wenn 'Sumerer' im -3. Jtsd. Bestellungen an florierende Zinnminen in einem steinzeitlichen, im Mittelmeerraum noch gar nicht bekannten Cornwall oder Usbekistan aufgegeben hätten. Die wirkliche Lösung ergibt sich, wenn die Bronzezeit endlich im -1. Jtsd. geduldet wird, vor und zeitgleich mit der Eisenzeit ab ca. -600.

Ein Wort noch zur Klarstellung. Wenn wir von Eisen sprechen, meinen wir vor allem Stahl, also unlegiertes oder legiertes Eisen, das sich schmieden läßt und wesentlich härter, elastischer und zugfester ist als pures Eisen. Stahl entsteht, wenn Eisen mit anderen Elementen, vor allem mit Kohlenstoff "aufgekocht", "zementiert" oder "nitriert" wird. In archaischen Zeiten verwendete man hierfür organische Stoffe, die uns seltsam berühren, wie Dickmilch, Urin, Kot oder Vogelmist. Gleichwohl kennen wir das im alten Morgenland als "Straußenmagen-Methode" bekannte Verfahren z.b. aus den Sagen um Dietrich von Bern. Dort zerfeilt Wieland der Schmied dreimal hintereinander ein Schwert, um die Späne mit Mehl vermischt an zahme Vögel zu verfüttern. Aus dem Vogelkot glüht er das Eisen wieder aus und kommt so zu einem 'sagenhaft' guten Schwert [vgl. Lüling 1985; Illig 1990b]. Zur Härtung des Eisens gehört auch das Abschrecken in kaltem Wasser, das im Englischen lautmalerisch als "quenching" bezeichnet wird. Stahl ist also keineswegs ein Produkt, das nur in den gewaltigen Hochöfen des 19. und 20. Jhs. gewonnen werden kann.

Gebohrter Granit

Die Eheleute Klemm, Ägyptologin und Geologe, gerieten noch ein weiteres Mal in Schwulitäten. In dem Film "Im Schatten der Pyramiden" konfrontierte sie Torsten Sasse [1996] mit Kernbohrungen in Granit. Damit gemeint sind Rohrbohrungen wie mit einer Lochsäge, bei denen ein Steinkern stehenbleibt, der zum Schluß weggeschlagen wird. Die Klemms gaben sich überrascht: Dergleichen wäre ihnen noch nicht begegnet. Dabei sind sie den Ägyptologen seit über 100 Jahren bekannt. Ausgräber Petrie hat als erster [1883] darüber berichtet. Da aber die Berücksichtigung dieser Technik den Untergang jeder ägyptologischen Chronologie - und es gibt seit Lepsius [1849] fast beliebig viele (S. 215) - heraufbeschwört, wurde sie konsequent verdrängt. 1973 hat Peter Mendelssohn [1975, 117] daran erinnert.

An Petries Funde haben sich Henry *Kjellson* und Carl-Anton *Mattson* [1984] erneut herangewagt. In Folge der Erstausgabe unseres Buches hat dann Walter *Stender,* Flugzeugingenieur wie Kjellson, auch im deutschen Sprachraum das Phänomen dargestellt [Stender 1994] Da gibt es etwa eine Bohrung von 50 mm Durchmesser in harter Hornblende. Die "spiralförmige Schnittspur [wurde] mit einem gleichmäßigen Vorschub von 2,5 mm je Umdrehung ausgeführt" [Stender 10] Dabei ist die klar erkennbare Sägespur nur 1 mm stark. Das Verfahren wurde für Löcher mit Durchmessern zwischen 6 und 125 mm eingesetzt. Dafür braucht man eine Drucklast von mehreren Tonnen, feinwandige Rohre, die gleichwohl dem hohen Druck gewachsen sind, und Edelsteine. Kjellson nennt Beryll, Topas, Chrysoberyll, Korund und Saphir, "aber ganz sicher mit Diamant für alles Material härter als Quarz" [ebd]. Während Kjellson und Mattson Bronzewerkzeug nennt, plädieren wir klar für Eisen respektive Stahl.

Neuerlich aufgegriffen wurde das Rätsel dann von Torsten *Sasse* [1996] unter Mitarbeit von Michael *Haase*. Im Gräberfeld von Abusir filmten sie im Totentempel von Sahure, dem 2. Pharao der 5. Dynastie, eine Fülle derartiger Bohrungen, ohne allerdings Durchmesser und Bohrtiefen zu nennen [Sasse/Haase 216]. Sie zitieren ebendort mit H.-D. Gassmann einen Spezialisten der Bohrmaschinenfirma HILTI, der sich nicht Kupferrohre mit feinsten Polierpulvern, sondern aufgesetzte Schneidstoffe, insbesondere die vom Ehepaar Klemm hartnäckig abgestrittenen Diamanten, auf härteren Rohren vorstellen kann. Haase [162f] ist dieser Frage nachgegangen und fand im Gefolge der Ägyptologen nur Saphir für die 4. Dynastie. Sasse und Haase [220f] resümieren einen ihnen dubiosen Umstand:
"Es ist merkwürdig, daß sich seit Flinders Petrie kein Archäologe mehr intensiv mit den Kernbohrungen auseinandergesetzt hat. [...] Und es mutet seltsam an, daß sich der Archäotechniker Rudolf Gantenbrink mit ihnen beschäftigt, daß sie den Experimentalphysiker Horst-Detlef Gassmann neugierig machen und sich auch der von der Wissenschaft sträflich unterschätzte Autor Erich von Däniken ihrer angenommen hat - die Archäologie aber weitgehend uninteressiert bleibt."

Wir erachten dies nicht als merkwürdig, sondern als kennzeichnend für eine Fakultät, die sich mit der eigenen Zwangsjacke gefesselt hat.

Die eisenzeitliche Pyramide

Unabhängig von der nachgewiesenen Granitbearbeitung in 'weichen' Formen gehen wir davon aus, daß unter Cheops erstmals Eisen verfügbar war. Denn sein Vater Snofru verwendete noch keinerlei Hartgestein in seinen Bauten, während sein Sohn Chephren 17.000 m³ und sein Enkel Mykerinos 15.000 m³ an Granit verbaut hat [zu unserer Hypothese Heinsohn/Illig 194-200, 384-403; Löhner/Illig 1992; zu den Granitmengen Klemm/Klemm 321].
Unklar ist noch die Einordnung von Djedefres Pyramide in Abu Roasch. Dieser Herrscher wurde nicht immer direkt nach Cheops geführt. Seit genauer Untersuchung der pyramidalen Reste durch Michel Vallogia ist man überzeugt, daß dieser relative kleine Bau - 106 m Seitenlänge, 67 m Höhe - mit sehr steilen Flanken doch fertiggestellt worden ist [Anonym 1996]. Mittlerweile schreibt man ihm eine komplette Oberfläche [Schulz 1996, II 156] oder sogar einen vollständigen Korpus aus Granit zu. Diese Schlußfolgerungen sind auf alle Fälle kühn, da die erhaltenen Reste eine durchschnittliche Höhe von lediglich 11,4 m haben.

Die Klemm'sche Schlußfolgerung, dieser leichtere Umgang mit Hartgestein wurde "durch die Einführung der Steinhammertechnik" möglich [Klemm/Klemm 321], greift unserer Meinung nach entschieden zu kurz. Wir stellen aber die chronologischen Konsequenzen unserer Prämisse zurück und schildern zunächst den Weg der Granitmonolithen vom Steinbruch bis zur Pyramide aus unserer 'eisernen' Sicht.

Für alle wichtigen Granitbauteile wählte man bergfrisches Felsgestein. Das gilt vor allem bei der Cheopspyramide, in der ohnehin noch relativ wenig Granit (2.000 cbm [Haase 158]) verwendet worden ist. Bei seiner einstigen Abkühlung bildete Granit sphäroidal angeordnete Schrumpfungsflächen aus, die bei späterer Erosion zu kantenrunden Blöcken ("Wollsäcken") führen. An diesen Flächen ist eine Trennung durch das Eintreiben von Keilen möglich. Um nun Blöcke in der gewünschten Größe zu erhalten, wird entlang einer Linie eine Reihe von Löchern gebohrt und das Stück durch das Eintreiben von Keilen abgespalten. Dieser Vorgang kann zur weiteren Zerkleinerung wiederholt werden. In heutigen Steinbrüchen wird

Kleinkopfpflaster, Randstein oder Großquader in der beschriebenen Weise gebrochen.

Das Löcherbohren geschieht heute mit widiabestückten Preßluftbohrmaschinen. In früheren Zeiten benutzten Steinbrucharbeiter hartgeschmiedete Meißelbohrer, die sie 'Bohreisen' oder einfach 'Eisen' nannten. Da selbst diese Eisen im harten Gestein sehr rasch stumpf wurden, war eine Anzahl geübter Schmiede mit entsprechender Werkstatt unabdingbare Voraussetzung für jeden Granitsteinbruch. Wir schlagen auch für das alte Ägypten Eisenmeißel vor.

Das Abspalten ging so vor sich: Ein Fellache saß auf der Oberfläche des abzuspaltenden Blocks und hielt das Bohreisen auf die vom Meister gekennzeichnete Bohrstelle. Um ihn herum standen drei Arbeiter und schlugen abwechselnd mit schweren Vorschlaghämmern auf das Eisen. Nach jedem Schlag drehte der Eisenhalter den Bohrer um ein Achtel. War das erste Loch - abhängig von der Blockgröße - 10 bis 15 cm tief und anschließend auch die ganze Lochreihe fertig, dann wurden hartgeschmiedete Eisenkeile in die Löcher gesteckt. Sie wurden gutgeschmiert - d.h. eingefettet - zwischen Metallstreifen eingetrieben; nur so, nicht mit aufquellenden Holzkeilen, kann Granit gespalten werden. Die aufgefundenen 'Kupfermeißel' können nur als Spalthilfen gedient haben; sie werden in derselben Form und Funktion noch heute verwendet. Es muß ergänzt werden, daß in der Cheopspyramide sogar Eisenreste gefunden worden sind [Lucas/Harris 1962, 237], Eisen also von uns nicht einfach postuliert wird [Heinsohn/Illig 388f]. Daß sich kein Eisenmeißel fand, ist leicht erklärt: Das damals ungemein kostbare Eisen ist immer wieder sorgfältig eingeschmolzen worden, und der Rost tat ein übriges.

Nicht alle Granitsteine des Cheops sind groß genug, um mehr als ein Arbeitsteam gleichzeitig zuzulassen. Dieses Team bestehe aus 2 Schichten zu je 1 Meißelhalter und 9 Schlagmännern, insgesamt also aus 20 Arbeitern. 3 Hämmerer schlagen fünf Minuten lang abwechselnd auf den Meißel. Dann werden sie von der nächsten Dreiergruppe, diese von der dritten abgelöst. Nach halbstündiger Arbeit tritt der andere Meißelhalter mit den übrigen neun Hämmerern an.

Anders war die Schwerstarbeit - entgegen Roeders Meinung - nicht zu schaffen.

Zum Glück für einen raschen Arbeitsfortschritt verlangte die Cheopspyramide relativ wenig Granitsteine. Insgesamt sind es rund 500, von denen allerdings über 100 sehr gewichtig - um die 40 t - ausfielen. Für Cheops' Steine blieb ausreichend Zeit in den Granitsteinbrüchen und für den Transport, mußte doch der Gesamtbau eine Höhe von über 40 m erreicht haben, bis der erste Granitstein einzubauen war, und er mußte auf fast 70 m gewachsen sein, bis der letzte Granitriegel der obersten 'Belastungskammer' eingefügt werden konnte.

Wenn 1 Team auch nur 1 'normalgroßen' Stein am Tag aus dem Felsen bräche, genügten 4 Teams vollauf, um binnen *Halbjahresfrist* sämtliche Granitsteine zu produzieren. Wir erhöhen diese Frist um das Zwanzigfache, also auf 20 Tage je Team und Block respektive auf *10 Jahre,* zumal damit keine Zeitlimits verletzt werden.

Ein Verladeteam von 20 Mann hievt die Granitsteine auf die Schlitten, weitere 25 bringen die Steine zur Verladestelle, die bis zu 1,5 km entfernt liegen konnte. Ihre Mannschaftsstärke bemißt sich so: Für eine Entfernung von 1,5 km zwischen Steinbruch und Fluß braucht ein Schlitten 75 Minuten, für Pause und Rückweg weitere 45 Minuten. So bringt bei 500 Minuten täglicher Arbeitszeit eine Mannschaft 4 Steine am Tag bis zum Nil, die jedoch gar nicht in solcher Zahl angefallen wären. Das ergibt insgesamt eine erstaunlich kleine **Assuan-Mannschaft von 150 Mann:**

- 80 Steinbrecher in 4 Teams
- 14 Schmiede und Helfer
- 10 Meister, Schreiber, Wasserträger, Verpfleger usw.
- 20 Verlader
- 25 Schlepper
- 1 Oberaufseher.

Wir sehen, daß die Granitsteinbrüche von Assuan zwar Spezialisten und Strafgefangene brauchen, aber keine Völkermassen, um das

Material für die große Pyramide bereitzustellen. Selbst wenn wir die zehnfache Anzahl von Steinarbeitern in die Steinbrüche schicken würden, wären erst 1.500 Mann in Assuan zugange. Für die 40-Tonner mußte von Zeit zu Zeit eine große Zugmannschaft von bis zu *180 Schleppern* zusammengestellt werden.

Die Pyramide des Pythagoras?

Pythagoras aus Samos ist allen Gymnasiasten hinreichend bekannt durch seinen berühmten Lehrsatz, wonach die Quadrate über den Seiten aller rechtwinkligen Dreiecke
der Formel gehorchen: $a^2 + b^2 = c^2$.

Ungeachtet dessen, daß "der Pythagoras" nicht vom Pythagoras des -6. Jhs. bewiesen worden sein muß, gibt es einige pythagoräische Dreiecke mit ausschließlich ganzzahligen Längeneinheiten. Am berühmtesten ist die Relation 3 : 4 : 5, die sich so schülergerecht rechnet: 9 + 16 = 25. Wir erinnern uns, daß Chephren für seine Pyramide die Relation 4 : 3 wählte und so zu einer Pyramide pythagoräischen Zuschnitts kam. Die anderen ganzzahligen Relationen des "Phytagoras" drängen sich weniger als 'Schnittmuster' für Pyramiden auf: 5 : 12 : 13 oder 7 : 24 : 25 oder 119 : 120 : 169 (Abb. 100).

Chephrens Vater Cheops hatte 4 : 3 verschmäht und sich lieber für 14 : 11 entschieden. Gleichwohl entsteht bei näherem Hinsehen der Eindruck, daß er mit seiner Pyramide dem oder 'dem' Pythagoras ein Denkmal setzen wollte.

So zeichnet sich die Position der "Königskammer" innerhalb des Baus dadurch aus, daß sich in dieser Höhe die Oberfläche des Pyramidenstumpfes gegenüber seiner Grundfläche von 53.000 m² halbiert hat; das genaue Niveau liegt 65 cm über den 42,28 m des Kammerbodens, durchzieht also den 97 cm hohen "Sarkophag" [Illig 1992a, 132]. Diese praktische Anwendung des 'Pythagoras' wäre seinem Beweis um 2.000 Jahre zuvorgekommen.

Noch eindeutiger tritt "der Pythagoras" in der "Königskammer" selbst auf. Ihre Maße von 5,24 m · 10,49 m · 5,84 m entsprechen in ägyptischen Königsellen 10 · 20 · 11,14. Warum wurde nicht auch die Kammerhöhe ganzzahlig gewählt? Hier setzten die Ägypter Kontrolle über Vertrauen. Eine Wand ist dann im Lot, wenn ihre beiden Diagonalen gleichlang sind. Deshalb wählte man bei den Schmalseiten eine glatte 15-Ellen-Diagonale. Daraus errechnet sich eine Kammerhöhe von 5,858 m, die in der Praxis nur minimal verfehlt worden ist.

Darüberhinaus eröffnete sich eine weitere Kontrollmöglichkeit quer durch diese Kammer, die eher einem kleinen Saal gleicht. Aus der Wanddiagonale zu 15 Ellen und der Längsseite zu 20 Ellen ergibt sich zwingend eine Raumdiagonale von glatten 25 Ellen, was zu beweisen war.

Außerdem: Den Kammereingang überdacht ein mächtiger Stein, der mit seinem Riesenformat gleich zwei Lagen entspricht. Auch er gehorcht dem 'Pythagoras', wie J.P. Lepre [1990, 102] verifiziert hat.

Herodot wußte, obwohl die Baupläne damals schon seit 2.000 Jahren weggelegt worden waren, noch immer von einer geradezu klassischen Flächenrelation: Jede der vier Seitenflächen der Cheopspyramide ist so groß wie ein Quadrat mit der Pyramidenhöhe als Seite. Das ist 'der Pythagoras':

(Gesamthöhe)² + (halbe Basisseite)² = (Höhe der Seitenfläche)²
[Herodot II:124, übertragen von Kracke 43].

Trotz dieser mathematischen Feinfühligkeiten gelten die Ägypter nicht als Vorreiter der Mathematik.

"Nachdem es somit ganz offensichtlich mit den angeblichen, rätselhaften Kenntnissen auf dem Gebiet der höheren Mathematik nichts ist, die Altägyptens Architekten vor mehr als 4000 Jahren beim Bau der großen Pyramiden, insbesondere der Cheopspyramide, entwickelt haben sollen, ist es an der Zeit,"
uns den ägyptischen Papyri zuzuwenden [Mendelsohn 71]. Die ältesten mathematischen Abschriften, die uns erhalten sind, stammen aus der Zweiten Zwischenzeit, also ungefähr aus dem -17. Jh. Sie spiegeln vorrangig das Interesse der eingedrungenen Hyksos wider, nicht das

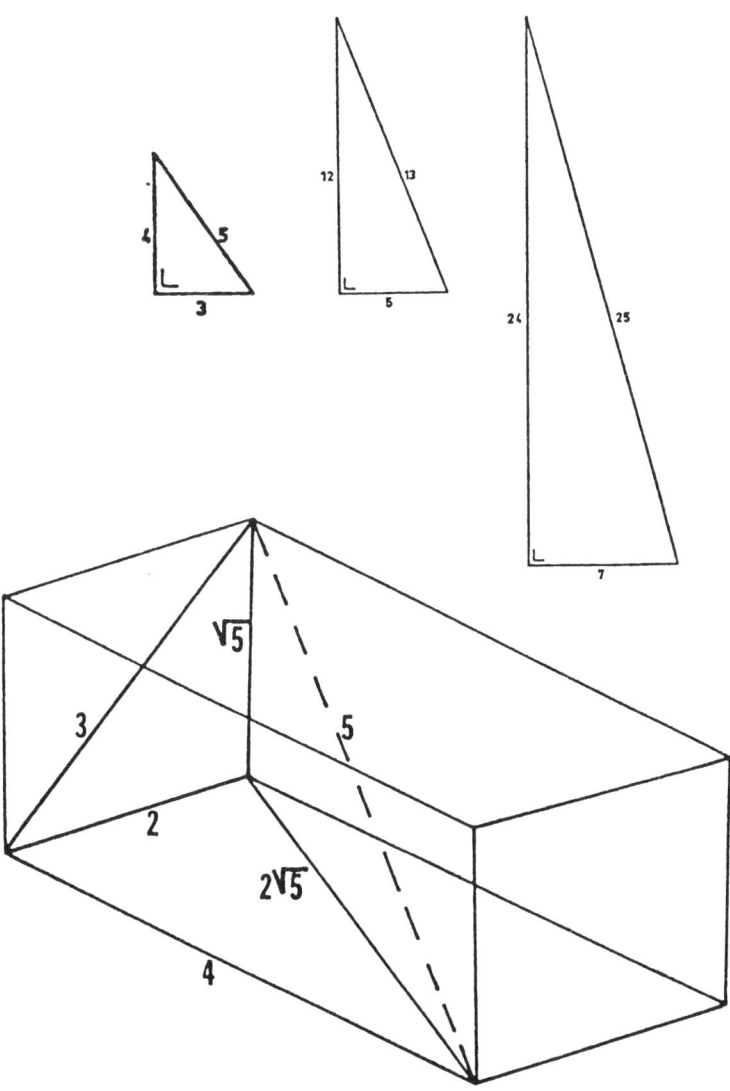

Abb. 100: Drei pythagoräische Dreiecke; das linke entspricht dem halben Aufriß der Chephrenpyramide [Kracke 57] **Abb. 101:** Die pythagoräische 'Königskammer' mit beiden Relationen: Stirnseite 2 : $\sqrt{5}$: 3, Gesamtkammer 3 : 4 : 5 [Fix 20]

der Ägypter selbst, deren mathematische Anfänge gleichwohl im Mittleren Reich zu finden seien.

Die mathematisch hochbegabten Griechen im Gefolge von Pythagoras sollen nach heutiger Gelehrtenmeinung späte Schüler der altbabylonischen Mardu sein, die zwischen -2000 und -1700 'den' Pythagoras in Ton geritzt haben. Wie allerdings das Wissen transferiert werden konnte, ist ganz ungeklärt, weil sich die Babylonier nach tausendjährigem 'black-out' und beunruhigender Geistesschwäche erst nach -600 erneut der Mathematik gewidmet haben.

Bleibt man bei der herkömmlichen Chronologie, müßte man im Falle des Pythagoras paradoxerweise von der eisenzeitlichen Geometrie einer frühbronzezeitlichen Pyramide sprechen. Hier knistert es besorgniserregend in der traditionellen Chronologie zwischen Mesopotamien und Ägypten. Wegen ihrer Orientierung an bibelfundamentalistischen und pseudoastronomischen Vorgaben wird sie nicht überdauern, da sie von den archäologischen Befunden stets aufs neue widerlegt wird. (Dazu und zu den daraus erwachsenden chronologischen Lösungen vgl.: Heinsohn ²1996; Heinsohn/Illig 55, 118-123, 385f, 403; Illig 1992b, 131-135).

Wie schwer es die Ägyptologie mit ihrem eigenen Wissen hat, demonstrierte jüngst Miroslaw Verner. "Einer der renommiertesten Pyramidenforscher der Welt faßt den aktuellen Erkenntnisstand seiner Disziplin zusammen", indem er ein Paradoxon formuliert. Auf seinem hier zitierten Waschzettel wird die Frage gestellt: "Wie gelang es vor beinahe fünftausend Jahren einem Volk, das weder Eisen noch Bronze kannte und elementare Rechenregeln nicht beherrschte, die gigantischen Steinblöcke übereinanderzuschichten"? Im Buch klärt sich das dann ganz einfach:

"Die ersten Schritte hin zum zukünftigen Bauwerk wurden im 'Projektbüro' eingeleitet. Hier erabeiteten Fachleute mit tiefgreifenden Mathematik- und Geometriekenntnissen Pläne auf Papyri [...] Die Bauwerke der alten Ägypter selbst sind der beste Beweis ihrer mathematischen Fähigkeiten" [Verner 1998, 90f].

Zugleich transponiert Verner das Wissen mathematischer Papyri, die ein halbes Jahrtausend später datiert werden, mühelos zurück in die Pyramidenzeit - nicht zuletzt den Satz des Pythagoras [ebd 91].

Vermessungsprobleme

Wir riskieren noch einen Seitenblick zu den Problemen bei der Einmessung der Baustelle. Der eigentliche Baugrund umfaßt eine Fläche in der Größenordnung von rund acht Fußbaldfeldern. Er war keineswegs durchgängig flach, sondern bildete einen Felsstumpf noch unbestimmter Größe. Dieser ist im Verlauf des "absteigenden Ganges" genauso beobachtbar wie an zwei, wenn nicht sogar drei Ecken und an der Westseite [Haase 1998, 25ff, Abb. 18, 21]. Er verhinderte das Abmessen der Diagonalen, also das sicherste Mittel, um die rechten Winkel des Bauwerks zu kontrollieren. Wir kommen deshalb noch zu jenen Methoden, die erdacht worden sein müssen, um die geradezu sprichwörtliche Präzision der Pyramidenausrichtung und Winkelgenauigkeit zu erreichen.

Diese Grundfläche - gemeint ist auch die das Bauwerk umgebende Pflasterung - wurde mit einer derartigen Präzision nivelliert, daß die größte Abweichung von der Vertikalen auf rund 240 m Länge lediglich 2,1 cm erreicht [Stadelmann 1990, 252]. Nonkonformisten würden einfach eine Wasserrinne pickeln, die nach dem Prinzip der Wasserwaage die vorhandene Präzision erbrächte und anschließend vom Pflaster oder vom Steingebirge überdeckt würde. Es gibt sogar Vorschläge, den Baugrund mit einem niedrigen Damm zu umgeben und so eine große Wasserfläche als garantiert ebene Fläche zu erzeugen [Ditfurth/Arzt 1982, lt. Drößler 1990, 106].

Drößlers lockere Formulierung: "und leiteten Wasser in dieses Terrain" ist nicht leicht in die Praxis umzusetzen, da Nil und Nilkanal 44 m tiefer laufen. So erhoben Ägyptologen Einspruch. Weil das Wasser hinaufgeschleppt werden mußte, wäre es vor der Messung "höchstwahrscheinlich verdunstet oder versickert"; deshalb "scheiden alle Wassertheorien aus" [Lehner 1997, 214]. Mangels einer zugelassenen Form der Wasserwaage herrscht nun Erklärungsnotstand. M. Haase, der eisenhart die Meinungen der Ägyptologen verteidigt, bemüht deshalb hölzerne Setzwaagen von vielleicht 50 cm Länge, mutig ergänzt um postulierte Nivellierkreuze. Angesichts des bescheidenen Handwerkszeugs muß er auf vier Seiten kommentieren: "zu erstaunlich präzisen Ergebnissen gekommen", "unglaublich exakt", "erstaunlich", "ganz erstaunliche Resultate", "diese Genauigkeit ist umso erstaunlicher" [Haase 55-58]. So warten die Ägyptologen wegen ihrer Wasserscheu noch auf das einschlägige Ei des Kolumbus. Dabei gibt es sogar Indizien für ein abgedichtetes Plateau: Auf dem Gelände wurden Spalten im anstehenden Fels so geschickt mit Steinpropfen verschlossen, daß sie erst 1986 P. Délétie auffielen [Kérisel 67].

Kommen wir nun zur exakten Justierung nach den Himmelsrichtungen. Ist sie seit Otto *Neugebauers* Vorschlag von 1980 noch ein Rätsel? Sein Verfahren funktioniert so:

Man nehme ein präzis gearbeitetes Pyramidion und setze es so auf die absolut ebene Fläche des zukünftigen Bauwerks, daß zwei Kanten ungefähr Süd-Nord verlaufen, und verlängere diese Kanten als Linien auf der Basisfläche. Dann beobachtet man während eines Tages, an welchen Punkten der Schatten des Pyramidions diese beiden Linien schneidet. Sind beide Kanten-Linien-Abschnitte absolut gleichlang, ist das Pyramidion genau nach Süd-Nord orientiert. Sind sie es nicht, wird das Pyramidion etwas gedreht und am nächsten Tag erneut gemessen. Dieses Verfahren führt bei täglicher Wiederholung zu beliebig genauen Resultaten. So könnten die alten Ägypter ohne jede Kenntnis von Himmel und Astronomie und vor allem auch ohne exakt im Norden stehenden Polarstern die Cheopspyramide justiert haben [Neugebauer].

Dieser Weg zur exakten Justierung könnte über eine Zwischenstation geführt haben. Nachdem das Pyramidion die Süd-Nord-Achse in guter Näherung wies, wurde die erste der drei Nebenpyramiden, die ohnehin wie im Maßstab 1 : 5 verkleinerte Modelle der Hauptpyramide wirken [Kozinski laut Michalowski 1971, 140], als 29 m hoher Gnomon errichtet. Mit den nun möglichen Messungen, die durch eine zweite Nebenpyramide noch einmal präzisisiert werden konnten, wurde die Hauptpyramide so 'ins Lot' gebracht, daß noch heute die Präzision Staunen hervorruft. Leider funktioniert diese elegante Methode nur in wenigen Wintermonaten, weil bei höherstehender Sonne ein Pyramidion genausowenig wie eine Pyramide mit 52° Böschungswinkel um die Mittagszeit einen Schatten wirft...

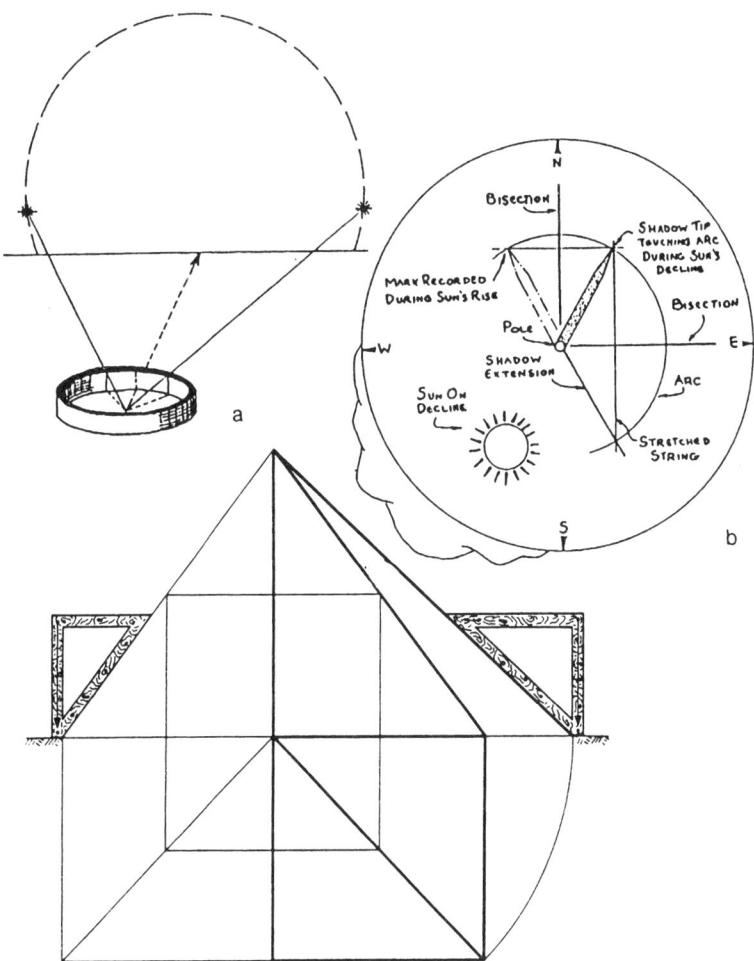

Abb. 102: a) Nordbestimmung mit künstlichem Horizont und Sternbeobachtungen nach Edwards b) mit Hilfe der Halbierung zweier Sonnenschattenmessungen nach M. Isler [Stadelmann 1990, 254] **Abb. 103:** Rißmethode nach A. Kottmann: Der Aufriß wird im Maßstab 1:1 auf eine Ebene gezeichnet und um eine Hälfte des Grundrisses ergänzt. Durch Verschwenken der Diagonale erhält man wahre Länge und wahre Neigung der vier Grate. Mit hölzernen Winkellehren könnte die Einhaltung der Maße am Bau geprüft werden [Kottmann 39]

Schon der Schatten eines Obelisken oder eines anderen Gnomon würde bessere Dienste leisten, doch das wird in der einschlägigen Literatur erst seit *Isler* gesehen [Stadelmann 1990, 254]. In einer längeren Meßreihe kann mühelos für jeden Tag der Punkt festgelegt werden, bis zu dem der kürzeste Schatten reicht (Abb. 102b). Spätestens nach einem Jahr können die Beobachter eine präzise Gerade zeichnen, die vom Obelisk genau nach Norden weist. Leider liegen diese Meßpunkte allesamt nicht weit vom Schattenwerfer entfernt, weil nun einmal die Sonne Ägyptens sehr hoch steht.

Insofern erscheint es zweckmäßiger, auf einen künstlichen Horizont für nächtliche Messungen zurückzugreifen, wie ihn I.E.S. *Edwards* in die Diskussion eingebracht hat (Abb. 102a). Als solcher dient eine gerade oder gekrümmte Mauer mit absolut waagrechter oberer Abschlußkante. Von einem festgelegten Beobachtungspunkt aus wird während einer Nacht darauf geachtet, wie Sterne bei ihrer Zirkumpolarbewegung hinter dieser Mauer unter- und wieder aufgehen. Die beiden Punkte des 'Mauerkontaktes' eines Sterns werden markiert. Zwischen diesen Meßpunkten, genau in ihrer Mitte, liegt die exakte Nordrichtung [Edwards 246ff].

Diese Methode hat den großen Vorteil, daß durch die nächtliche Peilung eine sehr viel längere Meßstrecke festgelegt werden kann, sogar über die ganze Pyramidenseite hinweg. Damit ist maximale Genauigkeit zu erzielen. Auch funktioniert sie unabhängig davon, ob damals ein Stern exakt an der Stelle des Himmelsnordpols gestanden ist. Mittlerweile hat sie Rolf Krauss [lt. Haase 1998, 64f] zurückgewiesen, weil die Sterne in Giza nicht senkrecht aufgehen. Deshalb müßte ein Meßfehler in Richtung Osten auftreten, während die effektive Pyramide minimal nach Westen 'verzogen' ist. Eine Variante dieser Methode ist aber von Josef *Dorner* in der Praxis ausprobiert und für gut befunden worden [vgl. Stadelmann 1990, 254].

So ist nachvollziehbar, daß drei Pyramidenseiten um den absoluten Minimalbetrag von weniger als 2,5 Bogenminuten von der Nord-Süd-Richtung abweichen. War aber die Messung als solche kein Wunder, so sollte man vielleicht doch die exakte Bauausführung, die an keinem anderen großen Bauwerk überboten worden ist, als ein solches bezeichnen.

Über Bauzeichnungen wissen wir so gut wie nichts. Die Präzision der Ausführung scheint jedoch genaueste Vorlagen vorauszusetzen. Der mutigste Vorschlag kommt hierzu von **Kottmann** und **Heise** (Abb. 103). Ihrer Meinung nach haben die Architekten den Aufriß in natürlicher Größe auf eine plane Fläche geritzt und um eine Grundrißhälfte ergänzt. So erhielten sie 'abgreifbar' die wahre Länge und Neigung der vier Grate [Kottmann 38f]. Doch wo wäre die Steinfläche für diesen Riesenplan gewesen? Da Kottmann uns die Lösung überläßt, sähen wir allein die Grundfläche der späteren Chephrenpyramide. Doch die diente nach gängiger Meinung damals als Bauhof für Cheops' Pyramide. Um hier ein Reißbrett vorzubereiten, hätte nicht nur ein anderes, ebenso nahegelegenes Bauhofterrain gefunden, sondern die gesamte, ursprünglich ziemlich schräge Fläche schon unter Cheops nivelliert werden müssen, eine ganz unwahrscheinliche Vorstellung. Insofern sollten wir eher ein Riesenbündel Papyrusblätter ins Kalkül ziehen; leider hätte es nirgends ausgebreitet werden können...

Aufklärung läßt sich von den Ausgrabungen vor Ort erwarten. Gegen erhebliche Widerstände im eigenen Land sind Zahi Hawass, dem Direktor und Ausgräber von Giza, 1992/93 eine ganze Reihe von Entdeckungen gelungen: von der kleinen Satellitenpyramide (Kultpyramide) an der Südost-Ecke der Hauptpyramide über den Taltempel und den abgewinkelten Aufweg bis zur Arbeiter-, Künstler- und Priesterstadt. Er kann auch Markierungen auf den Felsen des Giza-Plateaus präsentieren, die als Probestrecke für eine Pyramide gelten [Kastner 1993; Haase 1998, Abb. 17]. Wenn alle Ausgrabungen durchgeführt und veröffentlicht sein werden, können wir auch die Vermessungstechnik der Pharaonenzeit besser einschätzen.

Vom Pyramidenstumpf zur Spitze

Wir bleiben auf dem Niveau der "Königskammer", versetzen uns aber in eine Zeit, in der diese Kammer noch nicht begonnen worden ist. Auf dem freien Plateau trafen pausenlos neue Steine ein; wie wir gehört haben, bis zu 1 Stein pro Minute. Doch das hört sich dramatischer an, als es im Regelfall war. Denn in dieser Höhe besteht eine Steinlage aus rund 16.400 Steinblöcken. Diese Fläche ist immer noch so groß wie vier Fußballfelder und bietet zahlreichen Arbeitstrupps reichlich Platz.

Auch hier oben werden Schienen verlegt, auf denen der beladene Schlitten weitergleiten kann. Am Verlegeplatz wurde der Steinblock losgebunden, mit mehreren kräftigen Hebeln angehoben und unterbaut, dann Schlitten und letztes Schienenstück entfernt. Nun wird der Quader mit Hilfe einer einzigen Rolle und mehrerer Hebel an Ort und Stelle befördert, die Rolle entfernt, die endgültige Position mit den Hebeln erzwungen. Der Block lag in seiner definitiven Position und schon wurde das letzte, bewegliche Schienenstück zum nächsten Verlegeplatz gerückt. Die kreissegmentförmigen Ausrichthilfen von Clarke und Engelbach belassen wir im Magazin, weil der Stein in seine Endposition erst ausgerichtet werden kann, nachdem er von diesen Holzteilen heruntergehievt worden ist. Auch dieses vermeintliche Hilfsmittel ist wie so manch anderes praxisuntauglich.

Wir bringen 7 Verlegemannschaften für jedes der 4 auf diese Höhe führenden Aufzugsysteme in Ansatz. Weil die leicht verschiebbaren Schienenstücke wohl nicht so gleitfreundlich waren wie die fest verlegten Geleise in der Ebene oder an der Bauflanke, gehen wir von 13, nicht von 11 Schleppern je Mannschaft aus. Hinzu treten hier jeweils 13 Hebler, Steinmetze, Gleisbauer, Aufseher, Wasserträger etc. Wir hätten also insgesamt 26 · 28 = ***728 Mann als Verlegungstrupps*** im Einsatz. Wir berücksichtigen diesen Mittelwert bei unserer Gesamtrechung in dem Bewußtsein, daß diese Zahl beim Hochwachsen der Pyramide überboten, aber auch weit unterboten worden ist.

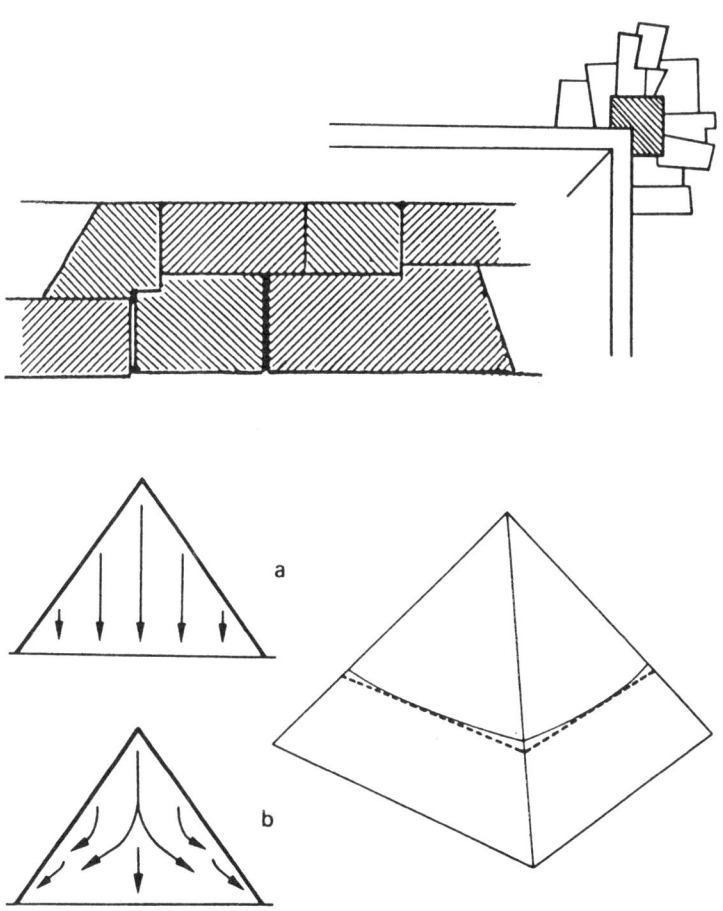

Abb. 104: Schräg- und Winkelfugen an den Verkleidungssteinen [Goyon 158] Abb. 105: Vielfach verzahnte Fundamentblöcke rings um einen Eckstein [Fix 239] Abb. 106: Senkrechte Druckkräfte in einer a) gut gebauten, nach außen wirkende Druckkräfte in einer b) schlecht gebauten Pyramide [Mendelssohn 91] Abb. 107: Leichtes Anböschen einer Steinlage zu den Ecken hin als Schutz gegen schräge Schubkräfte [Mendelssohn 114]

Soweit wir erkennen können, sind die Steine im Inneren der Pyramide weniger präzis aneinandergefügt als an den Außenseiten. Insofern benötigte man auch wenig abschließende Steinmetzarbeit, wenn die Blöcke mit hinreichend senkrechten Flächen angeliefert wurden. Die hier geschilderte Methode verlangt, was der Bauarchäologe ohnehin nachgewiesen hat: Die Verkleidungssteine mußten mit der jeweiligen Steinschicht zugleich verlegt werden. Es kann auch gar nicht anders sein. Die Verfechter einer Spiralrampe übersehen eines. Ihr Wendelschneckenpfad verdeckt zwar fast die gesamte Oberfläche, erreicht aber keineswegs alle Steinpositionen der Oberfläche direkt. Daraus resultiert die unangenehme Notwendigkeit, daß bei Abbau der umhüllenden Rampe ununterbrochen kleinere Rampen so gebaut werden müßten, daß alle Verkleidungssteine ihre Positionen in der Außenhaut erreichten. Der Aufwand dafür ist ein Ding der Unmöglichkeit, zumal das Abbruchmaterial keineswegs ein zweites Mal Verwendung finden konnte. Luftgetrocknete Lehmziegel zerbrechen und zerbröckeln beim Abbruch, weshalb ständig neugebackene über die Hauptrampe herangeschafft werden müßten. Damit ist die Spiralrampe noch endgültiger ausgemustert.

Glättung und Steinverbund

Bei unserer Lösung wird die Glättung der Verkleidung vom Pyramidenstumpf aus vorgenommen. Das wäre in den höheren Lagen sogar im Liegen zu machen, weil die Steine im Schnitt nur noch 60 cm hoch sind. Trotzdem werden wir von Arbeitsbühnen ausgehen können, die an zwei Tauen von oben an die Schräge gehängt wurden, um möglichst bequem die Glätt- und Schleifarbeiten ausführen zu können. Hierfür genügten **20 Mann**. Denn wir dürfen bedenken: In Höhe der "Königskammer" werden je Schicht rund 650 Verkleidungssteine verlegt, während 16.400 Innensteine plaziert werden müssen. Wenn - das entspricht unserer Grundprämisse - jede Minute ein Stein plaziert wird (für den einzelnen Stein bleibt natürlich dank der 28 Verlegungsteams bedeutend mehr Zeit), dann braucht eine einzige Lage über 32 Arbeitstage. In dieser Zeit können 20 Zuschleifer jeweils an einem Arbeitstag einen Verkleidungsstein glätten, also eine Fläche von rund 1,5 m² bewältigen.

Wie sah der damalige Steinverbund aus? Würde heute in Beton gebaut, müßte eine genaue Anzahl von Dehnungsfugen eingeplant werden. Nur so könnte den täglichen hohen Temperaturdifferenzen Rechnung getragen werden, nur so trotz ständiger Ausdehnung und Kontraktion Spannungen im Gesamtgefüge vermieden werden. Durch die Verwendung vieler, großformatiger Steine ist dieses Problem ideal gelöst; wäre es anders, stünden auch diese letzten antiken Weltwunder nicht mehr. Ein zweiter Grund ist die Verlegungsart. Wie jeder Maurer weiß, steht eine Mauer, bei der die Steine einfach aufgehäuft werden, nicht sehr lange.

"Der Zusammenhalt und die Tragfähigkeit des Mauerwerks erwächst aus der vollflächigen und dichten Berührung aller Steinflächen und dem sich daraus ergebenden Reibungswiderstand" [Göres 13].

Deshalb müssen Steine nach einem genau definierten Muster verlegt werden, das mit wachsender Mauerstärke immer komplizierter wird. Bei einschaligem Mauerwerk, das nur eine Steinlage stark ist, sind lediglich die Fugen einer Lage durch die Steine der nächsten Lage zuzudecken. Bei zweischaligem Mauerwerk werden die Steine auch untereinander verzahnt - man spricht von Läufer und Binder, von Block- oder Kreuzverband. Das gilt für Kernmauerwerk wie für Verblendsteine. Diese konnten beispielsweise im "märkischen Verband" mit dem Kern verbunden werden.

Die alten Ägypter haben noch kompliziertere Verbände gewählt. So benutzten sie sehr gerne auch schräge Fugen oder trapezförmige Zuschnitte, um den Bau optimal gegen Spannungen und Rißbildungen zu schützen (Abb. 104). Dank einer Bresche auf der Südseite wissen wir, daß sie immer wieder Steine von einer Lage in die darüberliegende hineinragen ließen [Stadelmann 1985, 109]. Für eine solche Verzahnung genügen so wenige Zentimeter, daß sie von Unkundigen übersehen werden kann. Ganz wichtig bleibt aber die wechselseitige Fugenüberdeckung: Jede Fuge wird vom darüber- und darunterliegenden, aber auch vom danebenliegenden Stein überdeckt.

An der Cheopspyramide tritt Mörtel in zwei Varianten auf. Für die Kernmauerblöcke ist eine Mischung aus "Gips, Kalkmehl, Sand und sogar Granitsplittern" reichlich verwendet worden. Welchen Zweck hatte er?

"Um nicht große gewichtige Steinblöcke verlegen und jede Steinfläche paßgenau schleifen zu müssen, wie es die antiken Baumeister noch taten, haben wir die Mörtelfuge erfunden. Der Mörtel ist also kein Klebstoff, der die Steine zusammenkittet, sondern eine härtende Füllmasse" [Göres 13].

Um trotz dieser harten Füllmasse Dehnungszonen zu erhalten, sind möglicherweise sandgefüllte Leerräume integriert worden, wie sie Kérisel mikrogravimetrisch im Cheops-Bau aufgespürt und auch faktisch neben dem Gang zur "Königinnenkammer" erbohrt hat [Kérisel 70]. Außerdem scheinen, wenn man ins Bauinnere vordringt, die Blöcke nicht durchwegs nahtlos aneinandergefügt zu sein, sondern nach bestimmten Verlegeregeln mit Luft zwischen den Fugen [Arnold 1991, 160f].

Dagegen verbindet die erhaltenen Verkleidungssteine ein Gipsmörtel in maximal millimeterstarker Schicht, der wie eine feine Lamelle aussieht [Stadelmann 1985, 109f]. Er könnte als Gleitmittel gedient haben, aber auch als Schutz vor eindringendem Wasser. Bei der Chephren-Pyramide hat D. Klemm auch Zementreste nachgewiesen. Dafür mußte "ein Gemisch aus Kalk, Quarzsand und Tonmineralien auf 1000 Grad erhitzt werden" [Schulz 1996, II 159].

Für die Überwachung der Arbeiten oben auf der Pyramide setzen wir *72 Mann* an. Hier, wo dieses riesige Puzzle, dieser übergroße Steinbaukasten möglichst reibungslos zusammengesetzt wird, braucht es diese Anzahl an Kontrolleuren, da sie nicht zuletzt bei eventuellen Abweichungen Sorge tragen müssen, diese bei der Planung der nächsthöheren Schicht zu berücksichtigen.

Lange übersehen wurde von den späteren Beobachtern, daß bei dem gewaltigen Gewicht einer so großen Steinmasse eine nach außen gerichtete Kraftkomponente auftritt. Denn eine Masse, die nach unten drückt, will unter ihrem eigenen Gewicht nach außen auswei-

Abb. 108: Borchardt behauptete, die Cheopspyramide sei aus fast senkrechten, ineinandergestellten Kuben erbaut, über denen die Verkleidung lag. Sie geistert unbewiesen noch immer durch die Literatur [Goyon 43] **Abb. 109:** Ein Photo, um 18 Uhr an einer Tagundnachtgleiche aufgenommen, zeigt die Gizapyramiden im reinen Westlicht. Nur der Cheops-, nicht der Chephrenbau zeigt das Phänomen der 'Taillierung' [Gossart 6]

chen, sofern der Untergrund widersteht (Abb. 106). Es bilden sich charakteristische Kraftlinien [Mendelssohn 91].

Das Ausweichen der unteren Steine einer Pyramide kann man verhindern, indem man jeden einzelnen Stein zur Mitte hin geneigt einbaut. Diese Methode wird unübersehbar in der 3. Dynastie angewandt, läßt sich aber an der Cheopspyramide nicht nachweisen [Stadelmann 1985, 109]. Trotzdem scheinen die Steinlagen in ihrer Schichtung schräg zur Mitte hin abzufallen (Abb. 107), wie dies andere Kenner behaupten [Mendelssohn 114; Lepre 70]. Genau wird man dies erst beim Abbau der Pyramide nachmessen können. Heute schon sichtbar sind die von anstehendem Felsen gebildeten Ecken beziehungsweise in den Felsgrund eingelassene Eckblöcke. Sie allein würden als Sicherung nicht ausreichen; unter dem gewaltigen Druck würden diese Stützen zerrieben, während die Steine ringsum ausbrächen. Auch hier ist beim Verlegen Vorsorge getroffen worden (Abb. 105).

Bei der Cheopspyramide ist, wie schon bei Snofrus Pyramide in Dahschur-Nord, die Mitte der jeweiligen Pyramidenseite etwas eingezogen, was sich durch eine Photoaufnahme zur Zeit der Sommersonnenwende auch optisch gut nachweisen ließ (Abb. 109). Vermutlich gehörte auch diese 'Taillierung' zu den statischen Sicherungsmaßnahmen für eine rißlose Oberfläche.

All diese Vorkehrungen dulden eines nicht: Lang durchgehende senkrechte oder waagrechte Fugen. Sie wären ein Instabilitätsfaktor ersten Ranges. (Nur beim Granitkern ist davon auszugehen, daß er ohne Verzahnung in seine Kalksteinhülle 'gesteckt' worden ist.) Schon aus diesem Grund müssen die 'Schalen' der Cheopspyramide entschieden abgelehnt werden, die seit L. *Borchardts* Veröffentlichung von 1932 immer wieder in der Literatur abgebildet werden [etwa Lange/Hirmer 1961, 43; auch 1985], ohne jemals nachgewiesen worden zu sein [Stadelmann 1985, 109]. Die angeblichen, um einen Mittelturm senkrecht gestellten, separaten 38 Kuben wären das sicherste Mittel gewesen, um der Cheopspyramide nur ein sehr kurzes Leben zu sichern (Abb. 108). Insofern kann dieses Postulat von Borchardt, das kein späterer Forscher bestätigen konnte, ersatzlos gestrichen werden.

Abb. 110: Das Handwerkszeug der Pyramidenzeit demonstriert lange Tradierung beim Werkzeug: 1-5,7 Kupfermeißel; 6,12 Kupferschneiden; 8,18,19 Spaten Dechsel); 9,10 Holzklöpfel; 11 Kupfersäge; 13 Steinbruchpicke; 14 Dolerithammer; 16 Hölzerne Hacke; 17 Hebel; 20-23 Bohrer und Bohrspitzen aus Feuerstein [Goyon 90]. Leider legt G. Goyon den Klöpfel eines Steinmetzes in die Hand eines Steinbrechers [Goyon 83], der weder damals noch heute mit ihm gearbeitet hätte.

Der Physiker Kurt *Mendelssohn* hat sich mit der Pyramide von Meidum beschäftigt. Bei ihr ragt heute ein steiler Innenkern aus einem Schuttkegel heraus. Deshalb sprach er von einem Pyramideneinsturz, der unabweislich gewesen sei, weil der Mantel nicht hinreichend mit diesem Kern verzahnt worden wäre. Gleichwohl wird heute seine These von den Ägyptologen entweder entschieden zurückgewiesen - neuerdings auch von Gantenbrink [Wisnewski 1998, 18] - oder der Einsturz des Pyramidenmantels nicht einmal erwähnt [Stadelmann 1985]. Es ist bedauerlich, daß die Ägyptologie derartige Außenseiterideen nur selten akzeptiert, sondern in der Hoffnung übergeht, daß sie irgendwann einmal obsolet werden - schließlich hat die 'uralte' Ägyptologie schon viele Neuerungsversuche unverändert überdauert. Das könnte ein Grund sein, warum bis heute so viel offensichtlicher Unsinn über den Pyramidenbau in Umlauf geblieben ist. Das endlose 'Gesundbeten' der absurden Kupferhärtung wie das krampfhafte Festhalten an der längst widerlegten Rampentechnik von seiten der Ägyptologen legt dies nahe.

Die Realität straft solche Scheuklappenmentalität Lügen. Denn das gefundene Handwerkszeug ägyptischer Pyramidenbauer dokumentiert aufs beste eine jahrtausendelange Handwerkskontinuität bis hin zur Gegenwart. Es kann auch gar nicht anders sein, als daß Werkzeuge über einen sehr langen Zeitraum hinweg fast identische Form bewahren, wenn sie einmal ihrer speziellen Aufgabe entsprochen haben. Änderungen werden erst dann wieder vollzogen, wenn entweder ganz neue Materialien zum Einsatz kommen oder - erst in jüngster Zeit - gezielte ergonomische Studien betrieben werden. So geschieht das 'Abschnüren' der Steine, also das Markieren mit einer gespannten, ockergefärbten Schnur noch heute auf dieselbe Weise, so hat der Klöpfel des zurichtenden Steinmetzes noch heute dieselbe Form wie einst bei den Ägyptern. Drückt man allerdings den Klöpfel eines Steinmetzes einem Steinbrucharbeiter in die Hand (Abb. 110), wie dies Ägyptologen passieren kann [Goyon 83], dann wird die Handwerkskontinuität verwirrt.

Es spitzt sich zu

Zurück auf die Baustelle. Mit wachsender Höhe der Pyramide reduzieren sich Arbeitsfläche und Arbeitsvolumen zusehends. Die Schlittenaufzüge werden einer nach dem anderen abgebaut, bis auf die letzte Höhe nur noch ein einziger Aufweg führt. Dank der Umlenkböcke treten auch auf stark reduzierter Arbeitsfläche kaum zusätzliche Probleme auf. Die Böcke für den Aufzug stehen ja ganz am Rand der Pyramide und nehmen so nur sehr wenig Platz auf der Fläche ein.

Die schließlich verbleibende Zugmannschaft 'an Deck' kann auch auf einem arg kleingewordenen Areal - beispielsweise 15 · 15 m - noch einen Stein bewegen. Sie behilft sich mit zwei Umlenkböcken, die gegenüber den Aufwegsböcken an der hinteren Kante der Bauoberfläche angebracht werden. Nun kann sie zum Ziehen ihres Blockes auf demselben Leiterweg die Pyramide hinabsteigen, auf dem die Aufzugmannschaft agiert. Außerdem lassen sich die immer kürzer werdenden Strecken auch mit Hebelkraft bewältigen. So gibt es bis zur eigentlichen Spitze keine Probleme. Wie aber sieht es mit dem Pyramidion aus? Wie wird dieser Abschlußstein an seine mehr als exponierte Stelle gebracht? Löhner hat versucht, dieses Geschehen in einem Bild einzufangen.

Vorweg müssen wir F. *Abitz* und Otto Muck widersprechen. Abitz' oberster Schrägaufzug, temporärer Einbau direkt unter und neben dem 'auf ewig' installierten Pyramidion, wirft die allergrößten Probleme auf, die der Erfinder nicht ausgeräumt hat. Und *Muck* vermutete, daß die Cheopspyramide in einer Plattform von ca. 2,5 m Seitenlänge kulminierte, auf der eine goldene Scheibe oder Kugel stand [Muck 208-212]. Wir bräuchten gar nicht Erhard Kästner zu zitieren, der spürte, "es ist die Spitze der Pyramide, welche die Pyramide bestimmt" [Kästner 1976, 343]. Schon der Analogieschluß von der Chephrenpyramide her läßt Mucks Idee sehr unwahrscheinlich wirken. Denn hier können wir noch heute sehen, wie groß das Pyramidion gewesen ist und wie es befestigt war (Abb. 162): Die obersten vier Blöcke, die eine Fläche von rund 1,50 · 1,50 m bilden, waren in der Mitte eingetieft; hier rastete das Pyramidion mit seinem flachen

Abb. 111: Chephrenpyramide. Oberste Steinlagen nach Lepsius und Rekonstruktion des Pyramidions [Stadelmann 1985, 134] **Abb. 112:** Arbeitsplattform für das Löhner-Illig-Modell [Zeichnung Illig] **Abb. 113:** Schematisches Diagramm für den Arbeitereinsatz beim Bau von einer Pyramide nach der anderen (oben) und bei zeitlicher Überlappung (unten) [Mendelsohn 129]

Sockel ein und blieb so auch vom stärksten Wind unbeeindruckt [Stadelmann 1985, 134].

Seine Substanz können wir nur mutmaßen: War es Granit, war es Diorit, war es ein mit Gold überzogener Stein, analog zu den Spitzen der Obelisken? Aus dem Alten Reich kennen wir nur drei Schlußsteine: von Kleinpyramiden bei Cheops und Mykerinos und vom Snofru-Bau in Dahschur-Nord [Haase 172]. Alle drei sind aus Kalkstein, erlauben aber keinen zwingenden Schluß auf die allergrößte Pyramide. Auffällig ist bei Snofrus Schlußstein die Formung, mit der die Stereometrie 'zurechtgebogen' und so buchstäblich auf den Punkt gebracht wird. Denn trotz aller Baupräzision werden die vier Grate und Flächen nie millimetergenau aufeinander zulaufen. Und so ist hier jeder Grat anders geformt, hat jede Fläche eine andere Neigung [Stadelmann 1985, 101, Tafel 29].

Das Aufsetzen des Pyramidions. Eine Illustration

Ruhig und dennoch rasch stiegen fast fünfhundert Männer dicht neben- und hintereinander die Treppenstufen zu beiden Seiten des Pyramiden-Aufwegs hinauf und nahmen ihre Plätze an den Querhölzern der Zugseile ein; bereits Tausende von Malen hatten sie das schon getan. Tausende von Malen waren sie auch die Pyramide hinabgestiegen; immer das umwickelte Holz vor der Brust mit beiden Händen umklammernd, hatten sie sich - halb darauf liegend - dagegengestemmt und Stein um Stein nach oben gezogen. Immer hatten sie darauf geachtet, gleichmäßig zu ziehen, gleichmäßig zu gehen, das Zugholz nicht zu verkanten, Vorder-, Hinter-, Nebenmann nicht zu behindern, hatten den Anweisungen des Vorarbeiters fast automatisch gehorcht und dennoch Zeit und Atem gefunden, sich zu unterhalten und Späße mit- und übereinander zu machen. Manche waren schon Jahre dabei, andere, junge, erst Monate, aber auch sie waren schon Routiniers.

Im Dämmerlicht vor Sonnenaufgang herrschte noch Morgenkühle, aber bald würde die Tageshitze über sie kommen.

So war es eigentlich wie an jedem Tag auf dieser riesigen Baustelle, und doch war es heute anders. Denn heute setzten sie das Pyramidion, heute krönten sie die Pyramide. Schon seit Wochen stand es bei den Steinmetzen. Es war als grober Block vom Steinbruch gekommen, nur ungefähr zur Pyramide geformt. Dann hatten die Steinmetze die endgültige Form herausgearbeitet. Das forderte ihre ganze Meisterschaft heraus. Denn in ihm liefen vier Grate, vier Flächen zusammen, die trotz bester Messungen während der gesamten Arbeitszeit etwas von der Ideallinie abwichen. Die Steinmetze hatten das auszugleichen. Deshalb hatten sie ganz oben, als nur noch wenige Lagen fehlten, ein Lehrgerüst aus Latten errichtet, um die tatsächliche Neigung aller Grate genauestens zu berücksichtigen.

Nach ihnen werkten die Steinschleifer. Um und um hatten sie den Block gekantet, damit die zu bearbeitende Seite immer waagrecht lag. Viele tausend Male hatten sie den Schleifblock darüber gezogen. Ständig waren die Wasserträger unterwegs gewesen und hatten immer neue Krüge in den Holzbottich gekippt, von dem aus ständig ein dünnes Rinnsal über die Schleiffläche lief. Schließlich hatten sie allerfeinsten Quarzsand und Schmirgel benutzt und zuletzt auch Wasser mit dicken Wergballen richtig in den Stein hineingerieben, bis er wunderbar glänzte.

Während sie oben auf der Pyramide dem Schlußstein die Basis schufen, bereiteten ihn andere für das Hinaufziehen vor. Nach Schutz seiner Kanten wurde er abgedeckt. Männer mit mächtigen Hebelstangen, je drei an einem Gerät, hoben ihn von beiden Seiten für zweimaligen Unterbau an. Dann wurden ein kurzes Schienenstück und der Spezialschlitten untergeschoben. Er war eine besondere Arbeit: länger als normal, die Längshölzer genauso wie die vorderen Haken verdoppelt und durch schräge Verstrebungen gesichert.

Die Gleithölzer hatten vorher mit ihren Unterseiten zwei Wochen in einer Ölwanne gestanden und waren heute morgen noch einmal dick mit Talg eingelassen worden.

Zimmerleute hatten die Verstrebungen und Schalungen angebracht, die den Stein beim Hinaufziehen halten sollten. Sorge galt auch dem Stoff, mit dem alles Holz, wo es den polierten Stein berührte, umhüllt sein mußte. Nichts sollte den Glanz des Steins beeinträchtigen.

Die ganze Zeit über hatten der große Baumeister und die anderen Meister beraten, hatten gestenreich immer neue Arbeitsvarianten durchgesprochen und mit Hebeln und Rollen Arbeitsabläufe simulieren lassen. Dann waren die unteren Meister und Vorarbeiter zusammengerufen worden, um in einer lang dauernden Besprechung genau festzulegen, was jeder einzelne Trupp, ja jeder Mann wann und wie zu tun hatte.

Es folgten Tage hektischer Betriebsamkeit. Jedes Teil war überprüft, viele Seile waren erneuert, Querhölzer ausgetauscht, die Windenböcke überprüft, neu geschmiert, exakt postiert und verkeilt worden. Die Aufwegschienen waren neu geschmiert, ihr fester Sitz geprüft und an manchen Stellen mit Keilen verbessert.

Derweil war das Pyramidion, immer noch sorgsam abgedeckt, an die Pyramide herangeschafft, die kurze Rampe hinaufgezogen und am Fuße des letzten, großen Aufwegs sorgfältig unterbolzt und verkeilt worden.

Der gestrige Ruhetag war seltsam verlaufen. Viele hatten ihn mit ihren Familien verbracht, andere waren in der Arbeiterstadt geblieben, hatten im Schatten gedöst, ein wenig gespielt und getrunken. Die Meister und Vorarbeiter aber waren alle auf der Baustelle, auch sie hatten sich unterhalten, hatten gescherzt und gelacht und ein wenig getrunken. Aber immer wieder waren ihre Gespräche verstummt, ihre Gedanken abgeschweift. Noch einmal und noch einmal waren sie ihre Aufgabe anderntags in Gedanken durchgegangen; die einzelnen Arbeitsabläufe, ja einzelne Handgriffe im Geiste nachvollziehend, hatten sie ihre eigenen Standorte festgelegt, um bei Unregelmäßigkeiten rechtzeitig eingreifen zu können. Denn morgen würde es zwei Premieren geben. Das Pyramidion sollte langsam, majestätisch und würdevoll die Pyramidenflanke hinaufgleiten, in einem Zug, ohne jede Stockung. Und dann würde sich die Pyramide erstmals in ihrer ganzen Größe und Schönheit präsentieren.

Der ununterbrochene Aufzug verlangte mehr Zugkraft als sonst und einen fliegenden Wechsel der Seile für die Windenböcke. Das bedeutete ein Maß an Abstimmung zwischen den einzelnen Windenmeistern, den Seil-Anschlägern und den Vorarbeitern der Zugmannschaften, welches sogar für diese überaus gut organisierte Baustelle neu und ungewohnt war. Besondere Handzeichen waren vereinbart worden, und die Vorarbeiter hatten sie wieder und wieder verinnerlicht, damit kein Brüllen die feierliche Stille durchbrechen würde.

Dazu kam noch, daß mehr Zugmannschaften und Windenböcke als sonst eingesetzt wurden, eben um dieses gleichmäßig ruhige Hinaufgleiten zu gewährleisten. Aber das brachte Schwierigkeiten beim Seillauf mit sich, weshalb eine Anzahl von Vorarbeitern dazu eingeteilt war, die Seile zu beobachten und mit gekrümmten Stöcken ein Verheddern zu verhindern. Viele Menschen und Gerätschaften mußten fehlerlos arbeiten, um jedes Stocken zu vermeiden.

Und eines machte den Verantwortlichen nicht wenig Sorgen, denn: Das Große Haus, der Pharao persönlich würde anwesend sein, der göttliche Sohn Ra's sollte das Pyramidion und den Rohbau der Pyramide weihen, in Anwesenheit des ganzen Hofstaats und der Hohenpriester. Deshalb war das ruhige, feierliche Hinaufgleiten angeordnet worden, denn das sonst übliche Hochziehen mit mehrmaligem Halten zum Seilwechseln hätte nicht dem Aufsteigen der Sonnenscheibe entsprochen. Und deshalb machten sich die Meister Sorgen.

Doch nun war der Tag gekommen. Der lange Zug mit dem Erhabenen hatte sich der Pyramide genähert und an der Südostecke Aufstellung genommen. Gebete und Gesänge hatten das Heruntergleiten des frühen Sonnenlichtes an der Pyramidenflanke begleitet und unmittelbar, bevor es die ersten Sonnenstrahlen trafen, war das Pyramidion feierlich enthüllt worden, auf daß sich das heilige Gestirn im glänzend polierten Stein spiegele. Es stand in der Mitte vor der Südseite, wo der letzte verbliebene Aufweg bis zur Spitze hinaufführte. Jeder der Anwesenden wußte, dieses Aufglänzen war in Zukunft das Erste, mit dem das heilige Gestirn an jedem Morgen den erhabenen Bau beleben würde. Milde gestimmt durch den Widerschein des eigenen Glanzes würde die Gottheit jeden Tag das Land segnend erwärmen und die Schatten der Nacht vertreiben. So hatte es der Hohepriester in Vertretung des Göttlichen verheißen.

Dann hatten sich der Erhabene, sein Hofstaat und die Hohenpriester in den Schatten der sorgsam errichteten Pavillions begeben, dessen Stoffbahnen sich in der leichten Brise blähten. Er gab feierlich das Signal, und alles beobachtete, wie sich das Pyramidion, dunkelglänzend die Sonne widerspiegelnd, in Bewegung setzte und scheinbar schwerelos die Flanke des Baus hinaufglitt.

Die Seilanschläger warteten an den vereinbarten Plätzen und wechselten auf ein Zeichen blitzschnell die Seile. Diese waren mit Bändern in der gleichen Farbe markiert, in der auch die jeweilige Winde gestrichen war. Zusätzlich hatte sich der Windenmeister einen Stoffstreifen in derselben Farbe an den Oberarm gebunden. Auch die Haken für die Seilschlingen waren mit dieser Farbe gekennzeichnet. Zwar verhinderte das Steingewicht ohnehin das Ausklinken eines belasteten Seils, aber alles sollte doppelt gesichert sein. So stand auf jeder Hubhöhe eine zusätzliche Mannschaft bereit, auf daß der feierlich-gemessene Aufzug unter peinlichster Kontrolle ablaufen konnte.

Das Pyramidion näherte sich den ersten Windenböcken. Hier stockte sonst der Vorgang, weil erst der Stein gesichert und das obere Seilpaar eingehängt werden mußte, bevor es weiterging. Heute hängten sie die oberen Seile auf die zusätzlichen Haken am Schlitten, die obere Mannschaft legte sich ins Geschirr, während die untere Mannschaft vorsichtig nachließ. So stieg die Last ganz ungestört weiter, während Seilanschläger die unteren Seile ausklinkten.

Nach vierfachem fliegenden Wechsel der Zugmannschaften stand der heikle Übergang in die Waagrechte bevor. Hierfür waren gründliche Vorarbeiten getroffen. Der Aufweg mündete jetzt in eine Arbeitsplattform, die auf drei Seiten die Spitze einhüllte.

Auf der Tura-Verkleidung, die bis hinauf zur letzten Lage geglättet war, saß ein Gerüst auf. Es war um die Spitze vertäut und fußte auf stehengelassenen Steinbossen. So trug es die Arbeitsplattform. Diese setzte links und rechts des Aufwegs die Ebene des Pyramidions fort, während eine zwei Ellen tieferliegende Brücke auf der Nordseite beide Hälften miteinander verband. So standen über die Grundfläche des Pyramidions von ca. 9 Quadratellen hinaus weitere 90 Quadratellen als Arbeitsfläche zur Verfügung. Auf der Südseite waren zwei Paare von Umlenkböcken postiert, zwischen denen der Schlußstein emporsteigen würde. Hier standen auch die fünfzehn Männer der Kippmannschaft bereit.

Der Schlitten mit dem vorne leicht überstehenden Pyramidion wurde mit den beiden äußeren Böcken bis auf vier Ellen an die Kante herangezogen. Mehr erlaubte die Aufhängung an den vorderen Haken nicht, wurde doch der Zug zur Seite hin zu groß. Aber im Herangleiten hängten flinke Hände die Seile der beiden inneren Böcke hinten am Schlitten ein, während sie an den vorderen Zusatzhaken das Seil für die Kippmannschaft auf der Plattform einhängten. Nun konnte die letzte Zugmannschaft den Stein bis zu einem Drittel über die Kante bewegen, während die Mannschaft oben ein Zurückkippen vermied. Diese konnte sich auf der Nordseite an der steilen Flanke abstemmen und kräftigen Zug ausüben. So ragte das Pyramidion über den Aufweg hinaus, bereit zum Hinunterkippen.

Aber es durfte auf keinen Fall einfach herunterstürzen. Da es oben eng zuging, standen hier nicht wie sonst zwei Mann mit dem quergespannten Sicherungsseil bereit. Statt dessen führten am Schlittenende zwei Seile nach unten. Jedes war einmal um ein dickes Rundholz gelegt, das ein Stück tiefer an zwei große Bossen angeflanscht war. So konnten zwei Mann durch langsames Seilnachlassen das Gegengewicht beim Kippvorgang bilden - ganz langsam neigte sich das Pyramidion im Gleichgewicht zwischen Vor- und Rückwärtszug nach vorn.

Es lag nun fast waagrecht und mit mehr als halber Fläche auf seinem endgültigen Platz. Sein Vorderteil - wir erinnern uns, daß es über den Schlitten hinausstand - hatte sich auf eine Rolle gesenkt, die im Durchmesser etwas dünner war als Schlitten und Kipphölzer zusammen. Da die Kipphölzer in der Mitte am dicksten, an beiden Enden jedoch wesentlich dünner waren, stand nun der Schlitten leicht nach vorne geneigt und konnte so mit verringertem Kraftaufwand von der Kippmannschaft eine weitere Elle auf das Plateau gezogen und gehebelt werden. Sie hatte weiterhin ihren guten Stand, abgestützt an der Flanke der Pyramide. Nun wurde vorn eine zweite, etwas dünnere Rolle untergelegt. So blieb die Schrägstellung erhalten und das Pyramidion glitt bis zu seiner endgültigen Position.

Noch aber lag es auf Rollen, Kipphölzern und Schlitten. Mit kräftigen Hebeln - unterdessen sicherten Kippmannschaft und die beiden rückwärtigen 'Bremser' - wurde der Stein von verschiedenen Seiten aus angehebelt, nacheinander wurden alle Unterlagen entfernt. Das Pyramidion sank mit seinem Sockel in die vorgesehene Vertiefung und wurde unverrückbarer Teil des erhabenen Bauwerks.

Sofort wurde mit dem Abbau der Arbeitsbühne begonnen, denn dem Großen Haus sollte sich heute seine Pyramide so präsentieren, als ob sie bereits fertig sei. Inzwischen wechselte unten die Festgesellschaft ihren Platz. Seitdem das Pyramidion die Arbeitsbühne erreicht hatte, war von unten nichts mehr zu beobachten. Unter feierlicher Musik war die Prozession weitergezogen, bis zur Mitte der westlichen Pyramidenseite, wo das zweite Ehrenzelt den Pharao erwartete. In seinem Schatten würde er den Moment erwarten, in dem sich ihm, die väterliche Sonne im Rücken, die Pyramide in ihrer reinen, abstrakten Gestalt präsentierte. Allein die Arbeitsbühne störte noch diesen Eindruck, denn der südliche Aufweg lag außerhalb des Blickfeldes.

Der Gerüstabbau geschah rasch und geschickt, nur von wenigen ruhigen Bemerkungen unterbrochen. Da plötzlich polterte ein Brett hinab, es war einem Zimmermann aus der Hand geglitten. Doch das Seil, an dem es hing, hielt es sicher. Jeder Gegenstand auf und an der Plattform, der gelöst wurde, wurde zuvor mit einem obersten Sicherungsseil verbunden. Es war gleich um das gesetzte Pyramidion gelegt und mit umwickelten Keilen gegen ein Abgleiten gesichert worden. Die Seilsicherungen waren für das mobile Material genauso obligatorisch wie für die Arbeiter. Undenkbar, daß an diesem Feiertag, in Gegenwart des Erhabenen, ein Gegenstand oder gar ein Mensch von der Pyramide stürzte. So war der Zwischenfall unten wahrscheinlich nicht einmal bemerkt worden, und die Spannung des Vorarbeiters löste sich mit einem halblaut gezischten groben Scherz.

Die letzten Teile der Arbeitsbühne wurden abgeseilt. Allein das Sicherungsseil rings um die Spitze wies darauf hin, daß die Pyramide wegen ihres Aufwegs noch Baustelle blieb. Von dort oben kam jetzt das ersehnte Signal. Der erleichtert-zufriedene Baumeister trat vor den König und meldete ergebenst den Abschluß des Rohbaus. Pharao wandte sich der Pyramide zu, während ihn die Abendsonne genauso bestrahlte wie die Spitze der Pyramide. Ringsum brandete Jubel auf, der in Lobgesänge überging - das Richtfest hatte begonnen.

Auf der Südseite schritten die letzten Männer die Leiterwege hinab, und obwohl noch auf manchen Körpern der Schweiß der eben vollbrachten Leistung glänzte, zeigten die Gesichter den Ausdruck von Stolz. Heute waren sie die Helden. Jetzt würden sie alle feiern, das Bier würde im Kruge zischen und manch fröhlicher Scherz die Runde machen. Morgen war noch ein zusätzlicher freier Tag, aber dann wartete weitere Arbeit, denn der Aufweg mußte abgebaut, die Hilfsbossen weggemeißelt und die jetzt noch verdeckte Oberfläche zugeschliffen werden.

Aber das würde erst morgen sein. Heute aber hatten sie die Cheopspyramide gekrönt.

Verkleidung oder wahre Pyramide

Die Cheopspyramide hat nunmehr ihre endgültige Höhe erreicht [vgl. bei Haase 1998, 172, die analogen Abschnitte "Die Krone der Pyramide" und "Der letzte Schliff"]. Zu ihrer äußerlichen Vollendung fehlte nur noch ein letzter Arbeitsgang: Glätten der Pyramidenverkleidung an den Stellen der Südseite, die erst beim Abbau des Schienen-Aufwegs sukzessiv von oben nach unten zugänglich wurden.

Wenn wir 'Verkleidung' sagen, so sprechen wir, ganz gegen den Doppelsinn dieses Wortes, von der eigentlichen Pyramide, wie sie sich einst - wohl bis ins hohe Mittelalter hinein - dem Auge dargeboten hat. Offenbar ging es um einen 'irrealen' Eindruck: Hier am Wüstenrand sollten keine aufgetürmten Massen, keine Körper, sondern abstrakte geometrische Symbole stehen, leuchtende Dreiecke. Selbst heute, wo die Verkleidung der drei Gizapyramiden fast völlig fehlt und in den Palästen und Moscheen Kairos gesucht werden müßte, fällt dem weiter entfernten Betrachter auf, daß die drei

Bauten seltsam unkörperlich erscheinen, aus jedem Blickwinkel als Dreieck wirken. Wie im Prolog erwähnt, weicht diese eigentümliche Wirkung erst beim Besteigen, das aber einst nicht möglich war. Dieser Eindruck beschränkt sich nicht auf uns, sondern er ist von Alois Riegl bereits 1901 konstatiert worden. Er sprach generell von der künstlerischen "Raumscheu" der Ägypter, von der Tendenz, alle Tiefenrelationen systematisch in Ebenrelationen umzuwandeln [Riegl 36f; vgl. Friedell 208f].

Um diese seltsame Wirkung zu erzeugen, mußte die Oberfläche als möglichst homogene Fläche erscheinen und keinen Gedanken an irgendwelche Räumlichkeiten in irgendeinem Innern aufkommen lassen. Am idealsten dafür wäre ein riesiger, in Pyramidenform gebrachter Kalksteinblock gewesen. Da ein solcher nicht verfügbar war, taten die Baumeister wenigstens so 'als ob' und machten die unvermeidlichen Fugen so schmal, daß sie selbst nahe der Basis nicht mehr zu sehen waren (Abb. 10).

"Mit Recht gilt diese Arbeit als die großartigste Leistung der Steinmetzkunst, die uns bis heute bekannt ist" [Michalowski 470].

Aber nicht nur die äußeren Fugen waren durch Präzision zu kaschieren. Auch die nächsttieferen Teile der Pyramide, das Futtermauerwerk wurde in seiner Lage von der äußeren Tura-Steinlage bestimmt. Denn bestes Hineinverzahnen in die dahinterliegenden Steinschichten und exaktes Verlegen waren unbedingt notwendig, andernfalls hätte schon eine leichte Steinverlagerung im Innern zur Verschiebung äußerer Steine, zum Sichtbarwerden von Rissen in der Außenwand geführt und so den Eindruck fugenloser Glattheit zerstört. Der Vergleich von W. Fix trifft exakt:

"Sie bauten ein von Menschen errichtetes Gebirge mit jener peinlichen Genauigkeit, mit der wir Gemmen schneiden" [Fix 17, samt illustrativem Foto].

Wie gut diese Absicht verwirklicht werden konnte, beweist die Spitze der Chephrenpyramide. Seit Jahrhunderten hängt der von der Plünderung verschonte Teil ihrer 'Verkleidung' sozusagen in der Luft, weil ihm die Unterstützung entzogen worden ist (Abb. 4). Er hält trotzdem.

Ein weiteres Mittel, Rißbildung zu hemmen, ist die unregelmäßige Schräganordnung der Fugen. Sie läßt, falls sich einzelne Steine leicht verlagern, den entstehenden Riß sozusagen totlaufen [Goyon, Foto 24f, zur Mykerinospyramide]. Unregelmäßige, verzahnte Winkelfugen dienen demselben Zweck [Goyon 158].

Eine solche Verfugung verlangt bestens geplante Vorarbeit. Die behauenden Steinmetze müssen rechtzeitig vor der Verlegung wissen, wohin jeder Stein zu liegen kommt, müssen die ihn umgebenden Steine kennen. Denn ein individuelles Zurichten auf dem wachsenden Pyramidenstumpf war unmöglich: Alles, was über ein Beseitigen letzter Unebenheiten hinausgegangen wäre, hätte alle anderen Arbeiten behindert und obendrein den Abtransport größerer Steinabfälle verlangt. Vergessen wir auch nicht, daß jedes Steinstück, das beim Behauen wegsplitterte, eine Gefahr bildete. Wurde unachtsam ein Block daraufgelegt, konnte es zu Spannungen im Bauwerk, zu Materialbruch führen, wie sich denn auch die Pyramide insgesamt um etliche Zentimeter gesetzt zu haben scheint.

Deshalb wurden die Blöcke im Bauhof nach genauem Lageplan zugerichtet, gekennzeichnet, gelagert, in der richtigen Reihenfolge auf den Bau transportiert und an der vorgesehenen Stelle eingesetzt. Hier konnte sich die meisterliche Organisation und Vorplanung der Ägypter entfalten, hier vollbrachten die Schreiber ihre vielleicht größte Tat. Deshalb sei an dieser Stelle dem oder den Architekten des Baus die Reverenz erwiesen. Leider sind sie mehr als schlecht tradiert. Legte Cheops diese Aufgabe in die Hände seines Onkels *Chaefsnofru,* der schon für Snofru gebaut hatte [Goyon 68]? Es käme auch *Chufu-Anch* in Frage [Goyon 75] oder der ähnlich lautende *Ankhaf* [Rice 204] bzw. *Anchhaf* [Goyon 76], ein Schwiegersohn des Cheops. Dann wieder schreibt man den Bau einem Mann namens *Hem-On* zu [Goyon 76], der auch als *Hemon* [Schüssler 203], *Emjunu* [Barta] respektive *Hm-'Iwnw* [Helck 2202] überliefert ist. Dieser Vetter von Cheops diente schon Snofru als Wesir. Oder war vielleicht Kronprinz *Ka-wab* der oberste Bauleiter, dessen Funktion bei seinem Tod an den Cheops-Sohn *Djedefre* überging, oder war es gar der ominöse *Philitis* [Muck 276] ? Nicht nur dem Mimen flicht die Nachwelt keine Kränze.

Die Baustelle mit ihrem Arbeiterheer von angeblich 100.000 Mann hat immer die Phantasie beschäftigt. J.H. **Breasted** sah hier einen kleinen Staat im Staat entstehen [Breasted 86]; ein Pole, Wieslaw *Kozinski*, hat sich 1968 unter dem Pyramidenbau ausschließlich ein staatliches Großunternehmen vorstellen können, das sowohl die Techniker wie das Heer ungelernter Hilfsarbeiter rekrutieren konnte [Kozinski; Michalowski 140]. *Mendelssohn* ging 1974 noch einen Schritt weiter, indem er hinter dem Pyramidenbau einen bewußt vollzogenen Verwaltungsakt sah, der die Nilanrainer zu einer neuen Gesellschaftsform, zu einem Staat zusammenschweißen sollte [Mendelssohn passim]. Unsere Schlußkalkulation wird gleich erweisen, daß diese Vorstellungen einfach von einer um mehrere Größenordnungen zu hoch angesetzten Zahl von Arbeitern herrühren.

Die Gesamtrechnung

Bevor wir die Gesamtrechnung aufmachen, ist noch der zentrale Bauhof an der Cheopspyramide anzusprechen, der eigentlich Bauhütte genannt werden müßte. Denn wie bei einem gotischen Dom wurden hier nicht nur alle Steine exakt zugerichtet, sondern auch probeweise zusammengestellt und dann für den - in genau festgelegter Reihenfolge stattfindenden - Transport zum Bauplatz bereitgestellt. Für den 'Standardstein' brauchte ein Steinmetz mit gutem Werkzeug 4 bis 5 Stunden. Für einen Verkleidungsstein mit seinen komplizierteren Formen ist sicher das Doppelte anzusetzen, für einen Eckstein das Dreifache. Nachdem jeden Tag fünfhundert Steine (jede Minute einer) verbaut werden mußten, brauchte man hier rund *300* ausgebildete Steinmetze. Ihnen zuarbeiten mußte die gleiche Anzahl Hilfsarbeiter - etwa für Wassertransporte, Abfallbeseitigung oder Werkzeugbereitstellung. Vor allem aber brauchte man gute Schmiede. Ihre Anzahl lag sicher bei *100 Mann,* und ihr Hilfspersonal verdoppelte oder verdreifachte sich schnell, brauchten sie doch Männer am Blasebalg, Haltekräfte, Materialherbeischaffer, Wasserträger und so weiter und so fort. Wenn wir noch die verschiedenen Aufpasser und Verwaltungsbeamten hinzurechnen, kommen wir auf - grob gesprochen - *1.000 Mann in dieser Bauhütte.*

Gesamtrechnung über 6.650 Beschäftigte:

1.020	Bauhütte:	300	Steinmetze (S. 199)
		100	Schmiede
		500	Hilfsarbeiter
		120	Aufsicht, Verwaltung, Planung etc
820	Pyramide:	728	Verleger und Schlepper (S. 178)
		20	Schleifer (S. 180)
		72	Bauaufsicht und Hilfskräfte (S. 182)
2.400	Landtransport:	720	Schlepper von den Steinbrüchen (S. 91)
		80	zusätzliche Helfer (S. 91)
		176	Schlepper vom Hafen (S. 84)
		44	zusätzliche Helfer (S. 84)
		200	Zusatzschlepper vom Hafen (S. 84)
		225	Schlepper ab Bauhof (S. 92)
		75	zusätzliche Helfer + Verwalter (S. 92)
		880	Schlepper auf die Pyramide (S. 142)
410	Giza-Steinbruch:	200	Steinbrecher (S. 38)
		80	Schanzarbeiter
		130	Auflader
380	Tura:	120	Steinbrecher (S. 41) *Übr. Steinbrüche 710*
		40	Schanzarbeiter
		30	Auflader
		190	Schlepper
330	Assuan:	104	Steinbrecher (S. 168)
		46	Verfrachter
		180	fakultativ großes Transportteam (S. 169)
280	Tura-Schiffer:	120	Fährschiffer (S. 46) *Schiffstransport 1.290*
		140	Treidler
		20	Aufsicht
560	Bedarfs-Schiffer:	560	für Holz, Seile, Verpflegung (S. 46)
450	Assuan-Schiffer:	200	Schiffer (S. 53)
		180	Treidler in Pyramidennähe
		70	Zimmerleute, Koordination etc.

Giza 4.650

Bei unserer Überschlagsrechnung wollen wir nicht wie Herodot darüber grübeln, wieviel Rettiche, Zwiebeln und Knoblauch die Arbeiter verzehrt hätten [Herodot II:125], sondern die Frage beantworten, wie viele Arbeiter zum Unternehmen Pyramidenbau gehört haben. Wir orientieren uns dabei an der Rechnung von Georges Goyon [234f], ohne ihre Prämissen zu teilen. Bei unserem Szenario müssen die Arbeiter ein Drittel weniger an jährlicher Arbeitszeit leisten als bei dem von Goyon. Als Richtmaß gelten uns 290 Arbeitstage zu 500 Minuten. Dies will bei einem Vergleich mit Goyons Resultaten gesehen werden: Er braucht 8.165 Arbeiter, insgesamt rund 20.000 Mann [Goyon 235], die bei unserem Zeitansatz 10.860 bzw. 26.600 Mann entsprächen.

Aufaddiert erhalten wir - vgl. S. 200 - *6.650 Mann*. Diese Zahl wirkt präziser, als sie sein kann; sie entstammt Überschlagsrechnungen und war täglichen und saisonalen Schwankungen genauso unterworfen wie dem langjährigen Wechsel. Während oberhalb der 100-Meter-Marke die Zahl der an der Pyramide beschäftigten Arbeiter stetig abnahm, konnten Tal- und Totentempel, Aufweg und Nebenpyramiden errichtet werden.

Nach dieser Rechnung verliert das Unternehmen Pyramidenbau endgültig seinen Charakter als das Hüten eines maßlos wimmelnden, völlig unübersehbaren Ameisenhaufens und wandelt sich zu einer überschau- und planbaren Großbaustelle. Diese Größenordnung entspricht auch viel besser den Arbeitersiedlungen, die wir bislang aus der Pyramidenzeit kennen. Die der Chephrenpyramide bot früheren Schätzungen zufolge rund 4.000 Personen Unterkunft [Mendelssohn 128], jüngeren zufolge rund 8.000 Personen [Haase 1998, 38]. Die erst jetzt ans Licht kommende Arbeiterstadt des Cheops war mit rund drei Quadratkilometer die größte Siedlung Ägyptens überhaupt. Ihre Einwohnerzahl wurde vom Ausgräber Hawass anfänglich auf 30.000 geschätzt [Kastner 1993], umfaßte aber auch Frauen und folglich Kinder. Da Hawass' Arbeiten noch nicht publiziert sind - wohl wegen vielfältiger ägyptologischer Querelen, aus denen schließlich Mark Lehner [1997, 110, 115, 204] als häufig zitierter Giza-Rekonstrukteur hervorging -, schwanken die Schätzungen wie ein Schilfrohr am

Nil, nennt doch Haase [39] lediglich 3.000 Personen. Der endgültige Wert wird sich in einer Größenordnung einpegeln, die der von uns kalkulierten entsprechen dürfte.

Immerhin hat dank Graffitis in dortigen Gräbern das von L. Borchardt [Schulz III 139] in die Welt gesetzte Schauermärchen der rohen Sklavenarbeit endgültig ausgedient [Kastner 1993], das beispielsweise Kurt W. Marek alias Ceram [1949, 143f] suggeriert hat. Mittlerweile sind dank Hawass auch Arbeitergräber in Giza gefunden worden.

"Die pyramidenähnlichen Formen der Gräber bewiesen, daß solche architektonischen Meisterwerke auch für Arbeiter gebaut wurden" [dpa 1988].

Die Gesamtzahl von rund 6.500 Beschäftigten mag mit 'Randfiguren' aller Art auf *7 bis 8.000* anwachsen, schließlich gibt es im Orient einen nahtlosen Übergang von Dauerbeschäftigten über Hilfskräfte hin zu uninteressierten Beteiligten und interessierten Unbeteiligten. Diese Anzahl ist von einer kompetenten Bauleitung auch ohne Großcomputer zu lenken, selbst wenn kritische Leser noch weitere Hundertschaften 'vergessener' Bauarbeitern in Ansatz brächten oder unsere Rechnungen mit noch höheren Sicherheitsmargen versehen würden. Auch 10.000 Arbeiter bilden erst ein Prozent einer Million. Zum Vergleich: Noch 1992 sah Robert *Sträuli* in Verkennung der tatsächlichen Verhältnisse am Nil auf den Baustellen von Cheops und Chephren rund 5 Millionen Fronarbeiter sterben [Sträuli 14]. In Wahrheit hat diese Baustelle weder das Volk am Nil überfordert noch den Bau auf die drei oder vier Monate während der jährlichen Überschwemmung beschränkt.

Mendelssohns Vorstellung, Pharao habe sein Volk erst per Mammutbaustelle zum Staat verschweißt, wird damit obsolet. 'Seine' Arbeiterschaft zählte allein für die Schlepper, Steinmetze und Maurer auf dem Plateau von Giza "etwa 50000 Mann", denen noch rund 20.000 Hilfskräfte und Steinbrucharbeiter zur Seite standen [Mendelssohn 128]. Insofern streift er die Größenordnung von Herodot (100.000 Mann), die auch Petrie für wahrscheinlich hielt [Breasted 86], nicht aber die von Diodor, der sogar 360.000 Arbeiter kolportierte

[Gossart 15]. Gültig bleibt eigentlich nur Mendelssohns Befund (Abb. 113), daß mit wachsender Pyramide die Zahl der an ihr Beschäftigten rapide zurückgeht und deshalb für weitere Einsätze zur Verfügung steht [Mendelssohn 129].

Goyon hat wesentlich kleinere Werte als Mendelssohn, die sich aber in den Relationen stark von unseren unterscheiden. So kommt er, wegen seiner abraumfördernden Steinbruchmethoden, zu 5.680 Arbeitern in den Steinbrüchen von Giza und Tura, die fast 70 % seiner gesamten Arbeiterschaft ausmachen. Dagegen nennt er lediglich 1.775 Mann als Schlepper, weil er weder die Gleitreibung noch die Rampensteigung richtig einkalkuliert. Unsere Korrektur seiner Berechnung und unser Zeitansatz ergäben bei ihm mehr als viermal so viele Schlepper. Nur oben auf dem Pyramidenplateau führen beide Ansätze zu ähnlichen Ergebnissen. Seinen 710 Maurern, umgerechnet also 923 Mann, stehen bei uns 870 Arbeiter gegenüber. Insgesamt bräuchte Goyon, seine unmögliche Wendelrampe einen einzigen Moment lang akzeptiert, mehr als doppelt so viele Arbeiter, wenn er ihnen nicht mehr Mannstunden pro Jahr zumuten würde, als wir es tun.

Die Ägyptologen gehen heute von rund 36.000 Mann aus, ein alter Vorschlag von Borchardt und Croon [Schulz 1996, I 156; Haase 1998, 41; Verner 1998, 99]. M. Haase schätzt außerdem

"das Bau- und Versorgungspersonal auf etwa 15.000 Personen, die gleichzeitig auf dem Giza-Plateau im Einsatz waren. Zusammen mit den externen Zuliefermannschaften, die in den Steinbrüchen oder auf den Schiffen Dienst taten, komme ich bei meinen Berechnungen auf ein Arbeiterheer von maximal 20000 Menschen" [ebd].

Schätzungen und Berechnungen, von denen nur das blanke Ergebnis mitgeteilt wird, sind leider für den nachvollziehenden Leser und die Wissenschaft wertlos. Um sie beurteilen zu können, bräuchte es wenigstens ein paar Andeutungen, etwa: Wie kann Haase bei Rampenschleppereien auf Steigungen bis zu 16° die überforderten Zugmannschaften vervielfachen, aber gleichwohl - im Wissen um unsere Berechnungen - die Gesamtzahl der kuranten Lehrmeinung fast halbieren ?

Übersehen hat Haase, daß Stuart Kirkland *Wier* von der Universität Denver 1996 eine Überschlagsrechnung aufgrund der nötigen potentiellen Energie versucht hat. In diesen Ansatz geht nur die reine, physikalische Hubarbeit ein, während "Ineffizienzen beim Heben" nicht berücksichtigt werden [Wier 153]. Genauso hat er die Zugarbeiten für den Steintransport aus den Giza-Steinbrüchen berechnet, um zu dem Schluß zu kommen:
"Offenbar genügten rund 10.000 Mann, um den Hauptteil der Cheopspyramide zu errichten [...] Diese Manpower schließt die Arbeiten für den Bau von Rampen, Häfen, Kanälen, Tempeln, Lagerräumen, Werkstätten, Bäckereien, Arbeiterunterkünften oder für logistische Unterstützung nicht mit ein" [Wier 160].

Ian *Stewart* hat diese Gedanken eines "Amateur-Ägyptologen" geadelt, indem er sie 1998 in *Scientific American* wiedergab. Bei Wiers Abschätzung schlägt das Nach-oben-Ziehen auf den Rampen arbeitsmäßig immer noch sehr stark zu Buche, weil er eine klare Prämisse einführt: "Der einzige Quell ägyptischer Arbeitskraft war der menschliche Muskel" [Stewart 76]. Wird aber ein Teil dieser Muskelkraft durch die Schwerkraft - Löhners grundsätzlich neuer Gedanke - ersetzt, bestätigt sich die von uns seit 1993 vorgeschlagene Dimension von weniger als 7.000 Arbeitskräften.

Bauzeit und Bauzweck

Für die Ägyptologen war es immer ein Problem, daß sie nur Gewährsleute für den Bau dieser Weltwunder hatten, die wie Herodot mindestens 2.100 Jahre oder wie Strabo und Diodor fast 2.500 Jahre später geschrieben haben. Überlieferungen dieses Alters sind bei mündlicher Tradierung im allgemeinen wenig bis nichts wert. Wir halten aber diese Datierung ohnehin für viel zu hoch.

Gunnar *Heinsohn* hat als erster 1988 die Vermutung geäußert, daß die großen Pyramiden wegen der Verarbeitung superharten Gesteins in eine Zeit gehören, in der Eisenmeißel in Ägypten verfügbar wurden; er hat aber deswegen nicht vorgeschlagen, die Eisenzeit ins -3. Jtsd. auszudehnen wie 1927 zwei Angelsachsen [Garland/Bannister], sondern die Pyramiden drastisch zu verjüngen [Heinsohn 1988, 176f]. Warum sollte nicht einmal der Berg zum Propheten kommen?

Heinsohn und Illig haben dann ausgeführt, daß eine rasche Entwicklung des Gewölbebaus (qualitativ) wie der Granitverwendung (quantitativ) von Snofrus Bauten über Cheops und Chephren hin zu Mykerinos führt. Bei Snofru finden wir noch praktisch keinen Granitstein, während für die Mykerinospyramide bereits ausreichend Stahlmeißel zur Verfügung standen, um 16 Steinreihen der Verkleidung in Granit auszuführen, um in seiner Regierungszeit von weniger als 20 Jahren 15.000 m^3 Granit zu bearbeiten (s.S. 166). Da zu Cheops' Zeiten auch der Lehrsatz des Pythagoras zumindest praktisch eingesetzt worden ist und weitere Indizien für eine neue Chronologie ein ganzes Buch füllten, haben Heinsohn und Illig 1990 vorgeschlagen, den Bau der Cheopspyramide am Übergang des -7. zum -6. Jh. anzusiedeln, in jener Zeit, in der die beginnende Eisenzeit in Ägypten tatsächlich archäologisch nachweisbar ist [Heinsohn/Illig 78-83, 116-123, 194-200, 384-391, 452f, 457].

F. Löhner hat daraufhin in konkreten Versuchen gezeigt, daß an eine bausteinproduzierende Granitbearbeitung samt Hieroglyphendekoration ohne Eisen respektive Stahl nicht zu denken ist [Löhner/Illig 1992].

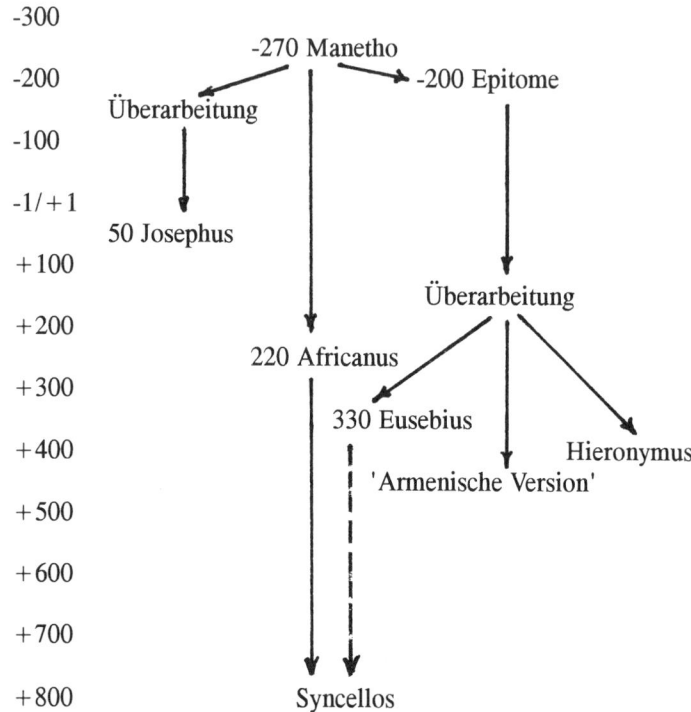

Manetho: griechisch, -47 verbrannt; 1. bis 30./31. Dynastie
Epitome: d.i. Auszüge, griechisch, verloren; 1. bis 31. Dynastie
Überarbeitungen jüdischer Autoren, verloren
Josephus: lateinisch, *erhalten;* 15. bis Anfang 19. Dynastie
Africanus: fünfbändige 'Chronik', lateinisch, verloren
Eusebius: 'Chronik', lateinisch, verloren; christlich überarbeitet
Hieronymus: Eusebius-Version Ende 4. Jh., lateinisch, *erhalten*,
  frühestes Manuskript 5. oder 6. Jh. (Abb. 115)
Armenische Version: Eusebius-Version, lateinisch, *erhalten*
Syncellos Georgios: 'Weltgeschichte', griechisch, *erhalten*
[nach Barta 1989ff].

Abb. 114: Ausschnitt der Abydos-Liste aus der 19. Dyn. Sie nennt 76 Könige vom ersten Pharao Menes (1. Dyn.) bis Sethos I. (19. Dyn.); andere Quellen nennen 250 bis weit über 300 Pharaonen [Lockyer 21]

Zur Chronologie der 4. Dynastie

Eine Umdatierung aus dem -26. Jh. ins -6. Jh. muß natürlich den unvorbereiteten Leser schrecken. Er weiß weder, daß Herodot in seinen *Historien* Regentenlisten und -zeiten nennt, die Cheops ins -9./8. Jh. bringen, noch daß Isaac Newton in seiner ausschließlich auf schriftlichen Quellen beruhenden *Chronology* Cheops im Jahre -838 den Thron besteigen ließ [Newton 33]. Genausowenig ist ihm vertraut, daß die scheinbar so gut tradierte Pharaonenreihung auf Prämissen beruht, die alles andere als tragfähig sind.

Die relativ beste Überlieferung, nämlich die Königsliste des ptolemäischen Priesters *Manetho,* ist uns nur aus dritter bis fünfter Hand bekannt und entstammt obendrein dem hellenistischen Ägypten des -3. Jhs. Die astronomischen Spekulationen wiederum, die aus einem bestimmten, alljährlichen Sirius-Aufgang eine zu Kalenderzwecken unter den Pharaonen benutzte *Sothis-Periode* von 1.460 Jahren postulieren, können nur noch auf ein einziges, letztes Sothis-Datum zurückgreifen. Die übrigen, insgesamt kein Dutzend, hielten ägyptologischer Prüfung nicht stand. Damit läßt sich der naturwissenschaftlich-exakte Anspruch auf absolute Datierungen nicht mehr aufrechterhalten [vgl. hierzu Heinsohn/Illig 14-33; Illig 1992b, 54-81]. Aber selbst die relative Chronologie der 4. Dynastie ist problematisch genug. Um dies zu demonstrieren, genügt ein kurzer Blick auf die verfügbaren Quellen.

Schon die schlichte *Anzahl ihrer Könige* wird sehr widersprüchlich berichtet. Die hieroglyphisch geschriebene Abydosliste (aus der 19. Dynastie; Abb. 114) kennt *sechs* Könige, der griechische Pseudo-Eratosthenes (-2. Jh.) weiß von *sieben,* der demotisch geschriebene Turiner Königspapyrus (19. Dynastie) zählt wie die in Griechisch erhaltene Manetho-Version des Africanus (3. Jh.) *acht* Könige auf, die sogenannte Saqqara-Liste (hieroglyphisch aus der 19. Dyn.) bringt es auf *neun,* und die lateinische Manetho-Version des Eusebius (4. Jh.) erwähnt pauschal sogar *siebzehn Könige*.

Noch größere Probleme werfen Namen und Reihenfolge innerhalb der 4. Dynastie auf. Hier müssen ägyptische und gräzisierte persarum   consules   macedon'

                incenditurbdemsubprincipecallx.
lxxuiolymp'
    ui   bellumquodinthermopylisces xxiiii
                tumestapudsalaminamnaiale
    uii   certamen athenienses pir xxu
    uiiii   cummaroaullant hierosira xxuii
codxl uiiii   cusisreenat   xxuiii
                aeschylustracoediarumscribta
                acnoscitur
lxxuiolymp'
    x   bellumplateiseting vale xxuiiii
    xi   hierorostcelonemsyracusis xxuiiii
    xii   tyrannidemexercet   xxx
    xiii   pindarusclarushabetur   xxxi
lxxuiiolymp'   principi
    xiiii   themistoclesinpersasfacit xxxii   umlxxi
    xu   sofoclestracoediarumscribter xxxiii   iobelei
                primumuincenisuiopernmpubli   secun
    xuii   cauit romaeuircosunintde xxxiiii   dume rex
                prehensanstuprouiuadei:oss   os
    xuiii   sopocleseteuripidesclari   xxxu
lxxuiiiolymphabentur
                herodotushistoriarumscriptoracnoscitur   prseadrushus
    xuiii   bacchylidesetdiacorasatheus xxxuii   toranuriscipi
                sermoneplurimocelebratur   broganmorigri
codl xuiiii   zeuxippictoracnoscitureximus xxxuiii   zeuxippus
                imaginibusquaspluramasinuira   torangrotra
                tusperceratlauaerumbizanthi   rippet.wae
                orumappellantturmarbitrantur
                themistocleshaustotauirisueuinemoritur

Namensformen zueinandergebracht werden, was erhebliche Mühen bereitet. Wir zählen deshalb jene *Namen und Namensvarianten* auf, die wir für Pharao *Cheops* gefunden haben:

Anoiphis	Chufu	Khufui	Shofo
Anoisis	Comastes	Kufwey	Shufu
Apappus	Hnmu-huj.f-uj	Koufou	Shure
Apathus	Huj.f-uj	Medschdu	Soiphis
Bikui-nebu	Khembes	Medschdu-Nebti	Soris
Chembis	Khemmes	Metheru	Sufis
Chembres	Kheops	Nem-Shufu	Suph
Chemististes	Kheuf	No-Suphis	Suphis
Chemmis	Khufu	Phiops	Surid
Chemnis	Khufwey	Saoph	Syphaosis
Cheop	Khnem-Kheuf	Saophis	Syphoas
Chnubos	Khnum-Khufwey	Sen-Suphis	Syphuris
Chnum-Chufu	Khuf	Shaaru	Xufu

Die bemerkenswerte Vielfalt rührt auch daher, daß nicht immer die eindeutige Zuordnung möglich war, sondern Namen anderer Pharaonen hereinspielten. Zum Beispiel wurde zeitweilig - etwa von dem Ägyptologen Heinrich Brugsch - Snofru als Pharao der 3. Dynastie angesehen; damit rückte Cheops zum Haupt der Dynastie auf und erhielt den jeweils ersten Namen von Dynastienreihungen. Ob nun Snofru besser mit dem Sephuris der 3. Dynastie oder mit dem Soris der 4. Dynastie identifiziert wird, ist hier zum Glück nicht unser Problem.

Wir können damit die wesentlichen Quellen für die 4. Dynastie in Vergleich zueinander setzen. Und es zeigt sich sofort, daß keine von ihnen ein widerspruchsfreies Abbild der Dynastie liefert, gleich ob aus ägyptischem, ptolemäischem oder griechischem Denken stammend. Die nachstehende Tabelle führt die überlieferten Namen in ihrer originalen *Reihenfolge* auf, wobei darauf verzichtet wird, die Umschreibungen der hieroglyphischen und demotischen Namen der ersten drei Listen in reinem Ägyptologisch wiederzugeben.

Zerstörte Namen sind mit Strichen markiert. Die Zahlen vor den Namen geben Platz oder Doppelplatz innerhalb der gerade als gültig erachteten Reihenfolge an, wie sie als 'Heutiger Stand' in der letzten Spalte aufgeführt ist. Es muß sehr nachdenklich stimmen, daß weder Namen noch Reihenfolge einwandfrei tradiert worden sind.

Abydos	Saqqara	Turin P.	Herodot	Africanus	Pseudo-E.	Heut. Stand
1 Snefruj	1 Snefruj	1 Snefruj	2 Cheops	1 Soris	1 Sirius	1 Snofru
2 Hujefuj	2 Hujefuj	----	4 Chephren	2 Suphis	2 Chnubos	2 Cheops
3 Djedefre	3 Djedefre	----	6 Mykerinos	4 Suphis	3 Rayosis	3 Djedefre
4 Chajefre	4 Chajefre	4 Chajefre		6 Mencheres	5 Biyres	4 Chephren
6 Menkaure	----	----		3 Ratoises	2 Saophis	5 Bicheris
7 Schepsk.	----	----		5 Bicheres	4 Saophis	6 Mykerinos
	----	----		7 Sebercheres	6 Moscheres	7 Sebercher.
	----	----		8 Thamphthis		8 Thamphth.

Es gibt natürlich weitere Quellen und archäologische Befunde, mit denen die Reihenfolge seit Karl Richard Lepsius epochalem Chronologie-Werk [1849] immer besser abgesichert werden konnte. Wer die heutige Abfolge als gegeben hinnimmt, sollte aber ihre Schwachstellen kennen. Snofru galt nicht immer als Haupt dieser Dynastie, Djedefre folgte lange dem Mykerinos anstatt ihm vorauszugehen, Bicheris wird von manchen Forschern [etwa v. Beckerath 1971, 18] als ephemerer Gegenkönig nicht der Dynastie zugerechnet. Noch weiter geht M. Lehner, der die Pyramide des "?Nebka" nicht an den Anfang der 3., sondern hinter die von Chephren innerhalb der 4. Dynastie einreiht [Lehner 1997, 16]. Wohl deshalb identifiziert M. Haase, den ansonsten Chronologie nicht bekümmert, den Nebka der 3. mit dem Baka = Bicheris = Bokoris der 4. Dynastie - "meines Erachtens entgegen der heute akzeptierten Lehrmeinung" [Haase 1998, 214]. Einen Grund für dieses Tausch-, ja fast Täuschungsmanöver nennt er nicht.

Regierungsdauer:

gemäß	T.P.	Hero	Pseu	Afri	New	Raw	Brug	Petr	Beck	Horn	Stad	Beck
Jahrhdt.		-13.	-5.	-2.	3.	1728	1881	1891	1924	1971	1988	1990	1997
Snofru	24	-	18	29		19	(33)	29	25	24	45	35
Cheops	23	50	22	63	14	?	33	63	25	23	31	23
Djedefre	8	-	29	9		<1	4	25	9	8	8	9
Chephren	?	56	27	66	16	?	33	66	25	26	27	26
Bicheris	?		10	7				22		4	?	7
Mykerinos	18	≥6	31	63	6	?	33	63	28	19	18	28
Schepseskaf	4		?	25		?	34	7	7	4	?	5
Thamphthis	2		13	2				9		2	?	2
Σ ≥	79	112	150	264	36	20	137	284	119	110	129	135

T.P. = Turiner Königs-Papyrus (Neues Reich)
Hero = Herodot (-5. Jh.): Neun Bücher der Geschichte
Pseu = Pseudo-Eratosthenes (-2.Jh.), wohl von Apollodoros; gemäß Barta
Afri = Africanus, 4. Jh., eine Version von Manetho (-3. Jh.)
New = Isaac Newton (1728): The Chronology of Ancient Kingdoms
Raw = George Rawlinson (1881): History of Ancient Egypt
Brug = Heinrich Brugsch (1891): Egypt under the Pharaohs
Petr = Flinders Petrie (1924[11]): A History of Egypt from the earliest kings
Beck = Jürgen von Beckerath (1971): Abriß der ägyptischen Geschichte
Horn = Erik Hornung (1988): Grundzüge der ägyptischen Geschichte
Stad = Rainer Stadelmann (1990): Die großen Pyramiden von Giza
Beck = Jürgen v. Beckerath (1997): Chronologie des pharaon. Ägypten

Überhaupt bleiben die letzten Pharaonen so blaß, daß ihre Zahl und Reihung allein Africanus zu verdanken ist. Dem Bicheris wurde über eine Namensähnlichkeit eine unvollendete Pyramide zugeschrieben, während Thamphthis völlig im Dunkel der Geschichte verharrt.

Der anschließende Schritt zu einer *absoluten Chronologie innerhalb der vierten Dynastie* war ebenso dornenvoll wie die Erschließung der Reihenfolge. Denn auch hier mußten die Quellen erst mühsam von Widersprüchen gereinigt werden. Die nachfolgende Tabelle verrät, wie beachtlich diese Dynastie 'atmet': Im Gang der Forschung verlängert oder verkürzt sie sich ziehharmonikaartig. G. Rawlinson wird nicht zuletzt deshalb zitiert, weil sich seine Jahresangaben direkt vom Turiner Königspapyrus ableiten, dessen 164 Fragmente später offenbar ganz anders zusammengesetzt worden sind (vgl. 1. Spalte). Brugsch hat diesen Puzzle-Versuchen nicht getraut und deshalb Generationen zu 33 Jahren angesetzt. Petrie blieb noch 1924 skeptisch und vertraute lieber den zu hohen Zahlen des Africanus, die er allerdings umgruppierte, wie das bei verschiedenen Quellen noch heute getan wird. Erwähnt sei noch, daß laut Plinius d. Ä. (gest. +79) die Bauzeit der drei Gizapyramiden 78 Jahre und 4 Monate betrug. Auch diese Spanne könnte als Regierungszeit der drei Pharaonen interpretiert werden.

Unübersehbar schwankt die *Gesamtdauer der 4. Dynastie* wie ein Rohr im Winde. Nicht einmal die Zuordnung von Zahlen und Namen ist sicher. Die Zahlen des Africanus addieren sich zu *284 Jahren,* doch nennen die erhaltenen Manuskripte als Summe explizit *277* oder *274 Jahre* [Waddell 47]. Eusebius, der andere Manetho-Kompilator, kennt sogar *448 Jahre,* nennt aber lediglich den Pyramidenbauer Suphis mit Namen, weil alle anderen nichts Bedeutendes geleistet hätten. Diesen beachtlichen Jahressummen stehen *120 Jahre* bei Barta [1989ff], lediglich *110 Jahre* bei Hornung gegenüber.

Die Ironie der Geschichte will es, daß gerade die Pyramiden Breschen in die klassische Chronologie schlugen. Seit geraumer Zeit ist der neu zusammengestückelte Turiner Königspapyrus - er stammt aus dem Neuen Reich, ist also vermeintliche 1.000 Jahre jünger als die Pyramiden - der Garant für die Regierungszeiten innerhalb der 4. Dynastie, auch wenn bei ihm die Zahl für Chephren zerstört ist.

Diesen 'amtlichen' Zahlen widersprechen jedoch Jahresangaben auf Bausteinen der einzelnen Pyramiden, die vom soundsovielten Regierungsjahr eines Pharaos sprechen. Jenen spät aufgefundenen Graffiti zufolge müßte Snofru 45 bis 48 Jahre, Cheops 30 bis 32 Jahre regiert haben. Deshalb sind in den letzten Jahren neue, längere Regierungszeiten für die wichtigsten Pharaonen der 4. Dynastie vorgeschlagen worden. Sie waren willkommen, weil sich erst mit diesen Verlängerungen die bislang angenommenen stündlichen Bauleistungen auf ein akzeptables Maß reduzieren (untere Tabellenhälfte):

Pharao:	Snofru	Cheops	Djedefre	Chephren	Mykerinos
Reg.zeit (Turin):	24	23	8	(26)	18 Jahre
Stündl. Bauleistg:	43	32	8	23	5 m³
Reg.zeit (reale):	45	30-32	8	26-28	18 Jahre
Stündl. Bauleistg:	23	23	8	21	5 m³

[nach Stadelmann 1990, 260]

In unserem Baustellenszenario könnten sogar die früher angesetzten stündlichen Bauleistungen erfüllt werden, so daß von dieser Seite aus die pharaonischen Regierungszeiten nicht verlängert werden müßten. Gleichwohl bleiben die Graffiti für die Chronologen ein mehr als lästiger Stein des Anstoß. Wir werden also abwarten, ob die Ägyptologen eine erneut verlängerte 4. Dynastie akzeptieren werden. Rainer Stadelmann stellte 1990 die längeren Regierungszeiten in Rechnung, ohne die gesamte 4. Dynastie deshalb neu zu datieren, während Winfried Barta im selben Jahr nur wenig verlängerte Zeiten in seine Chronologie einbrachte [Barta 1989ff]. Zuletzt hat v. Beckerath [1997, 159] zum längeren hin nachgebessert, doch zugunsten von Mykerinos, nicht von Cheops und Chephren.

War schon der Versuch, die relative Chronologie innerhalb der 4. Dynastie festzulegen, in komplizierteste Überlegungen ausgeartet, so ließ sich ihre *absolute Chronologie* noch schwerer fixieren. Für das Alte Reich gab es niemals ein auch nur vermutetes Sothis-Datum, so daß eine astronomische Datierung zunächst ausschied. Gleichwohl versuchte man sie auf einem Umweg. Weil man von dem Römer Censorinus des +3. Jhs. wußte, daß +139 eine neue Sothis-Periode begonnen habe, setzten muntere Spekulationen ein.

Die Geburt Ägyptens

Das Hauptereignis am Beginn ägyptischer Geschichte, der Beginn der ersten Dynastie, der Beginn des Alten Reiches, die Vereinigung von Ober- und Unterägypten, die Thronbesteigung des ersten Pharaos Menes konnte nur mit großen Mühen in einer absoluten Chronologie verankert werden. Wir zeigen in einer Tabelle, wie stark die Ansätze für dieses markante Datum in den letzten 150 Jahren geschwankt haben, wieviele Jahrtausende hier zur Disposition der Ägyptologen standen. Mittlerweile mußte eine 0. Dynastie wachsender Länge vorgeschaltet werden, da auch vor Menes Herrscher von Ober- *und* Unterägypten bekanntgeworden sind.

-6400	Henne [1845]	-3360	Sethe [1905]
-5867	Champollion-Figeac	-3315	E. Meyer [1904]
-5773	Lesueur	-3315	Breasted [1906]
-5702	Böckh [1845]	-3200	Steindorff [1900]
-5619	Moulin [1991]	-3114	Hayes
-5613	Unger [1867]	-3059	Bunsen (alternativ)
-5546	Petrie [1911]	-3032	v. Beckerath (-2982) [1997]
vor -5000	Maspero [1910	-3000	Erman [1904]
-5004	Mariette/Lenormant	-3000	Newberry/Garstang [1904]
-4455	Brugsch [1877]	*-3000*	*Bereich heute gebräuchlicher Daten*
-4455	Budge [1902]		
-4186	Borchardt [1917]	-2955	v. Beckerath [1971]
-4157	Lauth [1865]	-2785	Gumpach
vor -4000	v. Bissing [1904]	-2781	Seyffarth [1850]
-4000	Chabas	-2717	Poole
-3893	Lieblein [1863]	-2700	G. Rawlinson
-3892	Lepsius [1857]	-2691	Wilkinson
-3623	Bunsen [1845]	-2320	Wilkinson (alternativ)
-3500	Hall	-2224	Palmer
-3400	Breasted	-1700	Sharpe

[Quelle insbes. Borchardt 1917, 48f]

Wann war diese Kalenderrechnung mit ihren 1.460-Jahres-Perioden wohl begonnen worden? Die Forschung kam überein, daß dies im Alten Reich und nur am Beginn einer dieser Perioden geschehen sein könne, wenn der ägyptische Neujahrstag, kalendarisch 1 Thot (unser 19. Juli), mit dem astronomisch durch Sirius fixierten 19. Juli zusammenfiel.

Durch einfache Rückrechnung kam man von +139 auf die Anfangsjahre -1321, -2781, -4241, -5701, -7161. Eduard *Meyer* entschied sich für den 15. Juli -4241 als das "*älteste sichere Datum der Weltgeschichte*", an dem der Sothis-Kalender eingeführt worden sei [Meyer 1904, 45]. Andere Chronologen teilten diese Zuversicht nicht und so kam es, daß der Beginn des Pharaonenreiches, die Reichseinigung unter Menes, dem ersten Pharao der 1. Dynastie, munter durch die Jahrtausende torkelte. Die Tabelle auf S. 215 nennt *39 Daten zwischen -6400 und -1700.*

Wer das für graue Vorzeit der Ägyptologie hält, sei etwa auf Sir Flinders Petrie († 1942) verwiesen. Er setzte noch 1924 den Beginn des Alten Reiches in das Jahr -5546 ! Konsequenterweise reichte bei ihm die 4. Dynastie von -4777 bis -4493 [Petrie 1924, 54]. Meyer hingegen hat sein "ältestes sicheres Datum" im Jahre 1952 erneut fixiert, ein Nachdruck bringt es noch 1985 [Meyer 1952, I 370]. Im Jahre 1936 nannte Egon Friedell
"die Zahlen von Eduard Meyer, James Henry Breasted und Georg Steindorff, drei Kapazitäten, die heute ziemlich allgemein das meiste Ansehen genießen" [Friedell 129].

Damals war das Alte Reich trotz Petrie bereits auf verjüngendem Rückzug: Breasted nannte für die Thronbesteigung des ersten Pharaos das Jahr -3400, Meyer kam von seiner Datierung der Kalendereinführung her auf -3315, Steindorff schließlich errechnete -3200. Seitdem geht die Reduktion mählich weiter. In Chronologien der letzten 22 Jahre erfolgt Menes' Regierungsantritt zum Beispiel ca. -3100 [Rice 324] oder -3051 [Barta] oder -2955 [v. Beckerath 1971, 12] oder -2950 [Hornung 159] oder -2920 [Baines/Málek 36] oder -2850 [Otto 256].

Behobene Schwachstellen

So entspricht es also keineswegs gesicherten ägyptischen Quellen, sondern allein ägyptologischem Scharfsinn, wenn die 4. Dynastie derzeit in die Zeit von -2641 bis -2521 rangiert wird [Barta]. Jede Neuinterpretation alter Quellen, jeder neue Fund kann diese Chronologie, ob absolut oder relativ, über den Haufen werfen. Die Ägyptologen können diesem Thema nichts mehr abgewinnen. Als ihr Kollege David Rohl [1995] für die Dritte Zwischenzeit mit guten Gründen und noch besserer Dokumentation eine Kürzung von 300 Jahren vorschlug, verschlug es den englischsprachigen Ägyptologen die Sprache [vgl. Illig 1996a; 1996b]. Wir selbst sind bemüht, von der Technologieevolution ausgehend [Heinsohn/Illig] eine neue Pharaonenliste vorzulegen, die dann wesentlich weniger Jahrhunderte als die bisherigen umfassen wird [zuletzt Illig 1998a].

Damit gewinnt Herodot wieder an Bedeutung, kann er doch tatsächlich in Ägypten manches über die Pyramiden erfahren haben, das noch nicht Legende, sondern Überlieferung war. Studien über "oral history" haben gezeigt, daß mündliche Angaben der noch Lebenden für die ca. 80 letzten Jahre einigermaßen zuverlässig sind, für den zeitlichen Abstand von 80 bis 150 Jahren zunehmend vager werden, um sich dann rasch ins Sagenhafte zu verlieren.

So könnte sich im Falle des Schiffbaus die Verwunderung heutiger Schiffsspezialisten legen,

"daß die Technik aus dem 19. Jahrhundert des Mittleren Reiches 'identisch mit jener ist, die Herodot im fünften Jahrhundert v. Chr. beobachtete'" [Casson; bei Heinsohn/Illig 432].

Nachdem Heinsohn und Illig auch die hier angesprochene 12. Dynastie in dieselben Jahrhunderte (-7./6.) verweisen wie die 4. Dynastie [Heinsohn/Illig 457], ist aus dieser Sicht klar, daß der Herodot des -5. Jh. kein "Vater der Lüge" war.

Heinsohn und Illig haben eine neue, 'zeitraffende' Chronologie entworfen, die sich von dem Verhängnis der teils manethonisch, teils 'astronomisch' gewonnenen Absolutdaten des Nillands abnabelt (Ergebnis s.S. 218). Damit fallen aber auch die Absolutdatierungen der übrigen Länder und Reiche der Alten Welt. Denn gerade weil

Synchronisation von Schichten und 'Dynastien'
[Heinsohn/Illig 1997, 457]

ab -330 *Hellenistische Schichtgruppe* (Ptolemäer)

------

ab →*525 Die erste Schichtgruppe unter der hellenistischen,* also die perserzeitliche der klassischen Epochensequenz, d.h. "mittel- bis spätassyrisch" und "alt- bis spätbabylon.", enthält als 'Dynastien' die 5., späte 12., 13., späte 19., 20., 22., 23., 24., späte 25. sowie die ohnehin hier geführte 27., 28., 29., 30. und 31.

------

ab →*610 Die zweite, früheisenzeitliche Schichtgruppe,* also die mederzeitliche der klassischen Epochensequenz, d.h. die "mitanni-zeitliche", enthält als 'Dynastien' die 4. ab Cheops, 6., mittlere 12., späte 18. (Echnaton), frühe 19., 21., frühe 25., späte 26.

------

ab →*700 Die dritte, mittelbronzezeitliche Schichtgruppe,* also die Ninos-assyrische der klassischen Epochensequenz, d.h. die "altakkadische", enthält 1., 2., 3., frühe 4. (Snofru), 11., frühe 12., 15. (Hyksos), 16., 17., frühe 18. 'Dynastie'.

------

ab →*800 Die vierte, frühbronzezeitliche Schichtgruppe,* also die frühurbanen Assyrer und Chaldäer der klassischen Epochensequenz, d.h. die "Altakkader" und "Sumerer", enthält die prädynastischen Funde ("0. Dyn.") und Gerzean.

------

ab →*900* Naqada II (Kupfersteinzeit)

------

ab →*1150* Naqada I (Kupfersteinzeit)

Ägypten astronomisch und damit absolut datiert erschien, sind selbst Stonehenge und die Indus-Kultur von Harappa über Ägypten datiert worden. Je mehr sich die ägyptologische Chronologie als Luftbau erweist, desto gründlicher muß die gesamte Chronologie von alten Absolutdaten befreit werden; nur relative Verknüpfungen bleiben erhalten, die nunmehr ein neues Netz bilden, das neuerlich absolut datierbar wird.

Hier kann eingewendet werden, daß es völlig ausgeschlossen sei, am Nil mehrere Pharaonen, also Könige von Ober- und Unterägypten gleichzeitig regieren zu sehen. Zunächst müssen wir offenlassen, inwieweit Pharaonen unter verschiedenen Namen in verschiedenen Dynastien geführt werden, obwohl es sich um ein und dieselben Persönlichkeiten handelt. Zum anderen hat der Ägyptologe George Rawlinson [1900, 24; vgl. Illig 1986b] die englische Sicht der Dynastienreihung veröffentlicht: Bei ihr laufen bis zu acht Dynastien zeitgleich. Mit diesem Vorbild sind verschiedene Modelle entworfen worden [etwa Illig 1989]. Den gegenwärtigen Stand spiegelt das Schema auf S. 220f wider. Es geht modellhaft davon aus, daß ab -672 Eisen in Ägypten auch für Meißel zur Verfügung steht. Diese Jahreszahl trägt zwei Umständen Rechnung: Eine verbreitete Eisenverhüttung beginnt in Ägypten anerkannterweise erst im 6. Jh., läßt also eine gewisse Vorlaufzeit erwarten. Zum anderen hat Thomas Völker [1997] gute Indizien für eine Gleichsetzung von Tuthmosis III. und Psammetich I. zusammengetragen. Dies erlaubt eine Rückrechnung für Tuthmosis I., unter dem in der 18. Dynastie erstmals Eisen verwendet wird.

Diesem Jahr -672 sind all jene Pharaonen samt ihren Dynastien zugeordnet, unter denen (immer wieder) Hartsteinbearbeitung einsetzt. So ergibt sich zwangsläufig eine neunfache Parallelführung. Selbstverständlich wird die endgültige Lösung anders aussehen [vgl. Illig 1998a, mit anderen Prämissen]; aber als Illustration ist dieses Modell brauchbar. Ausschlaggebend ist hier der 'unmögliche' Tatbestand, daß Eisengebrauch immer wieder einsetzen mußte, weil er zwischenzeitlich vergessen worden wäre.

In der neu rekonstruierten Chronologie, die alle Hochkulturen in Ägypten, Mesopotamien, Europa und Indien erst ab ca. -1000 führt,

Dyn.:	1.	3.	4.	11./12.	15.
−730	Athotis (733)-686			Mentuhotep II. 728-687	
−720					Salitis 723 - ?
−710			Snofru 715-675		Beon ? - ?
−700					
−690	Ita 686-673	Nebka 692-675		Mentuhotep III. 687-675	Pachnan ? - ?
−680					Chian ? - 665
−670	Dewen 673-626	Djoser 675-655	Cheops 675-635	Mentuhotep IV. 675-668 Amenemhet I. 668-638	Apophis 665-624
−660		Sechemchet 655-648			
−650		Mesochris 648-624			
−640			Djedefre 635-625	Sesostris I. 638-593	
−630	Miëbis 626-620	Huni 624-589	Chephren 625-585		Chamudi 624-614
−620	Semerchet Biëneches 614-589				
−610					----------
−600					
−590	----------	----------	Mykerinos 585-565	Amenemhet II. 593-559	

Synopse von 'Altem', 'Mittlerem' und 'Neuem Reich',

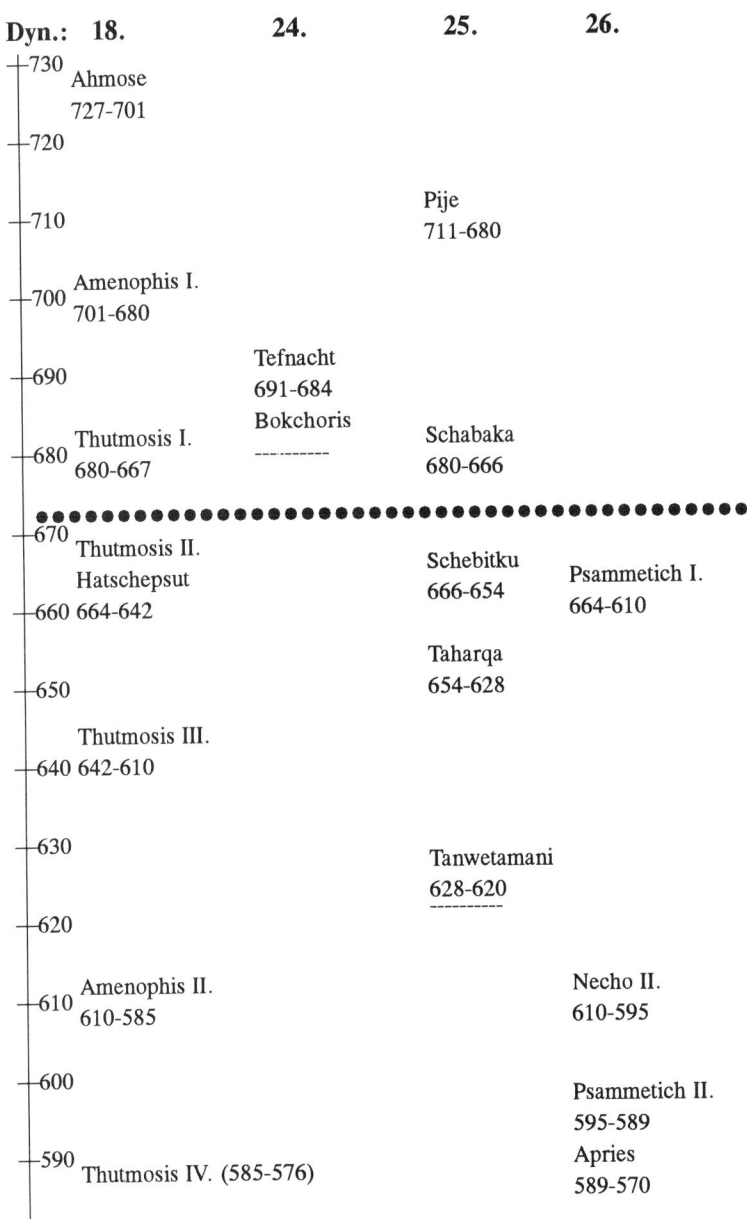

ausgerichtet auf ersten Eisengebrauch im postulierten Jahr -672 lassen sich jene chronologischen Verwunderungen gut unterbringen, denen wir im Laufe dieser Untersuchung begegnet sind.

So wie sich Herodots *Bremssteintechnik* nun in der richtigen Zeit findet, so ist es nicht mehr verwunderlich, daß die *Schiffsevolution* das Mittlere Reich gewissermaßen übersprungen hat, um dann zwischen -1100 und -300 überhaupt keine Zeugnisse mehr zu hinterlassen. Derartige Lücken und scheinbaren Neuanfänge bei doch immer gegebener Kontinuität des Schiffbaus am Nil erweisen sich als Scheinwidersprüche innerhalb eines falschen Systems.

Ein Scheinproblem liegt auch bei der 'Beobachtung' vor, daß wir erst 1.000 Jahre nach den Großbaustellen aus Ägypten selbst *Kunde von den Pyramiden* erhalten, wie wir auch keine Graffiti von Besuchern *vor* dem Neuen Reich kennen. Verständlich wird in einem verjüngten Ägypten auch die bislang seltsame *Evolution des Rades* oder die des *echten Gewölbes* oder der um Jahrtausende antizipierte *Pythagoras*. Ebenso verständlich wird der scheinbar jahrtausendlang unterbrochene Gebrauch von *Bremssteinen* auf Schiffen des -24. wie des -5. Jhs. oder die Unterbrechung der *Schiffbauevolution* im vermeintlichen Mittleren Reich. Zulässig wird jetzt der Vergleich ägyptischer Methoden mit *assyrischen Hebelbäumen*, die in der neuerarbeiteten Chronologie nur noch rund 100 Jahre jünger sind als jene am Nil [vgl. Heinsohn ²1996], und mit mediterranen *Steingeleisen* des -1. Jtsds. Schließlich löst sich, aber das war schon Voraussetzung unserer chronologischen Überlegungen, das Rätsel der Granitbearbeitung mittels Kupferwerkzeug endgültig durch den Einsatz *eisenzeitlichen Geräts* - vor allem für die Lochbohrungen - auf. Die zeitgleiche Verwendung verschiedener *Meißelformen*, die D. Arnold anstelle der zeitlichen Hintereinanderreihung ihrer Schlagspuren angeregt hat, kann erst in der neuen Chronologie zum Tragen kommen.

Es will aber betont sein, daß unser Vorschlag für einen drastisch erleichterten und vereinfachten Pyramidenbau keineswegs abhängig ist von einer zeitlichen Lokalisation der Pyramiden im -6. Jh., von einem Eisen- oder Stahleinsatz direkt in Giza und Tura. Löhners Seilrollen arbeiten sehr gut auch ohne Stahllager, die Steinverleger und Glätter kommen ohne eiserne Hebel und Eisenfeilen aus, die Schiffer ohne Eisen in der Takelage und die Steinmetze ohne Eisenmeißel. Die Steinmetze hätten sich allerdings schon im Kalkstein sehr viel leichter mit Eisen getan. Wie aber die riesigen Granitriegel ohne Eisen und Stahl aus den Felsen von Assuan herausgelöst und - im Falle der Obelisken - mit Hieroglyphen geschmückt worden sind, wird trotz Dolerithämmer das Problem jener Ägyptologen bleiben, denen die Erhaltung ihrer maroden Chronologie wichtiger ist als die rationale Erklärung der Baumethoden.

Zwiebelschalen - leere Gräber

Im Grunde ist es unzulässig, Bauzeit und individuelle Regierungszeit gleichzusetzen. Begann der Pharao gemäß weitgehender Übereinkunft gleich nach seiner Inthronisation mit dem Bau seines Grabmals, so stand er vor einem heiklen Planungsproblem. Zum einen sollte sein Bau möglichst prächtig werden, zum anderen aber mußte er bei seinem Tod beendet sein, um seinem Leib zuverlässigen Schutz zu bieten. Wie entscheidet er sich, nachdem er trotz Auguren und Traumdeuter sein zukünftiges Lebensalter nur mutmaßen kann und Hartwig Altenmüller noch nicht bereitstand?

"'Schepseskaf regierte nur vier Jahre', sagt Ägyptologe Altenmüller, 'der konnte sich einfach keine Pyramide leisten.'" [Schulz 1996, III 142].

Wieso wurden die beiden großen Gizapyramiden fertig, während die vergleichsweise 'winzige' Mykerinospyramide unvollendet blieb?

Wegen solcher Gedanken hat schon Richard *Lepsius* seine "Zwiebelschalentheorie" entwickelt. Er konstatierte bei der Stufenpyramide von Saqqara und der eingestürzten Pyramide von Meidum Erweiterungen und Überbauungen und zog folgenden Schluß. Ein kleiner Pyramidenkern, der schon bald für den Fall eines jähen Todes bereitstand, wurde allmählich durch mehrere Ummantelungen immer weiter vergrößert und erhöht; der langlebigste Pharao wurde demnach in der größten Pyramide bestattet. Dieser Gedanke hatte für einige Forschergenerationen etwas Plausibles an sich. Noch ein halbes Jahrhundert später schrieb der Architekt Choisy:

"Die Pyramiden wuchsen gleich riesigen Kristallen durch Schichten, die einander umhüllten" [Riedl o.J., 57].
Wäre es wenigstens im Alten Reich immer so gewesen, müßte der Bau von Pepi II. (6. Dyn.) drei bis vier mal größer geworden sein als der des Cheops, regierte er doch laut heutigen Regentenlisten 94 Jahre, die uns Africanus tradiert und der Turiner Papyrus mit einer Zahl ≥ 90 bestätigt. Doch Pepi II. hielt sich nicht an diese 'Abmachung' und beschränkte sich auf 4,2 % von Cheops' Bauvolumen.

Diese ständigen Erweiterungen hätten nicht zuletzt verlangt, daß über jede Bauphase eine neue Außenverkleidung gelegt worden wäre. Diese speziellen "Schalen" ließen sich jedoch genausowenig nachweisen wie etwas anderes. Beim Tod des Pharaos hätte in 70 Tagen - binnen dieser Frist wurde zumindest in späterer Zeit die Mumie präpariert - die letzte, unfertige Schale wieder abgerissen werden müssen, auf daß der Bau in sich komplett wäre. Da laut Lepsius auch keine Pyramidenrudimente großer Projekte existieren dürften, was die Realität mehr als einmal widerlegt, ist seine Theorie zu Recht aus der Mode gekommen. Doch seitdem schwelt die Frage: Wieso hat Snofru drei Pyramiden fertiggestellt, als ob er drei Leiber besessen hätte, wieso wußte Cheops, daß er den Bauabschluß der größten und perfektesten aller Pyramiden erleben würde, wieso ahnte Mykerinos, daß er auch eine um 90 % kleinere Pyramide als die seines Großvaters nicht abschließen können würde?

Mendelssohn gabe eine neue Antwort mit seiner These, die Pharaonen hätten einfach Pyramide um Pyramide gebaut, um ihr Volk vom Müßiggang weg- und zur Nation hinzubringen. Seine Idee hat jedoch mangels Arbeiterheere ihre Grundlage verloren.

Aus unserer Sicht waren die Pyramiden gar keine Grablegen (weshalb wir Begriffe wie "Cheops-Sarkophag" oder "Königskammer" immer in Anführungszeichen setzen). Dieser Gedanke ist nicht neu, sondern schon von ***Diodor*** geäußert worden [vgl. Heinsohn/Illig 141]. Und der Zweifel ließ sich niemals ganz beschwichtigen. So hieß es beispielsweise 1919:

"Trotzdem muß man vorerst immer noch an der Annahme festhalten, daß auch die große Pyramide des Cheops eine Begräbnisstätte des ägyptischen Königs war" [Neuburger 348].

Denn was spricht überhaupt für Grablegen? Die aufgefundenen Mumien sicher nicht, denn es gibt keine. Wir haben keine sicheren Hinweise auf irgendein Begräbnis in Pyramiden [Lepre passim]. Sehr wohl aber wurden versiegelte, also unerbrochene Sarkophage gefunden, die gleichwohl leer waren wie jener des Sechemchet aus der 3. Dynastie [Schüssler 107]. Korrekterweise können Pyramiden allenfalls als Grabmäler ohne Begräbnis, als große Kenotaphe bezeichnet werden. Nachdem alle Pharaonen noch ein zweites Grab - häufig in Abydos - besaßen, das nun wieder den Ägyptologen als Kenotaph gilt, wäre gleichwohl für die letzte Ruhe der Herrscher gesorgt gewesen. Da aber sein muß, was für Ägyptologen sein muß, ließen sie eben erst M. Haase (s.S. 8) neuerlich die Pyramide als zu groß geratenen Sarkophag festschreiben.

Damit verliert auch die seltsame These der Geologen *Tollmann* jeden Halt, derzufolge die Pyramiden den Leib ihres Bauherren vor Überschwemmung und Sintflut schützen sollten [Tollmann/Tollmann 1993, 473]. Zum einen ist ungeklärt, ob diese Bauten überhaupt wasserdicht konzipiert waren, was am Rand der Wüste nicht gerade selbstverständlich ist. Zum anderen fehlen prägnante Beweise für Begräbnisse, und gerade im Falle des Cheops hätte das Leichenbegängnis einen unwürdigen Charakter angenommen. Die Mumie hätte ohne Schrein durch engste Gänge hinab- und hinaufgezerrt werden müssen, bis die ergriffene Trauergemeinde schließlich die Leiche durch die 1,08 · 1,05 m kleine Öffnung in die "Königskammer" bugsiert und hier im "Sarkophag" beigesetzt hätte. Man darf sich gar nicht vorstellen, daß dieses 'Schlupfloch' durch die darüberhängenden Fallsteine noch weiter verengt und auf mehr als 6 m verlängert worden ist. Der von diesem Bild beeindruckte Haase [1998, 11] läßt deshalb den würdevollen Begräbniszug am Eingang der Pyramide endigen; das mühevolle Bugsieren und Verstauen des Leichnams übernehmen "ausgewählte Arbeiter und hochdekorierte Diener".

Und drittens haben überhaupt nur die Cheopspyramide und Snofrus Pyramide in Dahschur-Nord Kammern, die nennenswert über dem Bodenniveau liegen. Im Regelfall liegen die Innenräume im Fels unter dem eigentlichen Bauwerk. Konsequenterweise müssen die Tollmanns postulieren, daß überall sonst die eigentlichen Königskammern noch gar nicht entdeckt seien [ebd 473]. So gerät ihnen die Realität außer Blickweite, die Hoffnung auf den Mythos dominiert. Dabei ist gerade der Mythos gegen die beiden Autoren. Lassen sie die Pyramiden erst 7.000 Jahre nach 'ihrer' Sintflut erbaut werden, steigen die Pyramidenspitzen gemäß den alten Ägyptern als erste aus den Wassern der Sintflut [Helck 2276], standen also schon vor der großen Flut.

Interessanterweise waren die Pyramiden für die Ägypter keineswegs sehr eng mit einem bestimmten Herrscher verknüpft. Zwar trugen die Bauten Namen, die den ihres Erbauers einschlossen (Baines/Málek [140] belegen ihr konträres Minderheitenvotum mit Hieroglyphen), zwar wurden die Pyramidennamen auch registriert [z.B. Haase, Abb. 65], aber die Bauten trugen selbst trugen offenbar keine 'Namensschilder'.

So stammt unsere Zuordnung der Gizapyramiden zu den drei griechischen Namen nicht von den Ägyptern, sondern von dem Griechen Herodot. Hätten wir uns an den römerzeitlichen Diodor gehalten, sprächen wir von den Bauten der Herrscher Armaios, Amosis und Inaros, doch diese Zuordnungen in die Zeiten der 18., 26. und 30. Dynastie wurden verworfen [Helck 2272]. Wir haben bereits dargelegt, daß die Verbindungen zu ägyptischen Namen - Chufu, Chaefre, Menkaure - keine unmittelbar zwingenden sind. Nicht ohne Grund schrieb George Rawlinson 1881 ganz vorsichtig nur von der ersten, zweiten, dritten Pyramide von Giza, ohne sie mit Pharaonennamen zu belegen [Rawlinson 1981, 193f, 197]. Dabei kannte er denselben Herodot wie wir und auch die Kartuschenfunde in der obersten 'Belastungskammer'. 1982 hat Zecharia Sitchin mit guten Gründen behauptet, daß diese Cheops-Kartuschen mit großer Wahrscheinlichkeit Fälschungen von Robert Howard Vyse und J.R. Hill aus dem Jahre 1837 sind [Sitchin 1982; vgl. Illig 1986a]. Diese Behauptung ist von Michael Haase [1998, 156f] so entrüstet zurückgewiesen worden, wie dies sonst nur Renegaten eigen ist. Dafür hat Erdogan Ercivan [1997, 72] ins Treffen geführt, daß diese Hieroglyphen über Steinfugen hinweg laufen. Demnach sind es keine Steinbeschriftungen und -adressierungen gewesen - doch nur solche kennen wir in dieser Form.

Abb. 116: Vier äolische Kapitelle: a) Israel, -10. Jh. [Dever 113] b) Megiddo, Israel, um -1000 [Weippert 260] c) Cerveteri, Etrurien, -6. Jh. [Charbonneaux 172] d) Enkomi, Zypern, -8. Jh. [Murray 26] Abb. 117: Äolische Votivsäule, Larissa, Griechenland [Charbonneaux 174]

Wie dem auch sei: Niemand kann behaupten, daß Steinmetzzeichen oder diese Kartuschen im allerhintersten Pyramidenwinkel offiziöse Bezeichnungen der Pyramiden gewesen wären. Die Cheopspyramide präsentiert sich dem heutigen Beschauer aller Wahrscheinlichkeit nach genauso wie dem Betrachter von einst: relieflos, schriftlos, schmucklos. Es stellt sich sogar die Frage, ob der angeblich vollständig reliefierte Aufweg irgendeine Darstellung trug. Angebliche Reste sind nur an weit entfernten Plätzen, etwa in der ersten Pyramide des Mittleren Reiches, in Lischt, gefunden worden [vgl. Goedicke 1971].

Damit stellen sich erneut die Kardinalfragen: Wofür und wozu Pyramiden? Wir sehen folgende Möglichkeit. Ein erster Herrscher - der für uns nicht Djoser sein muß [Heinsohn/Illig 165-184, insb. 177] - leitete aus seinem Ruhmbedürfnis, seiner erhofften Lebenserwartung und der wirtschaftlichen Situation seines Reichs, vor allem aber aus noch anzusprechenden psychologischen Gründen die Größe seiner Wunschpyramide ab. Kam sie zu seinen Lebzeiten weit voran, dürfte sie - ungeachtet seines Ablebens - von seinen Nachfolgern zu Ende geführt worden sein. Daran schloß sich dann der nächste Bau, dessen Volumen nach den gleichen Kriterien geplant wurde. War eine Pyramide noch nicht weit gediehen, konnte es geschehen, daß dieses Projekt fallengelassen wurde, um andernorts durch ein neues ersetzt zu werden. So würde durch die ägyptische Geschichte ein kontinuierlicher Strang oder auch Doppelstrang von Pyramidenbauten ziehen, der nur in Kriegs- oder Hungerzeiten Unterbrechungen erfuhr. Dies darf für die gesamte ägyptische Zeit gelten, weil sogenanntes Altes, Mittleres und Neues Reich sich in Wahrheit zeitlich überlappt haben (s.S. 220f [vgl. Heinsohn/Illig 449-459, insb. 457]). Wir hätten also Mendelssohns kontinuierliche Bautätigkeit, doch ohne die Absicht des Grabbaus oder der nationalen Identitätsfindung.

Aber auch damit ist noch nicht die Frage nach dem Sinn all dieser Bauten beantwortet. Solange allein die Cheopspyramide betrachtet wird, ergibt sich dank ihrer vielen Räumlichkeiten auch eine bunte Vielzahl von Deutungsmöglichkeiten. Doch bei allen anderen Bauten ist diese Vielzahl reduziert. So kennen wir (s.o.) nur eine

Abb. 118: Poseidon-Altar mit Eckvoluten, Kap Monodendri [Charbonneaux 174] Abb. 119: Drei 'gehörnte' Altäre: a) Altar, Megiddo, -8./7. Jh. [Schlatter 44] b) Rekonstruktion des Altars vor dem Tempel in Jerusalem [Schlatter 45] c) "Symbolstein" des Tukulti-Ninurta I., -13. Jh. [Amiet 112] Abb. 120: Zikkurat in Babylon ("Turm zu Babel"), -6. Jh. [Amiet 95]

weitere Pyramide, Snofrus Rote, bei der eine Kammer auf einem höheren Niveau als dem des Felsbodens liegt [vgl. Schüssler 46-49]. Mangels Gängen, Galerien und Durchschlupfen reduzieren sich in allen anderen Bauten jene Phantasien auf Null, die in einer Pyramide das gesammelte Wissen der Ägypter oder der Götter finden, die aus ihr die Zukunft der Menschheit lesen und astronomische Ausgucke selbst dort ausfindig machen, wo niemals Blick nach draußen zu gewinnen war.

Zum Raumgefüge der Cheopspyramide

Um die Frage nach dem Sinn der Pyramiden beantworten zu können, wollen wir die vielfältigen Raumfluchten der Cheopspyramide, eines ihrer Charakteristika, auf knappem Raum vorstellen. Der einzige *Zugang* liegt auf der Nordseite, in Höhe der 19. Steinlage. Er wird von einem mächtigen, doppelten Giebeldach aus Kalksteinsparren abgedeckt, war aber selbstverständlich von der glatten Oberflächenverkleidung restlos verborgen. Von hier aus zieht der *absteigende Gang* mit einer Neigung von ca. 26,5° etwa 105 m in die Tiefe [Maße von Stadelmann 1985; Goyon]. Hier ist übrigens eine der Möglichkeiten, die Höhe des Felsstumpfes zu messen. In einer Tiefe von fast 30 m unter dem Pyramidenniveau geht er in einen kurzen waagrechten Gang über und mündet in die *Felsenkammer* (14,08 · 8,36 · 5,03 m). Sie wirkt unfertig; gleichwohl bohrt sich von ihr aus noch ein *Gang* ca. 16 m weit waagrecht in den Felsen. Aufgegeben wurde auch der Versuch, in der Felskammer einen *Schacht* senkrecht in die Tiefe zu graben. Seine Zuschreibung an spätzeitliche Schatzsucher [Stadelmann 1985, 114] überzeugt nicht, da niemand im gewachsenen Fels nach verborgenen Schätzen graben dürfte.

Wenn wir von Gängen sprechen, dann geht es immer um Kriechgänge von ca. 1,05 m Breite (2 Ellen) und 1,20 m Höhe. Ihre Dimension signalisiert, daß sie keineswegs zum Schreiten innerhalb von Zeremonien gedacht waren, sondern als Verbindungsstollen, die aller Wahrscheinlichkeit nach schlußendlich mit Steinen aufgefüllt werden sollten.

Abb. 121: Djedpfeiler als Fayence- und als Steinfries; 3. Dyn. [Badawy I 86]
Abb. 122: Luftgott Schu trennt Himmelsgöttin Nut und Erdgott Geb [Lauer 272] **Abb. 123:** Luftgott Schu als Nackenstütze Tutanchamuns, 18. Dyn. [Zeichnung Illig]

Nach 19,70 m zweigt vom absteigenden Gang der *aufsteigende Gang* ab; er ist mit derselben Neigung und demselben Querschnitt gebaut. (Gantenbrink [1998, 201] weist zu Recht darauf hin, daß hier sicher kein bestimmter Stern angepeilt wurde, sondern daß sich die Steigung bei ganzzahliger Wahl des Rücksprungs = Seked ergab.) Seinen Beginn blockieren noch heute drei Granitsteine. Die Touristen treffen erst hinter ihnen auf das ursprüngliche Gangsystem. Denn sie betreten die Pyramide durch den *Schatzgräbertunnel,* der seitlich versetzt unter dem ursprünglichen Zugang beginnt und einigermaßen waagrecht auf diese Abzweigung zuführt; er umgeht die Granitsperre im viel weicheren Kalkgestein, um nach ihr in den aufsteigenden Gang zu münden. Der zielstrebige Vortrieb läßt darauf schließen, daß er zu einem Zeitpunkt gegraben worden ist, als die ursprüngliche Anlage noch erinnert wurde. Insofern wäre es kein arabischer Raubversuch aus dem 9. Jahrhundert, sondern ein altägyptischer Frevel [vgl. Haase 220].

Der aufsteigende Gang trifft nach 37,76 m auf den 'zentralen Verteiler' innerhalb der Pyramide. Hier setzt er sich mit gleicher Steigung als "große Galerie" fort, hier geht der waagrechte Gang zur sogenannten "Königinnenkammer" ab, und hier mündet ein Verbindungsgang, der viele Spekulationen auslöste: der *Belüftungs- oder Fluchtschacht.* Dieser anfangs senkrecht verlaufende Gang ist zunächst gut gemauert, um dann in den gewachsenen Felsen einzumünden und hier seine Richtung zu ändern. Es wird vermutet, daß es sich bei diesem Abschnitt um den Grabtunnel einer alten Mastaba handelt. Er zielte genau auf den Punkt, an dem der absteigende Gang vor der Felsenkammer in die Waagrechte übergeht. Diese Richtung wurde jedoch nicht bis zum Schluß durchgehalten, sondern zur Lotrechten hin verändert, so daß der absteigende Gang deutlich früher erreicht wurde. Dieser Schacht läuft an der sogenannten *Grotte* vorbei, einer vielleicht natürlichen Höhlung im Fels, in der Material zum Versperren des Schachtes gelagert gewesen sein könnte.

Diese Verbindung wurde als Lüftungs-, Grabräuber- und Hilfsausgangsschacht interpretiert. Gegen die Grabräuberthese spricht eindeutig die zielgenaue und schließlich sogar gemauerte Verbindung zum 'zentralen Verteiler'. Vermutlich wurde er als Lüftungsschacht angelegt, ohne jedoch diese Funktion zufriedenstellend zu erfüllen,

Abb. 124: Das Innere der Cheops-Pyramide [nach Lehner 1997, 112f]

sonst wären wohl die Arbeiten im Fels abgeschlossen worden. Doch die Frage, ob die Lüftung von vornherein auch als 'Hinterausgang' eingeplant oder erst während des Baus umfunktioniert worden ist, ist noch unbeantwortet. Funktioniert hätte er so: Vom zentralen Verteiler aus konnte der aufsteigende Gang versperrt werden. Danach stiegen die Arbeiter durch den Fluchtschacht bis zum absteigenden Gang hinab und lösten eine Verschüttung des senkrechten Schachtes aus. Dann krochen sie durch den absteigenden Gang bis zum Eingang, worauf auch diese Passage von außen mit Steinen verfüllt wurde. Damit war der direkte Weg zur "Königskammer" auf fast 40 m mit Kalk- und Granitgestein versperrt, der indirekte Weg mit bis zu 100 m Kalkgestein und einer Geröllawine.

Vom 'zentralen Verteiler' führt der *waagrechte Gang* ca. 38 m bis zur "Königinnenkammer". Seitlich von ihm wurden die unerklärten Sandverfüllungen nachgewiesen, die die Ägyptologen nicht sehr schätzen (s.S. 30), weitere 'Sandlager' werden in diesem Bereich vermutet. Die *"Königinnenkammer"* ist aus Kalkstein mit einem Giebeldach gebaut; auf ihrer Stirnseite ist eine Nische mit Kraggewölbe eingelassen, von der aus ein enger *Stollen* noch 15 m weiterführt. Er ist wohl teils ursprünglich angelegt, teils später von Schatzsuchern vorangetrieben worden. Der Boden der Kammer wie des Ganges vor ihr fehlt. Ob er von Plünderern herausgerissen und auch noch aus dem Bau herausgeschleppt worden ist [Stadelmann 1985, 118], darf bezweifelt werden.

Viel weiter als früher sind die beiden sogenannten *"Lüftungsschächte"* erforscht. Waynman Dixon hatte im letzten Jahrhundert bemerkt, daß die Wände an zwei Stellen hohl klangen. Daraufhin brach er Öffnungen und entdeckte 20 · 20 cm große Strukturen, die nach oben wegführten, aber nicht weit verfolgt werden konnten. Erst Gantenbrinks Roboter kam hier 1993 weiter voran: im nördlichen "Lüftungsschacht" 19 m bis zu einem Hindernis auf dem Weg, im südlichen "Lüftungsschacht" 60 m bis zu dem ominösen Blockierstein [vgl. Sasse/Haase 1997, passim]. Von ihm aus ist die Pyramidenoberfläche noch etwa 17 m entfernt, Raum genug für Überraschungen. Klar ist derzeit einzig und allein, daß ein beidseits geschlossener Schacht nicht der Lüftung gedient haben kann.

Gantenbrink [1998] hat auch die Pyramide exakt vermessen, bevor er Hausverbot bekam. Er konnte nachweisen, daß an der Decke des zentralen Verteilers der Meßpunkt für diesen Teil des Gebäudes saß. Auf einer Baustelle liegt es nahe, nicht am Boden zwischen Bauschutt, sondern im freien Raum zu messen. Für diese Methode spricht, daß auch die unvollendete Felskammer eine sauber gearbeite Decke besitzt. Von diesem Meßpunkt aus lassen sich wesentliche Maße des Bauwerks mit ganz einfachen Relationen festlegen - eine Absage an alle π-Seligkeit der Pyramidologen.

Beim 'zentralen Verteiler' beginnt die *große Galerie*. Sie ist etwas länger als der aufsteigende Gang und bedeutend höher: 46,71 m · 2,09 m · 8,46 m, und wird von einem Kraggewölbe äußerster Präzision geschlossen. Hier gibt es keine steinernen Steighilfen für Trauernde oder Arbeiter. Im Gegenteil: Das Ambiente wirkt ausgesprochen funktional-nüchtern, technisch-futuristisch. Die Galerie hat einen 'doppelten Boden': In der Verlängerung wie in der Breite des aufsteigenden Ganges (2 Ellen) läuft eine rechtwinklige Vertiefung mit Seitenwänden von 1 Elle Höhe. Links und rechts ziehen ellenbreite Rampen hinauf. Hier sind in gleichmäßigen Abständen Löcher in den Wänden ausgespart, ähnlich auch am Beginn der Galerie. Sie sind zu guter Letzt verschlossen wurden. Alle Interpretationen laufen auf folgende Lösung hinaus: Hinter 26 Querhölzern [Mendelsohn 165] lagen Blockiersteine, die den aufsteigenden Gang ausfüllen sollten. Man geht davon aus, daß nur die drei am Anfang steckenden Steine aus Granit, die übrigen aus Kalkgestein waren (und deshalb beseitigt werden konnten). Damit die Steine aus der Galerie in den Gang gleiten konnten, brauchte es am zentralen Verteiler eine Holzrampe, die die Abzweigung zur "Königinnenkammer" überbrückte; für ihre Verankerung sind Aussparungen in den Wänden vorgesehen. Ein raffinierter Vorschlag für das automatische Auslösen und Weggleiten der Blockiersteine stammt von Erwin Wedemann [62ff].

Das Steinlager in der großen Galerie hätte einen Mumientransport erheblich erschwert. Er wäre noch mühseliger gewesen, wenn hier noch mehr Füllsteine gelagert worden wären. Damit muß gerechnet werden, auch wenn wir in der Literatur keinen Hinweise fanden. Da der waagrechte Gang zur "Königinnenkammer" denselben Querschnitt hat wie die übrigen Gänge, liegt es nahe, daß auch er mit Kalksteinen verstopft werden sollte. In ihn konnten die Steine nicht, der Schwerkraft folgend, hineinrutschen. Deshalb dürften kleinere Formate gewählt worden sein, die ebenfalls in der großen Galerie gelagert werden konnten. Das würde deren beeindruckende Höhe besser motivieren. Wer dann den waagrechten Gang freilegen wollte, erstickte am Fuß der großen Galerie in diesem Füllmaterial und mußte es erst mühsam aus der Pyramide bringen.

Die "große Galerie" endigt ca. 28 m höher, auf einer Bauhöhe von ca. 42 m mit einer Plattform, die fast 1 m höher liegt als die Rinne für die Blockiersteine. Sie mißt 1,85 · 2,45 m; auf ihr wurden wohl Blockiersteine für Kammer und Vorkammer bereitgehalten. Ein erster, ca. 1,30 m langer *Kriechgang* führt waagrecht in die *Vorkammer* und damit in den grandiosen Granitbereich. In ihr hingen, an Seilrollen vertäut, Granitplatten, die in Führungsrillen abgesenkt werden konnten. Stadelmanns Behauptung, daß hier die den alten Baumeistern durchaus bekannten Flaschenzüge zum Einsatz gekommen seien [Haase 145], ist frei erfunden, war doch nur Platz für einfache Umlenkrollen vorgesehen. Die Präzision ägyptologischer Beschreibungen wird auch daran meßbar, daß weder Goyon noch Stadelmann noch Haase eine granitenen Verschlußstein kennen, der immer noch vor Ort klemmt [Strelocke 211]. Wedemann [75] sah sogar zwei, mit den Maßen 1,50 · 0,30 · 0,60 m.

Der Kriechgang setzt sich ca. 2,50 m fort, um in die *"Königskammer"* zu münden. Sie ist völlig schmucklos; neben dem "Sarkophag" liegt noch ein in den Beschreibungen übergangener Granitklotz [Foto s. Lehner 114], Überrest vielleicht eines Blockiersteines. Am völlig schmucklosen "Sarkophag" fallen Bohrungen und Nuten für die Verriegelung des (verlorengegangenen) Deckels auf, aber auch seine Maße. Denn mit 2,27 · 0,98 · 1,05 m entspricht er sehr genau den lichten Maßen der Kriechgänge. Naheliegenderweise wurde er bereits während des Baus aufgestellt.

Aber hätte er gleichwohl innerhalb der Pyramide bewegt werden können? Stadelmann [1985, 120], Petrie und Goyon schließen das gleichermaßen aus. Petrie behauptete, daß die Kammertür zu klein gewesen sei [Lehner 114]. Doch hier stellt Stadelmann [1985, 119] fest, daß zwischen "großer Galerie" und "Königskammer" das Maß durchgehend bei 1,04 · 1,23 m liege. Demnach hätte der "Sarkophag" immerhin aus der Kammer durch die "große Galerie" und den aufsteigenden Gang bewegt werden können. Erst dessen Mündung war auf 0,97 m verengt [Goyon 179; Stadelmann 1985, 115] und damit ein unüberwindliches Hindernis. Hätte der "Sarkophag" wie ein Gangverschluß verwendet werden können?

Von der "Königskammer" führen zwei, hier offen gehaltene *"Lüftungsschächte"* bis zur Pyramidenoberfläche, waren aber gegen die Außenwelt wohl durch Verkleidungssteine abgeschlossen (Sicheres kann dazu nicht gesagt werden). Der nördliche Lüftungsschacht mußte der großen Galerie ausweichen und erhielt deshalb die abgeknickte Form des eisernen Mundöffnungsinstruments, das in den Jenseitszeremonien eine große Rolle spielte [vgl. Ocklitz 1997].

'Idealerweise' hätte die fertige Pyramide nur vier freie Räumlichkeiten enthalten: übereinander Felskammer, "Königinnenkammer" und "Königskammer", dazu die große Galerie. Sämtliche Gänge wären durch Steinblöcke kompakt aufgefüllt, nur die "Lüftungsschächte" wären frei geblieben.

In der Praxis sah es mit Sicherheit anders aus. Den arabischen Berichten zufolge wären keineswegs alle Gänge verbarrikadiert gewesen; möglicherweise hätte es nur die drei Granitsteine am Beginn des aufsteigenden Ganges und den Zugangssperre am Eingang gegeben. Das kann daran liegen, daß die Pyramide mit größter Wahrscheinlichkeit schon in der Antike aufgebrochen worden ist. Auffällig erscheint uns, daß im Bereich der "Königskammer" kaum Spuren von Aufbruchsarbeiten zu erkennen sind. Eigentlich müßte die Arbeit an den überaus harten Granitbarrieren auch an den Wänden ringsum üble Spuren von Spalterweiterungen, von Hebeln und Klammern hinterlassen haben - ähnlich wie am "Sarkophag". Von da her bleibt es sehr fraglich, ob die inneren Sicherungen der Pyramide - siehe den verklemmten Fallstein - jemals alle eingesetzt worden sind. 'Amtlich' bestätigt ist nur, daß die Pyramidenoberfläche den Ort des Einstiegs so gut kaschierte, daß die Grabräuber schließlich ganz in seiner Nähe zu graben anfingen, ohne ihn zu bemerken.

Außerdem gab es weitere Räumlichkeiten. Die *fünf Belastungskammern"* über der "Königskammer" waren im Prinzip unzugänglich; sie wurden auch von ihrer Ausgestaltung her als unzugänglich angesehen. Trotzdem mußte noch während des Baus von der großen Galerie aus ein *Hilfsgang* zur ersten 'Belastungskammer' gegraben werden, um die Risse an den granitenen Deckbalken zu prüfen und zu schließen.

Daneben geht die Jagd nach immer neuen Kammern - und damit nach Schätzen und Wissen des Pharaos - immer weiter. Selbst Luis Alvarez, Nobelpreisträger für Physik, der später den Asteroidenkiller der Saurier aufspürte und damit die Geologie zum Katastrophismus zurückbrachte, beteiligte sich mit kompliziertem Gerät bei der Suche nach Hohlräumen [Mendelssohn 290f]. Doch wurden bislang keine relevanten Volumina aufgespürt. Spannenderweise werden derartige Versuche schlecht dokumentiert, so daß sie heute nur noch mit großer Mühe rekonstruiert werden können. Gerade dadurch können sich 'Enten' sogar in die Standardliteratur einschleichen:
"20 m über dem Sargraum ["Königskammer"; HI] wurde 1972 aber eine Kammer entdeckt, vielleicht einst der Mumienraum für den König" [Strelocke 1976, 212].
Diese Entdeckung war leider keine; derzeit ruhen alle Hoffnungen auf dem Fallstein am Ende des südlichen "Lüftungsschachtes" der "Königinnenkammer".

Träger des Himmels

Die Frage, ob das geheimnisvolle Wissen einer 10.000 Jahre alten Hochkultur vielleicht doch noch in einer Kammer der Pyramide ruhe, kann also noch immer nicht zweifelsfrei beantwortet werden, auch wenn wir persönlich von einer negativen Antwort ausgehen. Einen neuen Ansatz haben wir durch vergleichendes Betrachten der einstigen 'Kultlandschaft Mittelmeerraum' erschlossen. Hier fällt auf, daß gewisse Gebilde, die wir meist mangels besserer Interpretation als Kultgegenstände bezeichnen, enge Gemeinsamkeiten aufweisen, obwohl sie sich durch Größe, Herkunft und zeitliche Einordnung stark unterscheiden [ausführlicher Illig 1992a].

Die äolischen Säulen und Kapitelle Griechenlands und der Levante (Abb. 116f), die Altäre der ostmediterranen Welt (Abb. 118f), die gestuften Zikkurats der Mesopotamier (Abb. 120), die gestuften Pyramiden der Nubier und die spitzigen der Ägypter lassen sich immer wieder auf den Mythos des Himmelsträgers zurückführen, auf Mythen also, die bei den Griechen mit Atlas und Herakles verbunden sind, bei den Ägyptern mit der Himmelsgöttin Nut, mit Luftgott Schu und dem vierfachen Djedpfeiler (Abb. 121ff).

Bei der Säule mit ihrem Kapitell ist dies unmittelbar einzusehen (Abb. 116f); beim Altar weisen uns seine "Hörner" auf die Malsteine und Eckpfeiler hin (Abb. 119a), die ihn ursprünglich umstanden haben und die zu denselben Voluten abstrahiert wurden, die auch das äolische Kapitell auszeichnen. Demnach stellt der Altar buchstäblich wie übertragen eine Kurzform der Säule dar! Die Griechen sahen das genauso. Platon erzählt im *Kritias*-Dialog von den Bräuchen der spätbronze-früheisenzeitlichen Königszeit, die er seinem wohl ewig umstrittenen "Atlantis" zuschreibt [vgl. Illig 1988, 143f]:

"Den Stier aber, den sie [die Könige] fingen, schafften sie auf die Säule und schlachteten ihn auf der Höhe derselben über der Inschrift" [*Kritias* 119e].

Abb. 125: Stier auf dem Opferaltar. Kretische Steatitarbeit [nach Schachermeyr 1979, 158]

So wie diese Stiere nicht mit Eisenwaffen erbeutet werden durften, so durfte Eisenwerkzeug nur abseits der salomonischen Tempelbaustelle eingesetzt werden [1Kön 6,7], durften noch in jüdischer Zeit Altäre nur aus unbehauenen, also auch nicht mit Eisenmeißeln behauenen Steinen errichtet werden [1Makk 4,44ff]. In der Bibel beschriebene Hörneraltäre waren genauso gestuft wie mesopotamische Zikkurats, die das Haus Gottes oder wiederum einen Altar auf der obersten Plattform trugen (Abb. 120). Und die Pyramiden wiederholen die gestufte Zikkuratform in jener geglätteten, abstrahierten Dreiecksform, die wir vom äolischen Kapitell, zentral zwischen seinen Voluten (Abb. 116), her kennen. Wir haben ihr körperloses Erscheinungsbild, diese Distanzwirkung bereits angesprochen; anzufügen ist, daß dieses Bild möglicherweise farbig gestaltet war. Hatte Herodot suggeriert, daß die Oberflächen mit Hieroglyphen beschriftet waren [Herodot II:125], kann man heute drei Farbzonen vermuten: rotgefärbten Stein, weißen Tura-Kalk und rotschwarzen Granit an der Basis. Dafür sprechen Funde von rotgefärbtem Tura-Steinen auf dem Giza-Plateau [Hassan], die immer breiter werdenden Granitbanderolen bei Chephren, Djedefre und Mykerinos und auch das hieroglyphische Pyramidensymbol. Es wird manchmal mit Querstrichen dargestellt [Haase 182], bei M. Lehner [1] im Unterteil obendrein granitartig eingefärbt.

Der Altar war - wie die Säule - der Opferplatz, der Ort des Schlachtopfers. Es ist aus dieser Sicht nur konsequent, daß sich - das gilt im Grundsatz für alle Anlagen - im direkt an die Pyramide anschließenden Totentempel ein zentraler, säulenumstandener Schlachthof findet (Abb. 126). Der Totenopfersaal, das 'Allerheiligste' in diesem Tempel, war mit einem falschen Gewölbe gedeckt, das - andernorts nachweisbar - eine steinerne Rundwölbung imitierte [Heinsohn/Illig 79]. Gewölbeform samt aufgemalten Sternen verweisen hinreichend auf den symbolisierten Himmel. Den Bezug zum Himmel und zum beherrschenden Sternbild des Orion haben Bauval und Gilbert [1994] betont, indem sie die Anordnung der drei Giza-Pyramiden zu den Gürtelsternen des Orion in Bezug setzten. So treten Pyramide und Altar, Opfer und Himmel miteinander in engste Verbindung.

Abb. 126: Totentempel des Cheops a) Grundriß [Edwards 112] b) Isometrische Rekonstruktion [Ricke 43]; Totenopfersaal mit "x" gekennzeichnet

Nun hat gerade das Steilaufragende der Pyramide so viele Nachfolger in aller Welt gefunden, daß der Philosoph Alain [566] die Frage stellte:
"Ist die Pyramide das geheime Modell aller Bauwerke?"

Und so findet J. Kérisel, der diesem Gedanken ein ganzes Buch gewidmet hat, etwa den Mont Saint-Michel, auf der Grenze zwischen Bretagne und Normandie [Kérisel 119]. Dieses gotische Bauwerk, das heute eher am als im Meer auf seinem 78 m hohen Felsen thront, kommt mit seiner Höhe der Cheopspyramide äußerst nahe (Abb. 127), die ihrerseits über einem Sandmeer thront [Kérisel 147]. Seine Höhenangaben schwanken zwischen 141 und 158 m, was wohl nicht allein auf den außergewöhnlichen Tidenhub von 14 m in dieser Bucht zurückgeführt werden kann. Aus derselben Assoziation heraus stellt Goyon [6] zum Auftakt seines Buches die Kathedrale von Straßburg (142 m) in den Umriß der Cheopspyramide. Die Pyramide als Vorbild für abendländische Kirchen?

Das Aufragende, Kühne der Pyramide würde nach Alain wie ein Gründungsimpuls in der gesamten Architektur stecken. Doch was bedeutete dieses Aufstreben? Die Menschen des Altertums waren von großen Katastrophenängsten durchdrungen, die bis heute negiert und verdrängt worden sind, aber nicht zuletzt durch Autoren der Zeitschrift *Zeitensprünge* immer weiter aufgedeckt werden (allen voran Prof. G. Heinsohn mit zahlreichen Ausführungen zu kulturellen wie zu chronologischen Phänomenen). Ihnen und Vordenkern wie Immanuel Velikovsky oder Otto Muck hat das Ehepaar Tollmann überhaupt keine Gerechtigkeit widerfahren lassen, als es von ihnen zwar die Katastrophen-Thematik übernahm und der Geologie als erneut 'letzten Schrei' aufdrängen wollte, sie aber gleichzeitig geißelte und dem Spott preisgab [Tollmann/Tollmann 1993, 444f].

Auf diese pharaoni-, pardon, fast paranoische Angst vor himmlischen Kataklysmen, vor einem Sturz der Sterne und einem einstürzenden Himmel weist schon unser Wort "Katastrophe" hin, in dem das 'gänzliche Abwärts' (kata) direkt mit den Sternen (aster) verknüpft wird. Sie war sehr wohl ein Grund dafür, gerade in den

Abb. 127: Doppelschnitt durch den Mont-Saint-Michel: Linke Hälfte Nord-Süd, rechte Hälfte West-Ost [Michelin 129], ergänzt um den maßstabsgetreuen Umriß der Cheopspyramide

frühen Hochkulturen immer neue Himmelsträger, wie Säulen oder Pyramiden, aufzurichten: vom *gestürzten* zum *gestützten* Himmel.

Diese realen Ängste hatten einen ebenso realen Ursprung. Überregionale, sehr wahrscheinlich weltweite Katastrophen sind wohlgemerkt für die Bronzezeit, also für historische Zeiten archäologisch nachgewiesen (hierzu und zu dem Gesamtkomplex Katastrophe - Opfer - Erschaffung der Götter s. Heinsohn [1997]). Menschen, die diese 'Heimsuchungen' überlebten, reagierten anfäglich mit dem "Menschenopfer" und therapierten sich damit selbst. Es gilt also die Reihenfolge: kosmische Ursache, irdische Wirkung bzw.

"Zuerst kommt etwas vom Himmel, und danach geht es ans Ritual" [Heinsohn 1997, 93].

Die Kultstifter agierten wohl auch selbst als "heilige Hinrichter" und übernahmen somit einen Großteil der Schuld ihrer Gemeinde. So kommen Priesteradel, Voraussage der nächsten Katastrophe und Königtum in die Welt. Und:

"Als kosmische Gewalten im Opfer von menschlichen Schauspielern nachgeschaffen wurden, entstanden die Götter" [Heinsohn 120].

Das Schaffen von bedrohlichen Göttern als Reaktion auf das befürchtete Einstürzen des Himmels erleichterte die Menschen, brachte aber neue Schuldgefühle hervor, sich gegen eben diese Götter erhoben zu haben. Die Menschen beurteilten ihr eigenes Verhalten, ihr 'Trotzen' gegen den Himmel als Anmaßung, wie es im Alten Testament ausgedrückt wird:

"Der Herr aber fuhr herab, um sich die Stadt und den Turm, den sich die Menschen erbaut hatten, anzuschauen" [Gen 11,5].

Und weil er feststellen mußte, daß sie ihn überflüssig machten - "nichts von dem, was sie vorhaben, wird ihnen unmöglich sein" - hinderte er sie am Weiterbauen.

Gebaut wurde gleichwohl. Aber mit dem Ausbleiben weiterer 'himmlischer' Katastrophen wurde das Opfern fragwürdig. Strömungen treten auf, die unblutige Opfer oder sogar den gänzlichen Verzicht aufs Opfer fordern. So reduzieren die Juden ihre Opferstätten auf eine einzige, den Tempel in Jerusalem; mit seiner Zerstörung erlischt der Opferkult zur Gänze. Zugleich entsteht der Monotheismus und formt sich bis hin zu einem völlig unsichtbaren, namenlosen Gott bei den Juden. Andere Völker und Religionen wiederum bestehen streng auf blutigen Opfern, wobei die Vorstellung vom geopferten "Gottessohn" zu einer Hostie und einem Kelch Wein abstrahiert werden kann, die gleichwohl noch immer Fleisch und Blut Jesu *sind,* wie es die katholische Kirche als Dogma lehrt [ausführlich Heinsohn 1988a].

Ägypten ist von dieser dramatischen Entwicklung nicht ausgenommen, nimmt vielleicht sogar eine führende Rolle ein. Schließlich wird immer wieder der Religionsstifter Moses als Ägypter gesehen - ob von Sigmund Freud [1938] oder von Jan Assmann [1998] -, der Echnatons möglichen Monotheismus nach Juda und Israel gebracht habe.

Die ägyptischen Pharaonen verstanden sich seit Cheops als Sohn des Sonnengottes Re. Denn Cheops hat nach Kronprinz Kabab seine weiteren Söhne nach Sonnengott Re benannt - Djedef·re, Cha·ef·re, Ba·ef·re - und damit eine lange Tradition eröffnet. So wurde der Pharao zum Gottessohn, der etwas Göttergleiches und Gott Wohlgefälliges tut. Auffällig ist nun, daß im - allerdings bös zerstörten - Totentempel des Cheops kein Opfertisch gefunden und ein freistehendes Stelenheiligtum durch Herbert Ricke nur postuliert werden konnte [Ricke 45]. Brauchte Cheops' Re-Kult weder Stelen noch Altar?

Herodot macht derartige Gedanken plausibler, spricht er doch in seinen *Historien* davon, daß Cheops Opfer und Feste habe einstellen, die Tempel schließen und statt dessen seine Pyramide bauen lassen. So hätte er und dann Chephren Unheil über Ägypten gebracht [Herodot II:124]. Diese Einschätzung des 'selbstherrlichen', himmelstürmenden Baus als Beleidigung der Götter entspricht dem biblischen Bericht über den Zikkurat von Babylon. Ließ also Cheops in seiner Eigenschaft als Gottessohn die Opfer einstellen ließ? Verlangte sein Himmel weder Opferrauch noch sonstige Besänftigung? Hatte er bereits eine abstrakte Vorstellung seiner Gottheit, ausgedrückt in der ebenso abstrakten Pyramidenform?

Wir wissen es nicht. Dagegen spricht, daß er wohl einen Totentempel fürs Schlachtfest bauen ließ, von dem aber nur das Basaltpflaster des Hofs zeugen könnte. Darunter lief eine Entwässerungsrinne, wegen der in der Mitte des Hofes doch ein Opferaltar gemutmaßt wird [Stadelmann 1985, 123]). Trifft also Herodots Geschichte eigentlich auf Cheops zu? Wieso hätte man nach Cheops und Chephren noch so viele Pyramiden gebaut, wenn es sich um die verfemte Bauform eines 'Götterfeindes' gehandelt hätte?

Echnaton, der mit seiner schrankenlosen Aton-Verehrung den ägyptischen Götterhimmel stürzt, rangiert in unserer Modellchronologie nicht lange nach Cheops. Möglicherweise wurde sein nachweisliches Schließen der Amun-Tempel zugunsten der Aton-Priesterschaft auf Cheops und Chephren übertragen.

Auf jeden Fall sehen wir, daß die Pyramiden der 4. Dynastie eine religiöse Vorstellung repräsentieren, die den sonstigen ägyptischen Glaubensformen diametral widerspricht. Auch wenn sie immer wieder gemutmaßt werden [z.B. Stadelmann 1985, 118], sind weder Götter- noch Pharaonenstatuen in den Pyramiden gefunden worden. Gerade die Pyramiden von Giza sind stumm; nirgends Pyramidentexte oder Widmungen oder sonstige Schriften. Die Dreiecksform der Pyramiden bildet für den Betrachter eine abstrakte Form ohne jeden Zusatz, als läge hier der Urgrund für jene göttliche Symbolik, die immer wieder auf das Dreieck zurückkommt. Begräbnisse sind nicht nachzuweisen. Verschiedene Strukturen in den Bauten - wie die beidseits verschlossenen "Luftschächte" - können nur symbolhaft gewertet werden. Gerade die Cheopspyramide wirkt so, als wenn nach ihrem vollständigem Verschließen, ja geradezu Ausstopfen mit Steinmassen lediglich vier Räume frei geblieben wären: Doch die radikale Leere von "Königinnen"- und vor allem "Königskammer" läßt darauf schließen, daß es hier ausschließlich um religiöse Prinzipien ging, nicht um ein reales Begräbnis (unabhängig davon, daß dieses Verschließen vielleicht niemals vollständig vollzogen worden ist). Drei Mahnmale hoch am Horizont, die fast nie von ihren Erbauern und deren Nachfolgern abgebildet worden sind - welche religiöse Vorstellung steht hinter ihnen?

Haben wir hier eine Parallele zu Echnatons Amarna, worauf selbst chronologisch manches hindeuten könnte [vgl. Illig 1998a]? Wir wissen es nicht, aber wir sehen überdeutlich, wie dringend eine bereinigte Chronologie für Ägypten wie für den Vorderen Orient benötigt wird.

Uns gilt die Pyramide als steingewordenes Symbol für die reale Bedrohung der Menschen vom Himmel her und für das Überwinden dieses Traumas durch unermüdliches Bauen von Himmelsstützen. Aus dem durch planetare oder planetoidale Einwirkungen *gestürzten* Himmel wurde ein *gestützter* Himmel. Weil es ein Skandalon blieb, daß der Himmel gestützt werden mußte, wurde zumindest die Stütze, also die Pyramide tabuisiert und deshalb nicht abgebildet oder literarisch behandelt (erst Verner [1998, 78, 269] bringt eine sichere Darstellung aus dem Neuen Reich, dazu eine fragliche). Ganz von ferne erinnert noch das Tierkreiszeichen Widder an die furchteinflößenden Himmelsvorgänge: Es eröffnet den ekliptischen Jahreskreis der Sternzeichen, symbolisiert ein Opfertier und wird durch den Volutenstab ♈ abgebildet.

Allmählich kehrte das Vertrauen auch zu einem Himmel ohne Stütze und (fast) ohne Opfer zurück. Das ging - in vielleicht zwei Jahrtausenden so weit, daß für den Aufklärer Immanuel Kant der "bestirnte Himmel über uns", der sich ins
"Unabsehlich-Große mit Welten über Welten und Systemen von Systemen, überdem noch in grenzenlose Zeiten ihrer periodischen Bewegung, deren Anfang und Fortdauer" [Kant 253]
weitet, zum einen Fixpunkt seiner Weltsicht wurde. Bei diesem Vertrauen in den unerschütterlichen Himmel ist es lange geblieben. Erst seit wenigen Jahren treten vom Himmel drohende Gefahren - in Gestalt vagabundierender Asteroiden - [vgl. Illig 1992b, 231ff] erneut und intensiv in unser aller Bewußtsein.

Zitierte Literatur

Abitz, Friedrich (1992): "Der Bau der großen Pyramide mit einem Schrägaufzug"; in *Zeitschrift für ägyptische Sprache und Altertumskunde* Bd. 119 (2) 61

Adam, J.P. (1975): L'archéologie devant l'imposture; Paris

Alain (d.i. Emile Chartier, 1931): "Les Arts et les Dieux"; in *Leçons sur l'architecture*; Paris

Amiet, Pierre et al. (1988): Handbuch der Formen- und Stilkunde. Antike; Wiesbaden

Angerer, Karl (o.J.): "Gesetzt den Fall - wir sollten heute die Cheopspyramide bauen"; in *Oskar Riedl* (o.J., nach 1981), 214-225

(Anonym 1982): "Rolling Stones"; in *Stern*, 7.1.1982, S. 128

(Anonym 1984): "Wiener Ägyptologe löst Rätsel um tonnenschwere Steinquader. Mit Schlitten zur Pyramidenspitze"; in der *Gazette* der *Wiener Arbeiterzeitung*, 19.4.1984

(Anonym 1993): "Heiliger Klotz. Wie formten die Steinmetze der Pharaonen den harten Granit? Zwei deutsche Forscher fanden die Antwort"; in *Der Spiegel* (20) 290 vom 17.5.1993

(Anonym 1996): "Das Rätsel des Pyramidensockels. Die Begräbnisstätte des ägyptischen Pharaos Radjedef..."; in *Horizonte. Schweizer Forschungsmagazin*, Bern (31) 8 vom Dezember 1996

(Anonym 1997): "Rätsel gelöst. So bauten die Ägypter die Pyramiden"; in *Berliner Zeitung*, 22.3.1997, S. 39

(Antike Welt 1998): "Rätsel der Menschheit gelöst?"; in *Antike Welt* XXIX (3) 259

Arnold, Dieter (1981): "Überlegungen zum Problem des Pyramidenbaus"; in *MDAIK* Bd. 37, 15ff

- (1984): "Pyramidenbau"; in *Lexikon der Ägyptologie* Band V; Wiesbaden
- (1991): Building in Egypt. Pharaonic Stone Masonry; Oxford
- (1994): Lexikon der ägyptischen Baukunst; Zürich

Assmann, Jan (1998): Moses der Ägypter. Entzifferung einer Gedächtnisspur; München

Badawy, A. (1954): A History of Egyptian Architecture. Band 1; Marvin Hall

Baines, John / Málek, Jaromír (1980): Weltatlas der alten Kulturen · Ägypten; München

Barnes, Michael (1994): *Die Mini-Pyramide von Gizeh;* [Zweiteiliger Fernsehdokumentation über Mark Lehners Bauversuche (90 min.)]; NDR, gesendet 1995 auch im BR

Barta, Winfried (1989-91): Ägyptische Chronologie. *Vorlesung an der Ludwig-Maximilians-Universität München*

Bauval, Robert / Gilbert, Adrian (1994): Das Geheimnis des Orions; München

Bayer, Wolfgang K. (1987): Grundformeln der Technik; Konstanz

Beckerath, Jürgen von (1971): Abriß der Geschichte des alten Ägypten; München
- (1997): Chronologie des pharaonischen Ägyptens; Mainz

Börner, Rudolf (1965): Welcher Stein ist das? Mineralien, Edelsteine, Gesteine; Stuttgart

Borchardt, Ludwig (1917): Die Annalen und die zeitliche Festlegung des Alten Reiches der ägyptischen Geschichte; Berlin
- (1922): Gegen die Zahlenmystik in der großen Pyramide bei Gisa; Berlin
- (1928): Die Entstehung der Pyramide an der Baugeschichte der Pyramide bei Mejdum nachgewiesen mit einem Beitrag über Lastentransport und Bauzeit von Louis Croon; in *Beiträge Bf.* 1, 17ff
- (1932): Einiges zur dritten Bauperiode der großen Pyramide bei Gise; Berlin

Breasted, James Henry (1936): Geschichte Ägyptens; Berlin (erstm. ca. 1910)

Brugsch, Heinrich (1891): Egypt Under The Pharaohs. A History Derived Entirely From The Monuments; London

Bürgin, Luc (1997): Irrtümer der Wissenschaft. Verkannte Genies, Erfinderpech und kapitale Fehlurteile; München

Ceram, C.W. (d.i. K.W. Marek; o.J.): Götter, Gräber und Gelehrte. Roman der Archäologie; Berlin (^{1}1949)
- (o.J.): Götter, Gräber und Gelehrte im Bild; Berlin (^{1}1957)

Charbonneaux, Jean et al. (1977): Das archaische Griechenland; München

Chartier, Emile s. Alain

Choisy, Auguste (1977): L'art de bâtir chez les Égyptiens; Bologna (Nachdruck der Ausgabe von 1904, Paris; ^{1}1899)

Clarke, Somers / Engelbach, R. (1930): Ancient Egyptian Masonry;

London
Croon, Louis (1925): Lastentransport beim Bau der Pyramiden; Hannover
- (1928) s. Borchardt 1928, S. 26-31

David, Ann Rosalie (1986): The Pyramid Builders of Ancient Egypt. A Modern Investigation of Pharaoh's Workforce; London

Davidovits, J. (1986): "Le calcaire des pierres des Grandes pyramides d'Égypte serait un béton géopolymère vieux de 4600 ans"; in *Revue des Questions scientifiques* 157 (2) 199-225

Dever, William G. (1990): Recent Archaeological Discoveries and Biblical Research;

Ditfurth, Hoimar von / Arzt, Volker (1982): Querschnitte: Reportagen aus der Naturwissenschaft; München

dpa (1998): "Pyramidengräber auch für einfache Arbeiter"; dpa-Meldung in *Stuttgarter Zeitung* vom 3.8.98

Drößler, Rudolf (1990): Astronomie in Stein. Archäologen und Astronomen enträtseln alte Bauwerke und Kultstätten; Leipzig

Dubbel = Sass, F. / Bouché, Ch. / Leitner, A. (^{13}1974): Dubbel. Taschenbuch für den Maschinenbau; Berlin

Edgar, John and Morton (1923): The Great Pyramid · Passages and Chambers in three volumes in which is shown how The Great Pyramid of Gizeh symbolically and by measurement corroborated the Philosophy and Prophetic times and seasons of the divine plan of the Ages as contained in The Holy scriptures. Vol I in two Parts; Glasgow

Edwards, I.E.S. (1987): The Pyramids of Egypt; Harmondsworth

Ercivan, Erdogan (1997): Das Sternentor der Pyramiden; München
- (1998): "Die Verborgene Kammer des Thot - Neueste Forschungsergebnisse"; Vortrag auf dem *Ersten Weltkongress über Verbotene Archäologie,* am 11.4.98 in Berlin

Fix, William R. (^{4}1988): Pyramid Odyssey; Urbanna

Friedell, Egon (1963): Kulturgeschichte Ägyptens und des alten Orients; München (^{1}1936)

Gantenbrink, Rudolf (1998): "Ermittlung und Auswertung relevanter Konstruktionspunkte am Beispiel der Cheops-Pyramide"; in D. Ahrens / R.C.A. Rottländer: *Ordo et Mensura IV. Ordo et Mensura V. Interna-*

tionaler interdisziplinärer Kongreß für Historische Metrologie 1997; St. Katharinen, S. 196

Garland, H. / Bannister, C.O. (1927): Ancient Egyptian Metallurgy; London

Goedicke, Hans (1971): Re-used Blocks from the Pyramid of Amenenhat I at Lisht; New York

Göres, Hans Hermann (1972): Mauern leicht gemacht; Köln - Braunsfeld

Gossart, Jacques (1989): "Le grand retour de Chéops"; in *Kadath* (70) 3

Goyon, Georges (1987): Die Cheopspyramide · Geheimnis und Geschichte; Herrsching (auf franz. [1]1977)

Guerrier, Eric (1981): "Le principe de la pyramide égyptienne"; in *Kadath* (41) 36

Haase, Michael (1998): Das Rätsel des Cheops. Die letzten Geheimnisse der großen Pyramide von Giza; München

Hassan, A. (1973): "Waren die Außenseiten der Pyramiden in Giza farbig?"; in *Mitteilungsblatt des Deutschen Archäologischen Instituts*, Abt. Kairo (28) 153; Mainz

Heinsohn, Gunnar (1988): Die Sumerer gab es nicht. Von den Phantom-Imperien der Lehrbücher zur wirklichen Epochenabfolge in der 'Zivilisationswiege' Mesopotamien; Frankfurt/M.

- (1988a): Was ist Antisemitismus? Der Ursprung von Monotheismus und Judenhaß. Warum Antizionismus?; Frankfurt/M.
- (1992): "Plagiator Pythagoras? Mangelperioden mesopotamischer Mathematik"; in *Vorzeit-Frühzeit-Gegenwart* IV (1) 6
- ([2]1996): Assyrerkönige gleich Perserherrscher! Die Assyrerfunde bestätigen das Achämenidenreich; Gräfelfing ([1]1992)
- (1997): Die Erschaffung der Götter. Das Opfer als Ursprung der Religion; Reinbek

Heinsohn, G. / Illig, H. ([2]1997): Wann lebten die Pharaonen? Archäologische und technologische Grundlagen für eine Neuschreibung der Geschichte Ägyptens und der übrigen Welt; Frankfurt/M. (verbess. Neuauflage von [1]1990)

Helck, Wolfgang (1959): "Pyramiden"; in *Paulys Realencyclopädie*, Sp. 2167-2282; Stuttgart

Henne, Willibald (1993): "Altägyptische Berechnungen an Pyramiden"; in *ZÄS* (21) 21 von Februar 1993

Herodot (1971): Historien; übersetzt von A. Horneffer, herausgegeben von

H.W. Haussig; Stuttgart
- (1984): Neun Bücher der Geschichte; übersetzt von Heinrich Stein, überarbeitet von Wolfgang Stammler; Essen

Héry, François-Xavier / Enel, Thierry (1990): La Bible de Pierres. L'alphabet sacré de la Grande Pyramide; Paris

Hölscher, Uvo (1912): Das Grabdenkmal des Königs Chephren; Leipzig

Hornung, Erik (^{3}1988): Grundzüge der ägyptischen Geschichte; Darmstadt

Hütte = Des Ingenieurs Taschenbuch, herausgegeben vom Akademischen Verein "Hütte" (1899), Berlin

Illig, Heribert (1986a): "Ägyptischer Schiffsbau"; in *GRMNG-Bulletin* (5) 1
- (1986b): "Ägyptens Dynastienfolge vor 80 Jahren"; in *GRMNG-Bulletin* III (5) 5
- (1989): "Die verachtfachte Dynastie oder Herodots Rehabilitierung"; in *Vorzeit-Frühzeit-Gegenwart* I (4) 8
- (1990a): "Steingeleise in der Alten Welt"; Vortrag auf dem Jahrestreffen der Zeitschrift *Vorzeit-Frühzeit-Gegenwart* am 26.5.90 in Wien
- (1990b): "Der Strauß im Wappen"; in *Streifzüge. Heimatkundlicher Arbeitskreis Vohenstrauß* (10) 36
- (1991): "Offener Brief an einen Ägyptologen"; in *Vorzeit-Frühzeit-Gegenwart* III (2) 9
- (1992a): "Zur Symbolik der äolischen Säule. Opferaltar - Zikkurat - Pyramide - Himmelsträger"; in *Vorzeit-Frühzeit-Gegenwart* IV (3) 69
- (1992b): Chronologie und Katastrophismus; Gräfelfing
- (1995a): "Die Pyramiden des Orion. Rezension" [zu Bauval/Gilbert]; in *Zeitensprünge* VII (1) 89
- (1995b): "Und Cheops baut weiter. Kritiken"; in *Zeitensprünge* VII (3) 348
- (1996a): "David Rohl's *Test of Time*"; in *Zeitensprünge* VIII (1) 14
- (1996b): "Gleichtakt zwischen Nil und Jordan? Rohl-Rezension"; in *Zeitensprünge* VIII (4) 550
- (1997): "Pyramidales Interieur. Eine Sammelrezension"; in *Zeitensprünge* IX (3) 398
- (1998a): "Neunfacher oder einmaliger Eisenzeitbeginn? Hartsteinbearbeitung in Ägypten"; in *Zeitensprünge* X (2) 181
- (1998b): "Fast alles gelöst? Das nächste Cheopspyramidenbuch" [zu M. Haase]; in *Zeitensprünge* X (3) 425
- s.a. G. Heinsohn und F. Löhner

Illig, Heribert / Löhner, Franz (1998): "Die herausgeforderte Pyramidenbauhütte..."; in *Zeitensprünge* X (1) 14

Isler, Martin (1976): "Ancient Egyptian Methods of Raising Weights"; in *Journal of the American Research Center in Egypt* Vol XIII, S.31

Kästner, Erhard (1976): Aufstand der Dinge; Frankfurt/M.

Kästner, Erich (1967): Kurz und bündig. Epigramme; Darmstadt

Kastner, Ruth (1993): "Cheops später Segen"; in *Hamburger Abendblatt*, 26.5.1993

Kant, Immanuel (o.J.): Kritik der praktischen Vernunft; Stuttgart (^{1}1788)

Keating, R. (1975): Nubian Rescue; London-New York

Kempp, Barry J. (1989): Ancient Egypt. Anatomy of a Civilization; London

Kérisel, Jean (1991): La pyramide à travers les âges. Art et religions; Paris

Kjellson, Henry / Mattson, Carl-Anton (1984): Teknik i Forntiden; Stockholm

Klemm, Rosemarie und Dietrich (1992): Steine und Steinbrüche im Alten Ägypten; Berlin

Knapp, Wolfram (1998): "Pyramiden. Das Geheimnis der Baumeister"; in *Bild der Wissenschaft* (6) 62, innerhalb des Titelthemas "Die 7 großen Fragen der Archäologie"

Kottmann, Albrecht (1988): Uralte Verbindungen zwischen Mittelmeer und Amerika. Gleiche Maßeinheiten beidseits des Atlantik; Stuttgart

Kozinski, Wieslaw (1968): The Great Pyramid Enigma; Warschau

Kracke, Helmut (1972): Aus eins mach zehn und zehn ist keins. Glanz und Elend der Mathematik; Reinbek

Landström, Björn (1970): Ships of the Pharaohs. 4000 Years of Egyptian Shipbuilding; London

Lanfranchi, G.B. / Parpola, S. (1990): The Correspondence of Sargon II, Part II; Helsinki

Lange, Kurt / Hirmer, Max (1961^3): Ägypten. Architektur · Plastik · Malerei in drei Jahrtausenden; München (auch Sonderdruck 1985)

Lauer, Jean-Philippe (1980): Das Geheimnis der Pyramiden; Rastatt (franz. ^{1}1974)

Lehner, Mark (1997): Das erste Weltwunder. Die Geheimnisse der ägyptischen Pyramiden; Düsseldorf

Lepre, J.P. (1990): The Egyptian Pyramids. A Comprehensive, Illustrated Reference; Jefferson · London

Lepsius, R. (1849): Die Chronologie der Ägypter: Einleitung und erster Teil, Kritik der Quellen; Berlin

Lockyer, J. Norman (1897): The Dawn of Astronomy. A Study of the Temple-Worship and Mythology of the Ancient Egypt; New York

Löhner, F. / Illig, H. (1992): "Auf Granit beißen. Von den praktischen Möglichkeiten, Hartgestein zu bearbeiten"; in *Vorzeit-Frühzeit-Gegenwart* IV (2) 58

Lucas, A. / Harris, J.R. (1962[4]): Ancient Egyptian Materials and Industries; London

Lüling, Günter (1985): "Archaische Metallgewinnung und die Idee der Wiedergeburt"; in G. Lüling (1985): *Sprache und archaisches Denken. Neun Aufsätze zur Geistes- und Religionsgeschichte;* Erlangen, S. 133

Macaulay, David (1983[3]): Wo die Pyramiden stehen; München

Mendelssohn, Kurt (1976): Das Rätsel der Pyramiden; Frankfurt/M.

Meyer, Eduard (1904): Aegyptische Chronologie; Berlin
- (1952-1958): Geschichte des Altertums. 8 Bände, Nachdruck Essen o.J. (ca. 1985)

Michalowski, Kazimierz ([2]1971): Ägypten. Kunst und Kultur; Freiburg

Michelin ([25]1970): Bretagne; Paris

Minguez, Manuel (1985): Les pyramides d'Egypte - Le secret de leur construction; Paris

Morgan, Jacques de (1926): La préhistoire orientale. Tome II. L'Egypte et L'Afrique du nord; Paris

Morlay, Jacqueline / Bergin, Marc / James, John (1992): Eine Pyramide in Ägypten; Nürnberg

Morlay, John David (1998): "Des Rätsels Lösung?"; in *SZ Magazin* (28) 26 vom 10. 7. 1998

Mosshammer, Alden A. (1979): The *Chronicle* of Eusebius and Greek Chronographic Tradition; Lewisburg · London

Muck, Otto H. (1958): Cheops und die große Pyramide. Die Glanzzeit des altägyptischen Reiches; Olten-Freiburg

Muhly, James (1990): "The Beginning of Bronze Metallurgy in Anatolia and the Question of Local Sources"; in *International Symposium on Archaeometry* 1-6 April 1990 Heidelberg · Germany, *Abstracts* S. 47

Murray, A.S. (1900): Excavations in Cyprus; London

Neugebauer, Otto (1980): "On the Orientation of Pyramids"; in *Centaurus* Vol. 24, pp. 1-3; nachgedruckt in O. Neugebauer (1983): Astronomy and History. Selected Essays; New York - Berlin, S. 211ff
Neuburger, Alfred (1977): Die Technik des Altertums; Leipzig (^{1}1919)
Newton, Isaac (1988): The Chronology of Ancient Kingdoms Amended; USA (^{1}1728, London)
Nolan, Ray (1998): Die Siebte Offenbarung; München

Ocklitz, Andreas (1997): "Kardio-pulmonale Reanimation in Ägypten schon vor 5000 Jahren?"; in *wiener klinische wochenschrift* 109 (11) 406
Otto, Eberhard (1979^5): Ägypten - der Weg des Pharaonenreiches; Stuttgart

Petrie, Sir W. Flinders (1883): The Pyramids and Temples of Gise; London
- (1909): The Art & Crafts of Ancient Egypt; London

Petrie, W.F. (^{11}1924): A History of Egypt from the Earliest Kings to the XVth Dynasty; London
- (1938): Egyptian Architecture; London

Pitlik, Herbert (1992a): "Baustelle Cheops Pyramide (Auszug Bau- und Nutzholz - Wassertransporte"; in *Göttinger Miszellen* (127) 81
- (1992b): "Baustelle Cheops Pyramide (Auszug Rampen und Materialtransporte)"; in *Göttinger Miszellen* (129) 83

Rawlinson, George (1881): History Of Ancient Egypt. Vol. I; London
- (1900): Ancient History. From the earliest Times to the Fall of Western Empires; New York

Rice, Michael (1990): Egypt's Making. The Origins of Ancient Egypt 5000-2000 BC; London · New York

Ricke, Herbert (1950): "Bemerkungen zur ägyptischen Baukunst des alten Reichs II"; in (Hg. Herbert Ricke, 1950): *Beiträge zur ägyptischen Bauforschung und Altertumskunde*; Kairo

Riedl, Oskar M. (1981): "Das Transportproblem beim Bau der großen Pyramiden"; in *Göttinger Miszellen* (52) 67-73, (53 [1982]) 47ff
- (o.J., nach 1981): Die Maschinen des Herodot. Der Pyramidenbau und seine Transportprobleme. Die Lösung des Jahrtausendrätsels ohne Wunder und Zauberei; Wien

Riegl, Alois (^{3}1992): Spätrömische Kunstindustrie; Darmstadt (^{1}1901)

Rohl, David M. (1995): A Test of Time. Volume One. The Bible - From Myth to History; London

Rousseau-Liessens, A. (1970): Le dossier secret du Nil et la pierre de Palerme; Bruxelles

Sass, F. et al. siehe Dubbel

Sasse, Torsten (1996): Im Schatten der Pyramiden; [Dokumentarfilm im Auftrag des 'Senders Freies Berlin' und der 'Deutschen Welle']

Sasse, Torsten / Haase, Michael (1997): Im Schatten der Pyramiden. Spurensuche im alten Ägypten; Düsseldorf

Schachermeyr, Fritz (^{2}1979): Die minoische Kultur des alten Kreta; Stuttgart (^{1}1964)

Schlatter, Theodor et al. (^{6}1989): Calwer Bibellexikon; Stuttgart

Schüssler, Karlheinz (^{3}1987): Die ägyptischen Pyramiden. Erforschung, Baugeschichte und Bedeutung; Köln

Schulz, Matthias (1995/96): "Expedition zu den Pharaonen. Die letzten Geheimnisse der Pyramiden. Aufstand gegen den Tod. Archäologen klären das Rätsel der Pyramiden (I-III)"; in *DER SPIEGEL;* I am 25.12.95 (1-96) 154; II am 1.1.96 (2-96) 154; III am 8.1.96 (3-96) 136; Hamburg

Schumann, Walter (1985): Der neue BLV Steine- und Mineralienführer; München

Singer, Charles / Holmyard, E.J. / Hall, A.R. (^{3}1956): A History of Technology. Vol. I; Oxford

Sitchin, Zecharia (1982): Stufen zum Kosmos; Unterägeri

Stadelmann, Rainer (1985): Die ägyptischen Pyramiden. Vom Ziegelbau zum Weltwunder; Mainz

- (1990): Die großen Pyramiden von Giza; Graz

Stender, Walter (1994): "Technik im alten Ägypten"; in *Vorzeit-Frühzeit-Gegenwart* VI (2) 8

Stewart, Ian (1998): "Mathematical Recreations: Counting the Pyramid Builders"; in *Scientific American,* September 1998, S. 76

Sträuli, Robert (1992): "Wie teuer waren die Pyramiden?"; in *Museion 2000* (6) 14

Strelocke, Hans (1976): Ägypten. Geschichte, Kunst und Kultur im Niltal: Vom Reich der Pharaonen bis zur Gegenwart. DuMont Kunst-Reiseführer; Köln

Strub-Roessler, Hermann (1952): "Vom Kraftwesen der Pyramiden"; in *Technische Rundschau* (42/43) vom 17./24.10.1952; Bern

Sülberg, Hermann (1993): "Das Millionen-Tonnen-Rätsel"; in *Geo Spezial Ägypten* Nr. 3 Juni 1993

Thews, Klaus (1990): "Steinzeit in Westfalen. Für einen Fernsehfilm über den Bau von Hünengräbern wurde ausprobiert, wie viele Menschen notwendig gewesen waren, um die Findlinge zu bewegen"; in *stern magazin* Nr. 43 vom 18.10.1990

Tollmann, Alexander und Edith (1993): Und die Sintflut gab es doch. Vom Mythos zur historischen Wahrheit; München

Tompkins, Peter (1975): Cheops. Die Geheimnisse der Großen Pyramide - Zentrum allen Wissens der alten Ägypter; Bern

Vandersleyen, Claude / Pulter, Thierry de (1989): "Pyramides de Giza. De la Géopolymérisation à la Géopoésie"; in *Göttinger Miszellen* (110) 65

Verner, Miroslaw (1998): Die Pyramiden; Reinbek

Völker, Thomas (1997): "Grundrisse zur Rekonstruktion der Antike (I)"; in *Zeitensprünge* IX (3) 402

Waddell, W.G. (1940): Manetho; London

Wedemann, Erwin (o.J., nach 1992): Pechvogel Pyramide; Hamburg

Weippert, H. (1977): "Säule"; in K. Galling (Hg.): Biblisches Reallexikon; Tübingen

Wier, Stuart Kirkland (1996): "Insight from Geometry and Physics into the Construction of Egyptian Old Kingdom Pyramids"; in *Cambridge Archaeological Journal* VI (1) 150, April 1996

Wildung, Dietrich (1997): Ägypten. Von der prähistorischen Zeit bis zu den Römern; Köln

Wirsching, Armin (1998a): "Weiteres zum Bau der Cheopspyramide"; in *Zeitensprünge* X (1) 7

- (1998b): "Das Doppel-Schiff - die altägyptische Technologie zur Beförderung schwerster Steinlasten"; Vortrag am 4.7.1998 auf der *SÄK (= Ständige Ägyptologische Konferenz)* in Hamburg

Wisnewski, Gerhard (1998): "Das Geheimnis der Pyramiden. Ein Roboter erforscht die ägyptischen Königsgräber"; in *P.M. Das neue Magazin für Geschichte* 1-98, 14

Würch, Dieter (1993): "Der ganz andere Megalithtransport"; in *Vorzeit-Frühzeit-Gegenwart* V (3) 8

Zuber, Antoine (1956): "Techniques du travail des pierres dures dans l'Ancienne Egypte"; in *Techniques et Civilisation* V (5) 161-178, (6) 196-215

Schemata und Abbildungen

S. 23   Schema 1: Maße der Cheopspyramide
S. 27   Schema 2: Herkömmliche ägyptische Chronologie
S. 200   Schema 3: Gesamtrechnung für die Cheops-Baustelle
S. 206   Schema 4: Manetho in der Überlieferung
S. 210   Schema 5: Namen und Namensvarianten für Cheops
S. 211   Schema 6: Pharaonenfolge innerhalb der 4. Dynastie
S. 212   Schema 7: Regierungszeiten innerhalb der 4. Dynastie
S. 215   Schema 8: Die Geburt Ägyptens (Beginn der Pharaonenzeit)
S. 218   Schema 9: Synchronisation von Schichten und 'Dynastien'
S. 220   Schema 10: Beispielgebendes Zeitschema für Ägypten

         Abb. 1: Titelbild, Hanjo Schmidt
S. 3   Abb. 2: Hieroglyphischer Pyramidenname
S. 14   Abb. 3: Ansicht der Cheopspyramide, E.W. Lane
S. 16   Abb. 4: Blick zur Chephrenpyramide, E.W. Lane
S. 21   Abb. 5: Vergleich von Pyramidenaufrissen
S. 22   Abb. 6: Hieroglyphen für Pyramide
S. 29   Abb. 7: Giza-Plateau zur Zeit von Cheops; Stand 1993
S. 31   Abb. 8: Steinbrüche auf dem Giza-Plateau
S. 36   Abb. 9: Angeblicher Steinbruchabbau unter Chephren
         Abb. 10: Verkleidungssteine der Cheopspyramide
S. 39   Abb. 11: Pyramidengebiete und Nilkanäle
         Abb. 12: Giza-Plateau nach Mykerinos, Stand 1977
S. 43   Abb. 13: Obeliskentransport
         Abb. 14: Säulentransport
         Abb. 15: Rekonstruiertes Unas-Schiff
S. 45   Abb. 16: Doppelrumpfboot nach Riedl
         Abb. 17: 'Katamaran-Floß' nach Pitlik
S. 49   Abb. 18: Doppelboot mit Floß nach Löhner
         Abb. 19: Herodots Schiffssteuersystem
S. 51   Abb. 20: Häfen bei Giza
         Abb. 21: Hydraulische Leiter von Minguez
S. 55   Abb. 22: Groß-Statuentransport, Neues Reich

S. 57 Abb. 23: Statuentransport, Altes Reich
Abb. 24: Statuentransport, Altes Reich
Abb. 25: Steintransport, Neues Reich
S. 59 Abb. 26: Schlitten, Mittleres Reich
Abb. 27: Megalithtransport mit Schlitten und Schienen
Abb. 28: Löhners Schlitten auf Schienen
S. 61 Abb. 29: Gangspills an Rampen laut Pitlik
Abb. 30: Göpel als Pendant zum Gangspill
S. 63 Abb. 31: Königsbarke des Cheops
Abb. 32: Takelage, Altes Reich
Abb. 33: Takelage, Altes Reich
S. 65 Abb. 34: Umlenkstein, Mykerinos-Zeit
Abb. 35: Rekonstruierter Umlenkstein, Mykerinos-Zeit
Abb. 36: Bronzekrampen, 4. und 5. Dynastie
S. 67 Abb. 37: Löhners Seilrolle
Abb. 38: Seilrollenpaar an der Schleppstrecke
S. 69 Abb. 39: Schleppstrecke zum Bauhof nach Löhner
S. 71 Abb. 40: Haft- und Gleitreibungszahlen, Diagramm
Abb. 41: Hebelbaumeinsatz, Detail von Abb. 42
S. 73 Abb. 42: Transport assyrischer Stiersphingen
S. 85 Abb. 43: Seilrollen vor Cheops' 'Königskammer'
Abb. 44: Granitlager für Seilrollen, Cheopspyramide
Abb. 45: Seilrollen für unterirdischen Sarkophagtransport
Abb. 46: Bogenbohrer
S. 89 Abb. 47: Holzmodell in Kreissegmentform
Abb. 48: Rollende Steine nach Bush
Abb. 49: Belagerungsleiter, 5. Dynastie, nach Arnold
Abb. 50: Belagerungsleiter, 5. Dynastie, nach Kottmann
S. 93 Abb. 51: Näherung für π und die Quadratur des Kreises
Abb. 52: Goldener Schnitt bei den Pyramidenflächen
S. 95 Abb. 53: Herodots Flächenrelation an der Cheopspyramide
Abb. 54: Höhen-Seiten-π-Relation durch Einsatz von Meßrollen?
Abb. 55: Dreiecke für die Pyramidenproportion
S. 97 Abb. 56: Cheops-Interieur als Repräsentation der Heilsgeschichte
S. 101 Abb. 57: Sandrampe von Petrie
Abb. 58: Zickzackrampe von Hölscher
Abb. 59: Vielfachrampen von Croon

S. 103	Abb.	60:	Gerade Rampe von Borchardt und Croon
	Abb.	61:	Regelmäßiges Aufstocken bei der Borchardt-Croon-Rampe
S. 105	Abb.	62:	Baumassenverteilung bei der Cheopspyramide
	Abb.	63:	Gerade Rampe von Lauer
S. 107	Abb.	64:	Wendelrampe von Goyon
	Abb.	65:	Unmögliche Kurvenmanöver auf Goyons Rampe
S. 109	Abb.	66:	Innenstruktur von Goyons Wendelrampe
	Abb.	67:	Innenrampe von Arnold
S. 110	Abb.	68:	Kombirampenmodell von Stadelmann, erste Phasen
S. 111	Abb.	69:	Kombirampenmodell von Stadelmann, Schlußphasen
S. 117	Abb.	70:	Flugtransport nach Loup als Beispiel für unerlaubte 'Maschinen'
	Abb.	71:	Bockkran
	Abb.	72:	Hubsystem nach Hölscher
S. 119	Abb.	73:	Schaukelaufzug nach Choisy und Legrain
	Abb.	74:	Schaukelhilfen nach Petrie
	Abb.	75:	Einpaßhilfe nach Clarke und Engelbach
S. 121	Abb.	76:	Schaduf, Neues Reich
	Abb.	77:	Schadufähnlicher Kran nach Croon
	Abb.	78:	Bockkräne nach Strub-Roessler
S. 123	Abb.	79:	Transportbühnen nach Riedl
	Abb.	80:	Spitzenbau mit Transportbühnen nach Riedl
S. 125	Abb.	81:	Schrägaufzug nach Abitz
S. 129	Abb.	82:	Schlitten auf der Pyramidenflanke nach Löhner-Illig
S. 131	Abb.	83:	Aufzug mit Gegengewicht nach Isler
	Abb.	84:	Aufzug mit Gegengewicht nach Guerrier
S. 133	Abb.	85:	Schadufähnliches Hebegerät nach Adam
	Abb.	86:	Schadufähnliches Hebegerät nach Kottmann und Heise
S. 135	Abb.	87:	Start von der Rampe für Löhners Schlitten
	Abb.	88:	Kippvorgang für Löhners Schlitten
	Abb.	89:	Kippschlitten für Großsteine nach Löhner
S. 137	Abb.	90:	Arretierhilfe für die Schlitten an der Pyramidenflanke
	Abb.	91:	Arretierstab für Fallstein, Altes Reich
	Abb.	92:	Pyramidionaufsetzen gemäß Lauer
S. 145	Abb.	93:	Außen und Innen der Cheopspyramide
S. 147	Abb.	94:	Gänge und Kammern der Cheopspyramide, Stand 1993

	Abb. 95:	Verlegungsplan der Steine der 'Königskammer'
S. 149	Abb. 96:	Schnitt durch 'Königs-' und 'Belastungskammern'
S. 155	Abb. 97:	Kupfersäge für Granitbearbeitung nach Arnold
	Abb. 98:	Hieroglyphen in Granit, mit Kupferwerkzeug gemacht?
S. 159	Abb. 99:	Nilnahe Gramitsteinbrüche in Assuan
S. 171	Abb. 100:	Drei pythagoräische Dreiecke
	Abb. 101:	Die 'pythagoräische Königskammer'
S. 173	Abb. 102:	Nordbestimmung mit künstlichem Horizont
	Abb. 103:	Rißmethode nach Kottmann
S. 179	Abb. 104:	Schräg- und Winkelfugen an den Verkleidungssteinen
	Abb. 105:	Verzahnte Fundamentblöcke rings um einen Eckstein
	Abb. 106:	Druckkräfte in einer Pyramide
	Abb. 107:	Leicht gebößte Steinlagen einer Pyramide
S. 183	Abb. 108:	Von Borchardt postulierte Kubenbauweise
	Abb. 109:	'Taillierung' der Cheopspyramide
S. 185	Abb. 110:	Handwerkszeug der Pyramidenzeit
S. 188	Abb. 111:	Pyramidionposition bei der Chephrenpyramide
	Abb. 112:	Arbeitsplattform für das Pyramidion nach Löhner-Illig
	Abb. 113:	Überlappender Arbeiteransatz an mehreren Pyramiden
S. 207	Abb. 114:	Abydos-Tafel, Neues Reich
S. 209	Abb. 115:	*'Chronik'* des Eusebius, Manuskript des 5./6. Jh.
S. 227	Abb. 116:	Äolische Kapitelle, griechisch
	Abb. 117:	Äolische Votivsäule, griechisch
S. 229	Abb. 118:	Poseidon-Altar mit Eckvoluten, griechisch
	Abb. 119:	Hörner-Altäre, jüdisch, assyrisch
	Abb. 120:	Zikkurat, Babylon
S. 231	Abb. 121:	Djedpfeiler, 3. Dynastie
	Abb. 122:	Luftgott Schu als Himmelsträger
	Abb. 123:	Lufgott Schu, Nackenstütze, Neues Reich
S. 233	Abb. 124	Das Innere der Pyramide nach Lehner
S. 239	Abb. 125	Kretischer Stier auf Opferaltar
S. 241	Abb. 126:	Totentempel des Cheops, Grundriß und Isometrie
S. 243	Abb. 127:	Mont Saint-Michel und Cheopspyramide im Vergleich

Register

Abitz, Friedrich 23, 56, 78, 82, 91, 122, 124ff, 132, 138, 152, 187
Abu Roasch 166
Abydos 115
Abydos-Liste 207f, 211
Adam, J.P. 132f
Äolische Kapitelle 228, 239
Africanus 206, 208, 211ff, 224
Aichinger, Heiner 19
Alain (= Chartier, Emile) 240, 242
Altar 230, 239f
Altenmüller, Hartwig 223
Alvarez, Luis 238
Amarna 247
Amenemhet III. 98
Amenophis III. 160
Amosis 226
Anatolien 163
Ankhaf 198
Antikythera 127
Apollodoros 212
Apothem 23, 93, 98
Arbeitsleistung 23, 37
Arbeiterstädte 201
Arbeitseinsatz, überlapp. 188, 203
Aristoteles 128
Armaios 226
Arnold, Dieter 19, 64f, 68, 70, 73, 85, 88f, 96, 100, 109, 112, 116, 122, 132, 137, 140, 153, 155, 157, 161f, 182, 222
Arzt, Volker 96, 173
Assmann, Jan 245
Assuan 47, 52, 150, 159, 161, 168

Assyrer 83, 87, 218, 222
Asteroiden 247
Atlas 239

Babylonier 94, 172, 218, 230, 245
Badawy, A. 232
Baefre 245
Baines, John 19f, 216, 226
Bandlow, Ernst 63
Bannister, C.O. 162, 205
Barnes, Michael 7, 32
Barta, Winfried 198, 213f, 216f
Basalt 158
Bauval, Robert 240
Bayer, Wolfgang 72
Beckerath, Jürgen von 212, 214ff
Belagerungsleiter 89
Bicheris 211f
Börner, Rudolf 158
Borchardt, Ludwig 85f, 98f, 100, 102ff, 142, 183f, 202f, 215
Bowen, R.L. 50
Breasted, James Henry 199, 202, 215f
Bronze-Lager 70
-krampen 65, 70
-zeit 218, 239
Brugsch, Heinrich 210, 212f, 215
Bush, John 88f

Calvaires 160
Casson, L. 217
Cayce, Edgar 7
Censorinus 214

Ceram, C.W. 14, 16, 119, 155, 202
Chaefsnofru 198
Champollion, Jean-François 88, 116
Chartier, Emile s. Alain
Chentkaus 20
Cheops 210-214
Cheopspyramide: 14, 16, 21, 145
 Adelsfriedhof 29
 Apothem 23, 93, 95, 98
 Arbeiterstadt 24, 177
 Arbeitsplattform 193ff
 Arbeitsunfälle 139f
 Architekten 198
 Arretierungen 137, 139
 Aufweg 39, 54, 177
 Bauhof 24, 54, 199
 Baumassenverteilung 105
 Bauprämissen 33
 Bauzeichnungen 173, 177
 Bauzeit 23, 38
 Belastungskammern 146, 148f, 168, 238
 Benennung 4, 22, 26
 Böschungswinkel 76, 95-98
 Dehnungsfugen 182
 Dreieckswirkung 196f, 246
 Druckkräfte 179, 182f
 Durchschnittsstein 23
 Eisenwerkzeug 26, 154, 166f, 222
 Entlastungskammern s. Belastungskammern
 Farbigkeit 240f
 Felsenkammer 230
 Felskern 173, 230
 Fläche 23, 172
 Fluchtschacht 232f
 Fugensystem 179, 181f, 184, 198

Cheopspyramide, Fortsetzung
 Gänge 147, 230ff, 236
 Galerie, große 144, 235f
 Gesamtprojekt 24
 Gesamtrechnung 199-204
 Glättung 106, 108, 130, 180
 Grab 224f
 Graffiti 202, 214
 Granitteile 85, 148, 150, 155, 166, 168, 236f
 Großbaustelle 25, 47, 141, 201
 Gußsteine 34
 Hafen 24, 46, 51
 Handwerker 25, 82
 Höhe 23
 Kanäle 39
 Kartuschenfunde 226
 Kenotaph 225
 Königinnenkammer 233
 Königinnenpyramiden 23
 Königskammer 85, 144, 146, 147ff, 169ff, 178, 236f
 Königspalast 29
 Kubenstruktur 183f
 Künstlerstadt 177
 Lüftungsschächte 7, 13, 233, 237
 Maße 23
 Meßpunkte 235
 Mörtel 182
 Mumien(transport) 8, 235
 Nivellierung 172, 173f
 Nord-Süd-Ausrichtung 173ff
 Pyramidion 32, 174f, 187-196
 Sandfüllungen 12, 30, 233
 Sarkophag 153f, 169, 236f
 Satellitenpyramide 177, 189
 Schatzgräbertunnel 232
 Schichtung 17, 137

Cheopspyramide, Fortsetzung
Schleppmannschaft 80-86, 91f
Schleppstrecke 67, 69
Sonnenbarke 63, 66
Spitze 9f, 15ff, 187
Standardgewicht 23
Steinbrechen 31, 34, 36f, 38, 40
Taillierung 183f
Taltempel 177
Totenopfersaal 240, 242
Totentempel 154, 240, 245f
Treideln 52
Verkleidung 23, 35, 121, 130, 179f, 196f
Verladen 30, 38, 168
Verlegen 197
Vermessung 108, 172ff
Volumen 20, 23, 104
Werkstätten 24, 29, 92, 167
Würfelkomplement 40
Zeitplan 37f
Zugtiere 57, 64, 113
Zwangsarbeiter 40, 202
Chephren 26, 47, 56, 211-214, 220, 226, 245
-pyramide 20f, 53, 98, 115, 166, 169, 177, 187f, 197, 201f, 205, 240
-Steinbruch 35f
-Taltempel 46, 65, 148
Chevrier, H. 82, 87
Choisy, Auguste 116, 119, 223
Chronologie 11, 27, 50, 66, 83, 87f, 94, 126, 162ff, 170, 172, 205-223
Clarke, Somers 116, 119, 178
Conolly, T.E. 94, 96
Cornwall 163
Cotsworth, Moses B. 106

Croon, Louis 62, 82, 100-104, 116, 118, 121, 203
Däniken, Erich von 8, 11, 33, 128, 165
Dahschur 21, 59, 87, 130, 184, 189
Damokles 140
David, Ann Rosalie 52
Davidovits, J. 34
Délétie, P. 174
Diamant 165
Diodor 28, 100, 114, 202, 205, 224, 226
Diorit 156
Ditfurth, Hoimar von 96, 173
Dixon, Waynman 233
Djedefre 166, 198, 211f, 214, 240, 245
Djedpfeiler 232, 239
Djehutihetep 54f, 74
Djoser 21, 126, 220, 228
Dolerit 157f, 160
Dormion, Gilles 12
Dorner, Josef 176
Dreieck, heiliges 98
Drößler, Rudolf 96, 99, 173
Dunham, Dows 106
Dynastie, erste 215
Dynastie, vierte 208-213, 217

e (natürl. Logarithmus) 98f
Ebene, schiefe 74, 100, 130
Echnaton 218, 245ff
Edgar, John u. Morton 11, 36, 97, 99
Edwards, I. Eiddon S. 10, 82, 109, 157, 173, 175f, 242
Eisen 70, 162, 164f, 222f, 237, 240
-zeit 162f, 166-169, 205, 218f,

239
Engelbach, R. 100, 116, 119, 178
Epitome 206
Ercivan, Erdogan 13, 154, 226
Eusebius 206, 208f, 213
Eyth, Max 92, 94

Faijum 28
Fix, William 25, 94, 171, 179, 197
Forrest, Bob 92
Freud, Sigmund 245
Friedell, Egon 197, 216
Fuß, ägyptischer 23

Gantenbrink, Rudolf 7, 12, 112, 114, 147, 165, 186, 232f, 235
Garland, H. 162, 205
Gassmann, Horst-Detlef 165
Geb (Gott) 232
Gewölbe(evolution) 126, 205, 222, 240
Gilbert, Adrian 240
Giza 15, 20f, 29ff, 39, 44, 177, 202
Gnomon 176
Goedicke, Hans 63, 228
Göres, Hans Hermann 181f
Göttererschaffung 244
Goldener Schnitt 93, 98
Goidin, Jean-Patrice 12
Gossart, Jacques 22, 44, 47, 183, 203
Gottessohn 245
Goyon, Georges 23, 33-40, 43, 49ff, 54, 56, 58, 62, 77f, 81ff, 85, 87, 100-104, 106ff, 112-119, 138, 144, 146, 156f, 160, 162, 179, 183, 185f, 198, 201, 203, 230, 236f, 242
Granit (-bearbeitung) 32, 47ff, 153-158, 161, 164ff, 205
Granit-Bohrung 164f, 167, 222
Wollsack- 161, 166
Griechen 87, 239
Guerrier, Eric 47, 83, 131f, 143

Haase, Michael 7f, 10ff, 78f, 90, 115, 154, 165f, 173, 176f, 189, 196, 201, 203f, 211, 225f, 232f, 236, 240
Handwerkskontinuität 185f
Harris, J.R. 70, 167
Hartstein(bearbeitung) s. Granit
Hassan, A. 240
Hatschepsut 43f, 47, 50, 160
Hawass, Zahi 29, 54, 177, 201
Hebegeräte s. Maschinen
Hebel 73, 83, 124, 150, 222
Heinsohn, Gunnar 11, 27, 50, 66, 126, 163, 166f, 205, 208, 217, 222, 228, 242, 244f
Heise, Gerhard 132f, 177
Helck, Wolfgang 22f, 226
Herakles 239
Herodot 23, 26, 28, 95, 128, 130, 170, 201f, 205, 208, 211f, 217, 226, 240, 245f
Maschinen 26, 100, 108, 113, 115-118, 120
Schiffssteuerung 49ff, 222
Heron 88
Hetepheres 68
Hethiter 162
Hieronymus 206, 209
Hill, J.R. 226
Himmelssturz 244, 247
Himmelsträger 239-247
Hirmer, Max 184
Hochkulturen 219

Hölscher, Uvo 100ff, 115, 117
Hörneraltar 239f
Holz 60, 87, 90, 126, 162
Horizont, künstlicher 175f
Horneffer, A. 26
Hornung, Erik 212f, 216
Huni 21
Hyksos 88, 91, 170, 218

Ibi 85
Illyrer 87
Imhotep 88
Inaros 226
Indus-Kultur 219
Ipy (19. Dyn.) 121
Isler, Martin 65, 68, 131f, 143, 175f
Israeliten 84

Jerusalem 230, 244
Jesus 245
Josephus, Flavius 206
Juden 244f

Kabab (Ka-wab) 198, 245
Kadri, Ahmed 12
Kästner, Erhard 187
Kästner, Erich 140
Kalender 208, 216
Kalksteinabbau 34, 36, 41
Kant, Immanuel 247
Kastner, Ruth 23, 29, 46, 177, 201f
Katastrophenängste 242, 244, 247
Kempp, Barry 121
Kérisel, Jean 30, 57, 132f, 146, 148f, 174, 182, 242
Key, David 147
Kjellson, Henry 164f
Klemm, Rosemarie u. Dieter 31, 34 36, 40, 78, 157-162, 164ff, 182
Knapp, Wolfram 9f, 113
Königselle 23, 170
Kottmann, Albrecht 57, 59, 88f, 132f, 175, 177
Kozinski, Wieslaw 174, 199
Kracke, Helmut 94, 170f
Krauss, Rolf 8, 176
Kupfer
-härtung 156, 163, 186
-steinzeit 218
-werkzeug 153, 156f

Lanfranchi, G.B. 73
Landström, Björn 68
Lane, Edward William 14, 16
Lange, Kurt 184
Lauer, Jean-Philippe 12, 44, 70, 82, 95, 98, 100f, 104f, 115, 137, 142, 156, 232
Legrain, G. 116f
Lehner, Mark 7, 10, 32, 173, 211, 234, 236, 240
Lepre, J.P. 89, 144, 147, 170, 184, 225
Lepsius, Karl Richard 164, 188, 211, 215, 223
Lischt 63, 228
Lockyer, J. Norman 207
Löhners Seilrollenmethode:
  Flanke als schiefe Ebene 74, 82f, 128
  Fliegender Wechsel 193
  Kippvorgang 135, 152
  Lager 68, 74, 86
  Prämissen 33, 127
  Schienen 62, 86, 178
  Schlitten 56, 59, 62, 87, 178
  Seilrolle 9, 67-70, 79ff, 85-88,

115, 127-143, 150f
Steiltransport 82, 120, 128, 134
Umlenkbock 68, 70, 83, 140, 152
Umlenkrolle 68, 86
Zugumlenkung 68
Logarithmus, natürl. 98
Loup, Jean-Jacques 117
Lucas, A. 70, 167
Lüling, Günter 164

Macaulay, David 112
Málek, Jaromír 19f, 216, 226
Malta 87
Manetho 206, 208
Marek, Kurt W. s. Ceram
Marold, Winni 19
Maschinen (s.a. Herodot):
Arretierhilfe 137, 139
Aufzug mit Gegengewicht 131f
Ausrichthilfen 116, 119, 178
Bockkran 117f, 121
Dampfmaschine 88
Flaschenzug 68, 113
Gangspill 61-64, 113, 120-123, 127, 142
Gegengewicht 118, 121, 130ff, 142, 150f
Göpel 61, 66
Hebekran 116
Kippschlitten 10, 89, 116, 119, 135
Leiter, hydraulische 51f
Schaduf 66, 118, 121, 132f
Schaukelaufzug 119
Schrägaufzug 122-126, 138
Seilrolle s. Löhners Methode
Transportbühnen 120, 122f
Umlenkstein 65
Zahnrad 88, 128

Mathematik 169-173
Mattson, Carl-Anton 164f
Megalithbau 60
Meidum 21, 112, 115, 186, 223
Mendelssohn, Kurt 21, 95f, 114, 164, 170, 179, 183f, 186, 188, 199, 201ff, 224, 228, 235, 238
Menes 215f
Meyer, Eduard 215f
Michalowski, Kazimierz 22, 55, 64, 148, 174, 197, 199
Minguez, Manuel 51f, 57
Mitanni 218
Monotheismus 245
Mont Saint-Michel 242, 244
Morgan, Jacques de 154, 156f
Morlay, Jacqueline 112
Morlay, John 8, 94
Moses 245
Mosshammer, Alden 209
Muck, Otto 187, 198, 242
Muhly, James 163
Mumien 8, 224f, 238
Mykerinos 26, 65, 211f, 214, 226
 -pyramide 20f, 53, 56, 98, 166, 189, 205, 220, 240

Nationalstaat 199, 202
Nebka 211, 220
Neigungswinkel 76, 177, 230, 232
Neuburger, Alfred 128, 144, 224
Neugebauer, Otto 174, 176
Newton, Isaac 208, 212
Niemitz, Hans-Ulrich 19, 74
Nil 44, 46
Nilkanäle 44, 52
NOVA-Experiment s. M. Lehner
Nut (Göttin) 232, 239

Obelisk 22, 176, 189
  Feinbearbeitung 155, 160
Ocklitz, Andreas 237
Opfer 240, 242
Orion 240
Otto, Eberhard 216

Papyri 115
Parpola, S. 73
Pepi II. 224
Perring, J.E. 86, 142
Petrie, Sir Flinders 100, 116, 119, 150, 153f, 164f, 202, 212f, 215f, 236
Philitis 198
Pi (π) 92-98
Pitlik, Herbert 43, 45, 47f, 53, 58, 64, 66, 82, 113
Pittmann, T.B. 106
Platon 239
Plinius d. Ä. 28, 114, 213
Pochan, André 22
Psammetich I. 219, 221
Pseudo-Eratosthenes 208, 211f
Ptolemäer 27, 66, 161f, 210, 218
Pyramiden:
  Anzahl 20
  Aufrisse 21
  Begräbnisort 224f
  Kammersysteme 230
  nubische 20, 139
  Sinn/Zweck 223-247
Pyramidologie 92, 97, 99, 117, 235
Pythagoras 169-172, 205, 222

Quadratur des Kreises 93

Rad 88ff, 222

Rampe 9f, 100-115, 127, 180, 186
  Abraum 102
  Arnolds R. 100, 109
  Borchardts R. 100, 103
  Boston- 106, 112
  Croons R. 100f, 103
  gerade 104, 114
  Geröll- 112
  Goyons R. 100, 107, 109
  Hölschers R. 100ff
  Innen- 109, 112
  Kombi- 10, 110f, 113f
  Lauers R. 100, 104f
  Lehmziegel- 100, 109, 115, 180
  Petries R. 100f
  Salz- 114
  Sand- 100f
  Stadelmanns R. 100, 102, 110-14
  Vierfach- 106, 112
  Wendel- 106ff, 112, 114, 127, 180
  Zickzack- 101f, 113
Ramses II. 160
Raumscheu 197
Rawlinson, George 28, 212f, 215, 219, 226
Re (Gott) 245
Reibung:
  Gleit- 58, 71-74, 83, 87
  Haft- 71, 79f, 83
  -koeffizienten 60, 71-74, 76, 83
  Lager- 70, 72ff
  Roll- 68, 90
  Seil- 72
Rice, Michael 216
Ricke, Herbert 242, 245
Riedl, Oskar M. 23, 45, 47, 60f, 64, 66, 85, 92, 106, 108, 115f, 120, 122f, 142, 148, 152, 224

Riegl, Alois 197
Roeder, J. 158, 162, 168
Römer 87, 158
Rohl, David 217
Rollsteine 90f
Rousseau-Liessens, A. 99

Sägetechnik 165
Sahure 57, 98, 165
Saleh, Mohammed 12
Salomo 240
Sandalen 64
Saqqara 21, 39, 57, 89, 223
   -Liste 208, 211
Sasse, Torsten 9, 11f, 154, 164f, 233
Schachermeyr, Fritz 240
Schepseskaf 212, 223
Schiffe 42-45, 66, 217, 222
   Bremsstein 50, 222
   Doppelrumpfschiff 45, 47, 50
   Floßschiff 45, 47ff
   Sonnenbarke 63, 66
   Steuerung 49ff, 222
Schmidt, Hanjo 4, 19
Schmierung mit 87
   Nilschlamm 60, 114f
   Tafla 60
   Wasser 54, 114
Schoch, Robert M. 94
Schu (Gott) 232, 239
Schüssler, Karlheinz 20, 98, 198, 225, 230
Schukies, Renate 19
Schulz, Matthias 9, 36, 40, 78, 83, 113, 163, 166, 182, 202f, 223
Schumann, Walter 160
Schwaller de Lubicz, R.A. 94
Sebercheres 211

Sechemchet 220, 225
Seile 63, 66, 70, 82f, 140
Sennacherib 73
Senwosretankh 139
Sesostris I. 98
Sesostris III. 66
Seyffarth, Gustav 215
Singer, Charles 57
Sintflut 225f
Sirius 216
Sitchin, Zecharia 226
Snofru (-Pyramiden) 20f, 24, 62, 86f, 98, 102, 126, 130, 166, 184, 189, 198, 205, 210-214, 218, 220, 225, 230
Sothis-Daten/Periode 208, 214, 216
Sphinx 28, 46
Staatswesen 199, 202
Stadelmann, Rainer 9f, 12, 19f, 23, 25, 43, 62, 78, 86, 100 102-105, 112ff, 120ff, 130, 148, 173-176, 181f, 184, 186, 188f, 212, 214, 230, 233, 236, 246
Stahl (s. Eisen) 164
Stein, Heinrich 28
Steinbohrungen 164-167, 222
Steinbruch:
   Galerie- 40
   Granit- 159
   Kalk- 34f, 41
   unterirdischer 40
Steindorff, Georg 215f
Steingeleise 87, 222
Steinhämmer s. Werkzeug
Steinschnitt 181, 184, 197f
Stender, Walter 164f
Stewart, Ian 204
Stierkult 239f
Stock, D. 161

Stonehenge 219
Strabo 28, 205
Sträuli, Robert 202
Straßburg, Kathedrale 242f
Strelocke, Hans 236, 238
Strub-Roessler, Hermann 64, 118, 121
Sülberg, Hermann 112
Sumerer 163, 218
Syenit 158
Syncellos, Georgios 206

Tadschikistan 163
Tafla 60
Tauwerk s. Seile
Tellefsen, Olaf 118
Thamphthis 211f
Thausing, Gertrude 120
Thutmosis III. 219, 221
Thyssen Engineering 58ff
Ti 57
Tollmann, Alexander u. Edith 225f, 242
Tompkins, Peter 23, 95, 121, 145, 153
Transport:
  auf der Flanke 81, 129, 135
  Megalithen 58ff
  Obelisken 43
  Säulen 25, 43
  Sarkophagen 85
  Statuen 25, 54f, 57, 73, 114
  Steinen 57, 107, 129
  zu Lande 54-67, 81-86
  zu Wasser 44-53
Tura 38f, 41, 44, 57
Turiner Königspapyrus 208, 211-214, 224

Tutanchamun 64, 68, 232

Unas, Pharao 43f, 50, 65, 98
Usbekistan 163

Vallogia, Michel 166
Vandersleyen, Claude 34
Velikovsky, Immanuel 11, 242
Verner, Miroslaw 10, 32, 57, 172, 203, 247
Voluten 239f, 247
Völker, Thomas 219
Vose, Walter 106
Vyse, Robert Howard 226

Waseda-Universität 12, 30
Wedemann, Erwin 30, 235f
Werkzeug 186
  Bogenbohrer 85f
  Dolerithämmer 157-160, 185, 223
  Meißelformen 158
  Meßrolle 95f
  Setzwaage 173
  Wasserwaage 173
Wheeler, N.F. 106
Widder 247
Wier, Stuart K. 76, 204
Wirsching, Armin 50, 143
Wisnewski, Gerhard 9, 112, 186
Würch, Dieter 60

Zick, Michael 10
Zikkurat 230, 239f, 245
Zinn 163
Zuber, Antoine 161
Zugarbeit 9, 58, 77
Zugstrecken 56, 91
Zwiebelschalentheorie 223

Mantis Verlag

Christian Blöss · Hans-Ulrich Niemitz (1997): C14-Crash
Das Ende der Illusion, mit Radiokarbonmethode und
Dendrochronologie datieren zu können
459 S. zahllose Abb. Paperback 48,- DM

Gunnar Heinsohn · Heribert Illig: Wann lebten die Pharaonen?
Archäologische und technologische Grundlagen für eine Neuschreibung der Geschichte Ägyptens und der übrigen Welt (^{2}1997)
503 S. 192 Abb. Paperback 54,- DM

Gunnar Heinsohn (^{2}1996): Assyrerkönige gleich Perserherrscher!
Die Assyrienfunde bestätigen das Achämenidenreich
276 S. 85 Abb. Paperback 36,- DM

Gunnar Heinsohn (^{2}1996): Wie alt ist das Menschengeschlecht?
Stratigraphische Chronologie von der Steinzeit zur Eisenzeit
146 S. 42 Abb. Paperback 22,- DM

Gunnar Heinsohn (^{2}1997): Wer herrschte im Industal?
Die wiedergefundenen Imperien der Meder und Perser
102 S. 43 Abb. Paperback 20,- DM

Heribert Illig (1992): Chronologie und Katastrophismus
Vom ersten Menschen bis zum drohenden Asteroideneinschlag
Vergriffen, Neuauflage in 1999

Heribert Illig (1993): Karriere ist Armut an Ideen
In Sachen Innerhofer (Plagiatsnachweis) 72 S.

**Reinhard Sonnenschmidt (1994): Mythos, Trauma und Gewalt
in archaischen Gesellschaften**
131 S. 25 Abb. Paperback 22,- DM

Mantis Verlag

Zeitensprünge
Interdisziplinäres Bulletin

Diese Zeitschrift (vormals *'Vorzeit-Frühzeit-Gegenwart'*) erscheint 1998 im zehnten Jahrgang. Sie bringt aktuelle Berichte zu Chronologie, Katastrophismus, Evolution und Zivilisationsforschung. Ihre Thematik reicht von der Rekonstruktion eines konsistenten Geschichtsbildes für Vorzeit, Antike und Mittelalter über die Erklärung wesentlicher, aber bislang unverstandener Kulturerrungenschaften weit hinein in Naturwissenschaften, Mythenforschung und Psychologie. Alle früheren Hefte sind noch erhältlich.

ISSN 0947-7233

1998: 4 Hefte, zusammen ca. 650 Seiten DIN A4
DM 70,- (Auslandsabonnement DM 75,-)

*

Flankierende Buchtitel u.a.:

Gunnar Heinsohn: Die Erschaffung der Götter
Das Opfer als Ursprung der Religion
253 S. Rowohlt Verlag, Reinbek

Gunnar Heinsohn / Otto Steiger: Eigentum, Zins und Geld
Ungelöste Rätsel der Wirtschaftswissenschaft
544 S. Rowohlt Verlag, Reinbek

Heribert Illig: Das erfundene Mittelalter
Die größte Zeitfälschung der Geschichte
ca. 450 S. Econ Verlag, München · Düsseldorf